CB078619

DEEP & DARK WEB

BARBARA CALDERON

DEEP & DARK WEB

A internet que você conhece é apenas a ponta do iceberg

170

ALTA BOOKS
EDITORA
Rio de Janeiro, 2017

Deep & Dark Web — A internet que você conhece é apenas a ponta do iceberg
Copyright © 2017 da Starlin Alta Editora e Consultoria Eireli. ISBN: 978-85-508-0016-5

Todos os direitos estão reservados e protegidos por Lei. Nenhuma parte deste livro, sem autorização prévia por escrito da editora, poderá ser reproduzida ou transmitida. A violação dos Direitos Autorais é crime estabelecido na Lei nº 9.610/98 e com punição de acordo com o artigo 184 do Código Penal.

A editora não se responsabiliza pelo conteúdo da obra, formulada exclusivamente pelo(s) autor(es).

Marcas Registradas: Todos os termos mencionados e reconhecidos como Marca Registrada e/ou Comercial são de responsabilidade de seus proprietários. A editora informa não estar associada a nenhum produto e/ou fornecedor apresentado no livro.

Impresso no Brasil — 2017 - Edição revisada conforme o Acordo Ortográfico da Língua Portuguesa de 2009.

Publique seu livro com a Alta Books. Para mais informações envie um e-mail para autoria@altabooks.com.br

Obra disponível para venda corporativa e/ou personalizada. Para mais informações, fale com projetos@altabooks.com.br

Produção Editorial
Editora Alta Books

Produtor Editorial
Thiê Alves
Claudia Braga

Assistente Editorial
Christian Danniel

Gerência Editorial
Anderson Vieira

Supervisão de Qualidade Editorial
Sergio de Souza

Produtor Editorial (Design)
Aurélio Corrêa

Editor de Aquisição
José Rugeri
j.rugeri@altabooks.com.br

Marketing Editorial
Silas Amaro
marketing@altabooks.com.br

Vendas Corporativas
Sandro Souza
sandro@altabooks.com.br

Vendas Atacado e Varejo
Daniele Fonseca
Viviane Paiva
comercial@altabooks.com.br

Ouvidoria
ouvidoria@altabooks.com.br

Equipe Editorial
Bianca Teodoro
Ian Verçosa
Illysabelle Trajano
Juliana de Oliveira
Renan Castro

Revisão Gramatical
Priscila Gurgel
Carolina Gaio

Layout e Diagramação
Lucia Quaresma

Capa
Bianca Teodoro

Erratas e arquivos de apoio: No site da editora relatamos, com a devida correção, qualquer erro encontrado em nossos livros, bem como disponibilizamos arquivos de apoio se aplicáveis à obra em questão.

Acesse o site www.altabooks.com.br e procure pelo título do livro desejado para ter acesso às erratas, aos arquivos de apoio e/ou a outros conteúdos aplicáveis à obra.

Suporte Técnico: A obra é comercializada na forma em que está, sem direito a suporte técnico ou orientação pessoal/exclusiva ao leitor.

Dados Internacionais de Catalogação na Publicação (CIP)
Vagner Rodolfo CRB-8/9410

C146d Calderon, Barbara

Deep & Dark Web / Barbara Calderon. - Rio de Janeiro : Alta Books, 2017.
288 p. ; 14cm x 21cm.

Inclui índice.
ISBN: 978-85-508-0016-5

1. Internet. 2. Web invisível. 3. Informática e tecnologia. I. Título.

CDD 004.678
CDU 004.738.5

ALTA BOOKS
EDITORA

Rua Viúva Cláudio, 291 — Bairro Industrial do Jacaré
CEP: 20970-031 — Rio de Janeiro - RJ
Tels.: (21) 3278-8069 / 3278-8419
www.altabooks.com.br — altabooks@altabooks.com.br
www.facebook.com/altabooks

SOBRE A AUTORA

Barbara Calderon é bacharela em Relações Internacionais pela Universidade Federal de Santa Catarina (UFSC). Foi coordenadora da organização internacional não governamental AIESEC, pelo escritório em Florianópolis, onde atuou no setor de intercâmbios estudantis e corporativos entre nações. Através do programa "Cidadão Global", atuou voluntariamente em Budapeste, Hungria, em 2013. Em 2016, ingressou no Programa de Pós-graduação em Relações Internacionais pela mesma universidade de graduação. Sua linha de pesquisa é concentrada na área da Economia Política Internacional. O interesse na área da tecnologia se localiza na interseção entre a Informática, as Relações Internacionais, a Política e os eventos contemporâneos globais.

AGRADECIMENTOS

Agradeço à minha mãe por me acompanhar nessa jornada de vida e que tão bem soube me transmitir sensibilidade e a qualidade de sonhadora. Eu tenho um profundo orgulho disso. Ao meu pai, por ser forte o suficiente para pavimentar o caminho por onde tão seguramente caminhei até a independência. Eu nunca poderia agradecê-lo o suficiente. Ambos confiam e acreditam que todo sonho merece uma chance e que todo grau de sensibilidade deve ser acompanhado por uma porção de racionalidade para se ter equilíbrio na vida. A felicidade é uma consequência natural.

Meu sincero agradecimento ao professor doutor Jaime César Coelho pelo apoio, encorajamento e entusiasmo compartilhado sobre o assunto e pela orientação quando parte do conteúdo ainda era um embrião. Agradeço também ao professor doutor Lucas Rezende por encorajar a publicação do conteúdo e acreditar que merece ser visto por olhos além dos muros da Academia.

Meu agradecimento também se estende à professora doutora Iara Leite por compartilhar do meu entusiasmo com a área de intersecção das Relações Internacionais e a Tecnologia e por me brindar com uma orientação cuidadosa e me apontar caminhos nesta nova fase.

Ao editor Rugeri, por ter confiado no conteúdo da obra e me acompanhado ao longo do tempo. Tens meu mais sincero agradecimento pelo suporte absolutamente indispensável para esta obra existir.

Ao assistente editorial Christian Danniel por ter sido formidável em sua paciência e dedicação comigo e para o rumo da obra. Eu não poderia ser mais agradecida pelo seu olhar atencioso e sua generosa dedicação. Muito obrigada.

Agradeço também ao gerente editorial Anderson Vieira pelos comentários em relação à obra e pelos apontamentos esclarecedores. Sou bastante grata por isso! Meus agradecimentos se estendem a toda a equipe da Alta Books pela confiança depositada e pelo apoio.

Aos meus queridos amigos que me acompanharam ao longo da trajetória em que este material estava sendo redigido e me deram força — vocês, certamente, sabem quem são. Em especial meu agradecimento à Ana Paula Althoff, Bianka Costa Zimmer, Camila Antunes da Luz, Fernanda Garcia, Fernando de Bona Santiago, João Paulo Junho, Luiz Fernando Abonizio Guerreiro, Rulza Ludmila da Silva e Solita Almeida.

Finalmente, gostaria de agradecer a todos aqueles que contribuíram de alguma forma para a execução da obra e por terem acreditado em seu resultado. Meus sinceros agradecimentos!

DEDICATÓRIA

A todos que têm dentro de si sede de conhecimento e curiosidade em seu espírito — princípios da chama que afasta a escuridão.

SUMÁRIO

INTRODUÇÃO

> Nós criamos uma civilização global em que os elementos mais cruciais — o transporte, as comunicações e todas as outras indústrias, a agricultura, a medicina, a educação, o entretenimento, a proteção ao meio ambiente e até a importante instituição democrática do voto — dependem profundamente da ciência e da tecnologia. Também criamos uma ordem em que quase ninguém compreende a ciência e a tecnologia. É uma receita para o desastre. Podemos escapar ilesos por algum tempo, porém mais cedo ou mais tarde essa mistura inflamável de ignorância e poder vai explodir na nossa cara (SAGAN, 2006, p. 43-44).

Alguns leitores já devem ter escutado sobre Carl Sagan, um dos cientistas responsáveis por trazer a ciência próxima ao público através de livros e seriados de televisão. Uma de suas passagens de que mais gosto diz respeito ao acúmulo de conhecimento técnico que o ser humano pôde alcançar através dos séculos. Nós sabemos de muitas coisas. Quem já passou por uma escola, e completou os estudos básicos, tem dentro de si muito conhecimento. Mais conhecimento, inclusive, do que um filósofo grego como Aristóteles ou Platão. Sabemos sobre a existência de átomos, células, energia elétrica, sistema solar, nossa galáxia e tantas outras coisas que é possível que tudo isso deixasse um filósofo daquela época enlouquecido com tantas informações.

Como afirmado anteriormente, muitos de nós têm um conhecimento razoável sobre muitos assuntos. Mas apenas poucos de nós têm conhecimento razoável sobre assuntos específicos sobre os quais, *aparentemente*, as sociedades atuais estão... apoiadas. Este é um pensamento, de certo modo, assustador, e foi colocado em palavras pelo cientista Carl Sagan na década de 1990. A verdade é que apenas uma pequena parte das pessoas conhece, de fato, os caminhos da ciência e tem uma ideia geral de como estamos, irremediavelmente, presos a uma sociedade altamente dependente da tecnologia. O que aconteceria se esta parcela que conhece a tecnologia, de repente, sumisse do planeta? Como é que o restante de nós manteria sistemas complexos de eletricidade, de programação computacional, bits e bytes, sistemas científicos delicados e refinados, como nos campos da engenharia genética e da biomedicina? Afinal, o que seria de nós sem aqueles que conhecem profundamente a ciência e a tecnologia? Você já pensou nisso?

O século XX é o mais contrastante século da história do ser humano e quanto a isso não existem dúvidas. Compreender esse século é essencial para entendermos o nascer do século XXI, todos os arranjos sociais, todas as mídias tecnológicas e demais adventos que com ele surgem. Ao longo do século passado, uma série de acontecimentos grandiosos e, muitas vezes, repugnantes das mais diversas áreas tiveram protagonismo no palco da História, e marcaram a humanidade de forma indelével. Não à toa, um dos mais notáveis historiadores contemporâneos, Eric Hobsbawm,[1] deu nome à sua obra mais famosa de *Era dos*

[1] Nascido em Alexandria, no Egito, no ano de 1917, quando esta região ainda era um protetorado da Grã-Bretanha. Eric Hobsbawm se tornou historiador pela King's College, Cambridge, e testemunhou o desenrolar do século XX. É mundialmente famoso pela produção das obras das "Eras": *A Era das Revoluções, Era do Capital, A Era dos Impérios* e *Era dos Extremos*. Esta última foi escrita na década de 1990 e permanece como sendo sua obra de maior alcance e pela qual é mais lembrado. É considerado como um dos mais proeminentes intelectuais do século passado.

Extremos (1995) — em que se debruça sobre os acontecimentos fervorosos do século XX.

O século passado é de ruptura. Ele se consolidou na História como um século que difere dos anteriores tanto pela velocidade dos acontecimentos — calcados, em boa parte, na força da ciência — como pelo rompimento de instituições e estruturas vigentes até então. Os exemplos disso são inúmeros: ao mesmo tempo em que a religião pauta novos contornos pela facilidade de acesso às conexões instantâneas e em larga escala ao redor do mundo, a ciência se aprimora e se refina em uma velocidade nunca vista antes — nos tornamos capazes, inclusive, de clonar outros seres!

E não somente isso. Se é verdade que iniciamos o século XX com guerras, também é verdade que testemunhamos o esforço da cooperação internacional em criar mecanismos que freassem a possibilidade do conflito armado — como a falida Liga das Nações (1919–1946) e a Organização das Nações Unidas (1945–atual). A humanidade presenciou graves crises econômicas e ao mesmo tempo viveu a era dourada do capitalismo. O princípio do século foi marcado pelo desenvolvimento da aviação, a qual permitiu que o homem alçasse voos em estruturas mais pesadas que o próprio ar. Quem diria! Máquinas pesadas, de ferro, carregadas de combustíveis e passageiros passaram a cruzar os céus! E assim seguimos, cada vez mais alto, cada vez mais distantes do solo... a ponto de colocarmos nossos pés humanos na Lua. Nem Leonardo Da Vinci ousaria pensar em tamanha engenhosidade — só poderia ser um "milagre" da ciência! E nós não paramos por aí. O homem fez flutuar pelo cosmos máquinas pesadas que percorrem distâncias cada vez mais longínquas.

Agora vejamos o que nos diz o campo social. Boa parte das mulheres do mundo avançou no que diz respeito aos direitos políticos, muitas vezes entrando em conflito com os ideais do patriarcado que tolhiam suas liberdades. No princípio do século, tais atitudes seriam impensáveis. Ao final do século, pelo menos nas sociedades democráticas, esta se configura como a norma. É o século das revoluções sociais e do culto à liberdade! Até mesmo alguns comportamentos sociais foram modificados — muito se lutou pela liberdade sexual e o combate à opressão das minorias.

O século XX foi um período em que os ideais da democracia conviveram com ideologias totalitárias, com o comunismo, com teocracias, com monarquias. Em várias partes do mundo se instalaram ditaduras. Como diria Hobsbawm, a humanidade, *pela primeira vez*, se concentra em sua maior parte nas cidades e isto é possível devido à mecanização do campo e à produção em massa de alimentos. A destruição em nome do progresso deu lugar à "consciência ambiental" que aflorou no final do século e ganha força no início do século XXI. Estamos todos preocupados com o meio ambiente e os rumos do nosso clima! Ou, pelo menos, deveríamos estar. Quantos não ouviram falar sobre o aquecimento global? Os mares subirão? As gerações futuras correm perigo? Evidentemente uma boa parte das pessoas passa a se importar com o destino final dos resíduos químicos e sólidos utilizados na indústria — e cobra dos governos democráticos uma posição acerca da emissão de gases poluentes na atmosfera.

E se falarmos de trabalho? Ao mesmo tempo em que as atividades são automatizadas, no mundo explodem focos de escravidão humana que expõem as agruras das corporações capitalistas. O uso dos adventos da tecnologia expande a comunidade local e integra o globo em sua totalidade, bastando "apenas" ter o acesso à rede mundial de computadores. Com o advento da internet, o mundo se divide entre aqueles com acesso e aqueles sem acesso ao conhecimento e à integração ao globo — e o abismo da desigualdade consequente se torna evidente e chocante!

É aí que quero chegar. É preciso chamar a atenção e tecer algumas considerações sobre as tecnologias recentes que abrangeram as relações humanas na virada do milênio. O refinamento da ciência como área permitiu um salto científico brilhante e trouxe como uma das consequências a criação do computador. Uma máquina formidável, capaz de realizar cálculos com uma velocidade nunca vista antes! Mas não apenas o computador nos interessa. Vamos dar um passo além e falar sobre *a criação do computador pessoal*: um indivíduo comum pode entrar em uma loja física e sair de lá com uma grande criação debaixo dos braços. A geringonça não está mais fadada a viver rodeada de cientistas da computação e matemáticos em universidades mundo afora: ela está disponível para quem quiser comprá-la e vem, inclusive, com um mouse para facilitar seu uso.

E o "pulo do gato" surge da aliança entre esta máquina formidável, o computador pessoal, e a criação de uma rede abstrata capaz de conectar todos os computadores do mundo em um único ambiente virtual. Nasce a internet e o mundo se rende às maravilhas da tecnologia moderna. É a partir da internet que podemos iniciar a conversa sobre a *Deep Web*[2] e as implicações que ela traz à sociedade civil e à instituição do Estado. Se você ainda não conhece muito bem a Deep Web, ou se nunca escutou falar, fique tranquilo: o objetivo desta leitura é auxiliá-lo a compreender uma das revoluções mais marcantes da era da internet; discutiremos sobre o que é, como funciona e qual a sua importância. E sua importância é enorme — esse outro "lado da internet" se encontra no centro de questões econômicas e políticas muito recentes

---

2 Ou "web profunda".

do século XXI que, de alguma forma, foram capazes de alterar o rumo de eventos cruciais do cenário internacional e tiveram consequências para o sistema internacional. Consequências estas que, em virtude do tempo, ainda não podemos detalhar ou contornar seu escopo: *estamos vivendo este período neste minuto.*

Então, o que é a Deep Web? Primeiro, teremos que fazer uma diferenciação entre Deep Web e Dark Web,[3] dois conceitos bastante confundidos. De uma forma bastante resumida, a Deep Web é toda a região da *World Wide Web* que simplesmente não aparece nos resultados de mecanismos de busca como o Google, Bing ou Yahoo!. Existe todo um conteúdo que sequer chega a ser listado nesses resultados. Nós nunca o vemos, pelo menos não com os navegadores normais que usamos. A Dark Web é uma porção da Deep Web que propositalmente se mantém alheia a esses mecanismos de busca e ainda procura a segurança de que as comunicações não serão violadas por terceiros. Traduzindo em miúdos: é uma parte da *World Wide Web* que propositalmente não deseja ser encontrada e nem ter suas mensagens lidas, inspecionadas, vigiadas e controladas por quaisquer entidades que circundam a rede mundial de computadores.

Em 2001 foi realizado um estudo[4] dirigido por Michael Bergman, que à época trabalhava em uma empresa de tecnologia, e descobriu-se que a *Deep Web* era cerca de *500 vezes maior* que a internet comum que todos conhecemos — à qual chamaremos, a partir de agora, de *Surface Web*, ou "web superficial". Dentro dessa região que não pode ser "vista" por navegadores comuns, existe uma *comunidade* ativa de indivíduos que está desafiando a

---

[3] Ou "web escura".

[4] *White Paper*: The Deep Web: Surfacing Hidden Value. Disponível em: <http://quod.lib.umich.edu/j/jep/3336451.0007.104?view=text;rgn=main>. Acesso em: 31 ago. 2016. (N.E.: A Editora Alta Books não se responsabiliza pela manutenção dos sites e de seus conteúdos apontados pela autora ao longo do livro)

autoridade do Estado: a *Dark Web*, que serve como um poderoso instrumento de indivíduos da sociedade civil para atingir determinados objetivos — que não conseguiriam atingir utilizando-se de outros meios. Digo "indivíduos" no plural tanto por ser um grupo de indivíduos juntos a perpetrar tais ações, como por ser um grupo de indivíduos separados que, juntos, se tornam nós essenciais em um determinado acontecimento.

Desafiar um Estado? Mas como isso é possível? Para melhor esclarecer este ponto, vejamos um exemplo breve.

O Exemplo de uma Rede Criminosa

Todos nós sabemos que o crime sempre foi uma prática presente nas sociedades humanas. Alguns indivíduos quebram regras preestabelecidas para adquirir um proveito, qualquer que seja, de seu interesse. Ao longo do tempo, muitos indivíduos se reuniram em grupos criminosos pelas mais variadas razões. O objetivo desses grupos é um só: auferir proveitos de ações criminosas.

Vamos supor que um grupo de exploradores sexuais tenha montado uma rede para cometer crimes na década de 1950. Eles formam o que chamaremos aqui de "organização". Nessa época ainda não existia a internet e o computador pessoal ainda estava longe de ser uma realidade. Vamos supor também que, ao montar essa rede criminosa, a organização tenha tido sucesso em transbordar as fronteiras de seu país de origem (País A) e estabelecido contatos em, pelo menos, mais dois países (País B e País C).

As atividades são divididas em: rapto de seres humanos; filmagem e fotografias pornográficas das vítimas; prostituição forçada de mulheres; e homens encarcerados sob o controle da organização.

Temos ainda: a organização criminosa, que possui caráter transnacional de pequeno alcance (são poucos países); a vítima, que pode ser raptada dentro de um país ou ainda ser transferida ilegalmente de país para país; e temos o cliente-criminoso, para quem o "produto" final é vendido, ou seja, quem consome os "produtos" da organização criminosa.

Diante desse cenário, o cliente-criminoso teria que, para consumir o "produto" da organização criminosa (prostituição forçada, consumo de imagens ou vídeos exploradores), efetivar contato físico com o provedor-criminoso para constatar seu interesse no "produto". A organização, então, estabeleceria um local físico para que houvesse o encontro entre o cliente-criminoso e o "produto". Nesse local, a troca aconteceria: o cliente-criminoso consumaria o ato por meio da imagem fotográfica, vídeo, ou prostituição; e o provedor-criminoso ficaria com a quantia monetária combinada. Caso a polícia não interviesse fisicamente, o "comércio" seria realizado e os indivíduos participantes se dispersariam na sociedade. Por outro lado, se a polícia — ciente do local e portando a identificação dos indivíduos da transação — interviesse no local, ela estaria apta para desmanchar uma extensão da organização criminosa, e ainda levar à justiça o indivíduo-cliente.

Nesse cenário, seria coerente supor que a polícia, ao investigar as ações da organização, pudesse identificar muitos de seus membros, formas de operação ou locais habituais de encontro, por exemplo. Seria possível também identificar o consumidor final do produto, uma vez que o mesmo estaria presente fisicamente no local. De que outra forma a polícia poderia identificar o consumidor? Se a organização tiver posse de algum tipo de registro de clientes, e se o mesmo registro cair nas mãos das autoridades. De outra forma, não parece ser possível que as autoridades tenham formas de identificar o cliente-criminoso. Sendo assim, caso a organização não tenha um registro, e o cliente não seja assíduo, se torna quase impossível identificar os consumidores finais do "produto", pois os mesmos poderiam realizar a prática uma única vez — ou ainda porque suas ações são pontuais e não necessariamente manteriam uma relação estreita com a organização.

Agora imaginemos que esse grupo de exploradores sexuais mantivesse sua organização criminosa no século XXI. Vamos considerar que a organização seja grande e tenha satisfatório poder econômico para efetivar a prática criminosa. Seria impensável que tal organização não utilizasse a internet como meio de comunicação entre suas células organizadas em variadas localidades. Mas é claro: a internet é relativamente democrática (quem tiver acesso, pode utilizá-la; entretanto, não são todos que têm acesso à rede mundial) e possui ferramentas que contribuem para o sigilo da troca de informações, como a criptografia. Se antes os voos alçados pela rede corresponderiam a estar presente em três países, a internet — e, mais especificamente, a Dark Web — abriria o leque de opções para, virtualmente, *todos os países do globo* — desde que estivessem conectados à rede. A expansão do alcance não se limita apenas às regiões geográficas, mas também em termos de quantidade de consumidores-criminosos.

Além daquelas práticas criminosas citadas anteriormente, se adicionaria o consumo da imagem e de vídeos sexuais pelo meio digital. Ou seja, o consumidor passaria a não mais necessitar estar presente fisicamente em um determinado local para que a troca de fotografias ou vídeos por dinheiro pudesse ser realizada: o meio digital permite com facilidade a transação comercial. Dá para perceber o tamanho do problema? Com isso, tem-se a eliminação de boa parte dos locais físicos em que o contato entre provedor e cliente pode ser realizado. Sem o local físico, uma das eventuais oportunidades de apreensão dos criminosos envolvidos (e resgate das vítimas) é eliminada. Mas não apenas isso: o consumo do "produto" ilegal pode ser realizado de qualquer localidade, desde que exista a conexão com a internet. Tanto o cliente quanto o provedor de conteúdos ilícitos ganham em termos de segurança: a identificação se torna quase impossível mediante as possibilidades de anonimato que a rede oferece. Além disso, o cliente em potencial que gostaria de consumir o "produto", mas que por motivos de insegurança pelo eventual contato com o provedor nunca o tenha realizado, agora não teria justificativa para os seus temores: tal contato não *necessita* acontecer.

Este é um dos grandes desafios atuais em relação à expansão da internet e das tecnologias desenvolvidas para a rede. Isto nos dá uma ideia de parte das dificuldades encontradas pelas forças de polícia que investigam e buscam levar redes criminosas ao redor do mundo à justiça. E o problema, neste sentido, vai mais além: para prevenir o alastramento de redes criminosas pelos países, os Estados teriam de desenvolver fortes estratégias de cooperação internacional — visto que as atividades ilícitas desconhecem as fronteiras geográficas.

Não é que as organizações criminosas realizem ações inéditas; o crime sempre foi um elemento da sociedade, porém, é esse novo *meio* pelo qual efetivam suas atividades que permite que haja um alastramento maior das ações. Essas ações ganham em velocidade, adquirindo o potencial de atingir inúmeros países em um tempo muito mais curto e com maior complexidade do que o visto anteriormente. Isso se refere não apenas às ações criminosas frutos de atividades ilícitas, como também do fenômeno em relação a outros tipos de ações como: a democratização do acesso à informação, o sigilo das fontes jornalísticas etc. Essa miríade de ações, que antes estava confinada a limites mais justos, hoje facilmente pode ser realizada na sala de estar, no escritório, nas ruas, nos celulares dos indivíduos. O alcance é ilimitado.

A Questão da Vigilância

Mas nem só de crime vive a Dark Web. Escutamos com muita frequência que a internet como a conhecemos vem sofrendo ameaças severas à privacidade. Já chegou a nossos ouvidos que muitas das informações que preenchemos em cadastros são vendidas por empresas ao setor de marketing ou até mesmo aos partidos políticos.[5] A liberdade que a rede oferece também contrasta com o alto nível de vigilância por terceiros, e isto acontece em um momento em que as sociedades físicas transitam para se tornar, também, uma sociedade em rede.

O que não se comenta, ou, pelo menos, se comenta com pouca frequência, é sobre a porção da rede mundial de computadores cujos braços da vigilância ainda não encontraram contato, e essa porção tem nome: *Dark Web*. É por meio da rede que esta parte da web oferece a configuração-chave que possibilita o arranjo de elementos essenciais à realização de atividades que burlam a vigilância: o anonimato.

---

[5] Segundo Manuel Castells (2003, p. 145), nas eleições de 2000 nos Estados Unidos, uma companhia conseguiu criar um banco de dados — baseado na coleção de dados diversos em diferentes fontes — chamado Aristotle, que consistia da coleção de perfis políticos de cerca de 150 milhões de cidadãos estadunidenses. De posse dessa informação, a companhia tinha o hábito de vender os perfis políticos segundo a maior oferta, que comumente pertencia a escritórios de campanhas de candidatos políticos dos Estados Unidos.

O mundo está conectado. Em algumas regiões percebemos que o fluxo de conexões é maior que em outras determinadas localidades. No entanto, no começo do século XXI, notamos que a direção que a humanidade percorre se perfaz através do uso das tecnologias de comunicação em rede. Dito de outra forma, a sociedade civil, o Estado, as organizações internacionais, as organizações não governamentais, as forças armadas, as empresas nacionais e multinacionais, as forças transnacionais, enfim, os elementos que compõem a totalidade da sociedade caminham em sua trajetória fazendo uso da internet. Cada vez mais estamos conectados em rede, *plugados*, de forma instantânea. O impacto que isso oferece sobre os outros sistemas de comunicação é enorme: a televisão sofre, o jornalismo midiático é desafiado, e outras forças surgem. Mas não apenas sofrem os tradicionais sistemas de comunicação. Veremos mais adiante que, por meio da Dark Web, até mesmo a autoridade de instituições financeiras e do Estado é passível de desafio. Assim, nasce a dualidade que, se antes era intrínseca ao século XX, atualmente, podemos acreditar ser parte da dinâmica da internet — pelo menos até o momento: como instrumento democrático de participação e revolução, seu alcance é inédito e traz inúmeros benefícios; como instrumento para realização de atividades ilícitas, seu alcance, além de instantâneo, pode se revelar catastrófico. Este é um dos motivos para se conhecer, tratar, discutir e assimilar os frutos da internet e, mais especificamente, da web. Vivemos ela todos os dias. Estamos conectados virtualmente o tempo inteiro. Milhões de seres humanos estão plugados à rede mundial de computadores a qualquer momento. *Poucos* a compreendem realmente.

RE ESTE LIVRO

tamente o leitor já escutou falar sobre a organização *Wiki-ks*, Edward Snowden, o grupo *Anonymous* e, principalmente, re os ataques de 11 de setembro nos Estados Unidos. Com nor frequência, mas ainda relevante, talvez já tivesse obtido contato com informações sobre a *Silk Road*, importante mercado de drogas ilícitas na internet; a militância *jihadista* — que compõe um dos elementos do terrorismo islâmico presentes em localidades do Oriente Médio —; a lavagem de dinheiro através do meio digital; ou a moeda *Bitcoin*. Esses casos que foram noticiados em escala global pela mídia tradicional têm em comum a web profunda como pano de fundo. Foi através das águas profundas da rede que, pelo menos em parte, suas atividades puderam ser realizadas. Atividades essas que, cabe lembrar, tiveram consequências no plano real e influenciaram atitudes por parte de governos ao redor do mundo inteiro. A configuração da *Dark Web* permitiu, e permite, os diversos casos aqui citados acontecerem e causarem consequências no plano real. É uma configuração que permite o anonimato, que oferece uma dinâmica diferente do resto da web, que conhecemos como sendo de superfície. Está apenas na camada de cima. Esta web, que utilizamos todos os dias, seja no trabalho, na faculdade, em casa, ou nas ruas por meio do uso dos smartphones, é passível de uma vigilância eficaz por parte de terceiros — inclusive perpetrada por governos. E é essa diferença que se torna crucial quando discutimos sobre vigilância e anonimato em rede. Creio que por isso existam a importância e a surpresa relacionadas a essa esfera pouco conhecida da internet.

É espantoso que, apesar de fazermos parte de uma sociedade cada vez mais digital, ou seja, que está online, discutamos muito pouco sobre o assunto da Deep Web em geral — afinal, ela é, sem sombra de dúvidas, a maior porção da web. Na verdade, o mais comum é que sequer tenhamos escutado falar sobre ela. Por que não escutamos falar sobre esse outro lado da web? Bem, acredito que existam algumas razões.

A primeira razão é que, para compreender essa esfera da rede, precisamos saber um pouco mais do que estamos habituados em termos técnicos e de conhecimento do uso da internet. Isso tanto para a navegação, para encontrarmos algum assunto, por exemplo, quanto para a proteção necessária àqueles que velejam nessas águas. Essa proteção se faz necessária porque, em grande parte, é nesta região que muitas atividades de *hackers* e *crackers*[6] acontecem.

A segunda razão é que as informações sobre as profundezas da rede acabam por ficar recônditas ao meio acadêmico da área da Informática, ou, em geral, aos usuários da rede com um grau de conhecimento técnico um pouco mais elevado que a média dos internautas. Em ambos os casos, esses usuários pertencem ao grupo que produz e compartilha a cultura cibernética.

A terceira razão refere-se à pouca circulação do tema pelos meios tradicionais de comunicação — e pouca circulação do tema dentro da própria internet à qual estamos habituados. Se a informação não circula, se torna muito difícil adquirir qualquer conhecimento sobre o tema.

---

[6] Segundo Glênio Filho (2010, p. 2), o termo *hacker* originalmente foi designado àqueles indivíduos que dominam um determinado conhecimento muito superior aos demais. Na década de 1990, esse termo foi utilizado de forma especial pela área da Tecnologia da Informação. Hackers, então, passaram a ser conhecidos como indivíduos com conhecimento superior na área de programação da computação, que faziam uso de suas competências para ajudar no desenvolvimento de uma determinada tarefa proposta, tudo dentro da legalidade e de forma benéfica. Os crackers, em contrapartida, apesar de serem também indivíduos com alto nível de instrução dentro da área da informática, utilizavam a informação para praticar atos ilícitos na rede. Em outras palavras, o termo *cracker* foi cunhado para distinguir os sujeitos armados de conhecimento que realizavam práticas benéficas daqueles que promoviam ações danosas. No entanto, ainda é comum haver confusão quanto ao uso dos dois termos.

É claro que existem outros motivos, porém, cito aqueles que acredito que sejam os mais fundamentais. A verdade é que o assunto da web profunda é muito pouco discutido, pesquisado, e comentado nos círculos de trabalho, com a família, entre os amigos, os colegas de faculdade, e outros grupos de nossa convivência. Sem conhecimento do tema não se pode realizar questionamentos, tirar dúvidas, adquirir algum aprendizado, efetuar pesquisas, elaborar artigos, produzir conhecimento científico, obter conclusões; ou mesmo conhecer e ser beneficiado pelas ferramentas que essa porção da web oferece.

Lembro-me da primeira vez que escutei sobre a Deep Web. Eu estava em meados da minha graduação em Relações Internacionais na Universidade Federal de Santa Catarina, e me dirigia ao refeitório da universidade para almoçar com alguns colegas, membros de uma organização internacional estudantil da qual eu também fazia parte. Depois de nos servirmos, buscamos uma mesa, nos sentamos e começamos uma conversa sobre a internet. O assunto girava em torno de vídeos populares do YouTube, e logo nos demos conta de que toda essa tecnologia não estava presente na época em que nossos pais foram fazer faculdade. Um dos meus colegas, por acaso, comentou sobre uma "região da internet" que ele, com bastante receio, havia visitado recentemente. Ele se referia à Deep Web, e logo ficamos completamente arrepiados com as histórias que ele nos contava: uma região da web em que os criminosos eram reis e não poderiam ser parados por nada nem por ninguém; uma porção da rede em que somente crackers e hackers navegavam; escutamos também que era necessário acessar essa parte utilizando outro computador que não fosse o pessoal, porque — imaginem só — o perigo era realmente gigante e você poderia ter todas as suas informações roubadas ao acessar a Deep Web de sua máquina normal de uso! É claro que muitas dessas informações não eram exatamente como nos foram passadas, mas elas se encaixavam no perfil de informações que são conhecidas por aqueles poucos que já ouviram falar da Deep Web. O conteúdo é mórbido, criminoso, perigoso e não é recomendado para aqueles fracos de estômago. Não preciso dizer que a curiosidade se plantou em minha mente e, quando cheguei a casa, apesar de estar com muita vontade, não tive coragem de me conectar à "tal da" Deep Web. Tive de me contentar em ler sobre o assunto no Google e observar os *print screens* tirados por outras pessoas. Do pouco que vi, realmente me pareceu como um ambiente muito alheio a tudo que eu estava acostumada a ver na web comum de todo-santo-dia. Deixei o assunto para lá.

Alguns bons meses depois, quando eu me preparava para iniciar meu projeto de Trabalho de Conclusão de Curso — o famigerado "TCC" —, decidi que gostaria muito de pesquisar um assunto que estivesse na interseção das áreas da Informática e das Relações Internacionais. Em uma tarde de inverno, me dirigi ao departamento de Economia e Relações Internacionais para conversar com meu orientador. Lembro-me de entrar em seu escritório e de nos engajarmos em uma conversa bastante produtiva sobre Economia Política Internacional, uma das grandes áreas das Relações Internacionais (RI). Eu abri o jogo e comentei que eu gostaria bastante de trabalhar em algum assunto que pudesse ser a interseção, como eu disse anteriormente, entre tecnologia e o curso no qual eu estava me graduando. Meu orientador me escutou pacientemente e, enquanto eu tentava explicar aonde eu gostaria de chegar com tudo isso — um estalo! Eu acabava de me lembrar "da tal" Deep Web! Meu cérebro fez algumas rápidas conexões e em poucos momentos eu me encontrava tentando explicar o pouco que sabia sobre o assunto e como isso poderia se desenhar dentro do contexto das RI. Depois de me escutar por um tempo, e ao que tudo indica, também se movendo por um estalo, meu orientador conseguiu *captar* o eixo que nos colocava dentro da área do curso — a própria Economia Política Internacional. Mais especificamente, sob a ótica da "difusão de poder" do Estado. Ali se iniciava meu interesse no assunto e logo me joguei em uma aventura para compreender desde o aspecto técnico de algumas áreas dentro da Informática até relacioná-las com os discursos de Susan Strange, expoente da área da Economia Política Internacional.

Na realidade, hoje percebo que a minha pesquisa principiante cometeu alguns equívocos em relação aos termos técnicos. Também compreendo e admito que ela não foi tão profunda quanto o tema merecia ser. Porém, foi um passo dado na direção investigativa. À medida que eu ia pesquisando, ia descobrindo um mundo completamente novo. Portanto, meu Trabalho de Conclusão de Curso, apesar de ter algumas incongruências, me deu a incrível oportunidade de me debruçar sobre o tema, pela primeira vez, com os olhos da pesquisa acadêmica. Eu e meu orientador à época, o professor doutor Jaime Coelho, à quem sou eternamente agradecida pelos conselhos e direcionamentos de mestre, ficamos absolutamente impressionados com o potencial da Deep Web (em especial a região que se intitula de Dark Web) e quão pouco ela é discutida dentro das Ciências Sociais. Foi um aprendizado muito gratificante e que me estimulou a ir mais fundo.

Se naquela tarde, há meses da reunião com meu orientador, durante um almoço com colegas de trabalho na universidade nós nunca tivéssemos conversado sobre a internet e sobre a Deep Web, muito possivelmente eu não teria escutado sobre a existência dessa outra porção da web. Eu sequer saberia de sua existência e seria como milhões de pessoas no mundo: completamente alheia a seu funcionamento e suas oportunidades.

Bem, a fim de que você compreenda como essa região opera, será necessário conhecer alguma coisa sobre o aspecto técnico do funcionamento de uma rede — mas sem adentrar, necessariamente, em terminologias especiais e rebuscar notas demasiado técnicas. O objetivo não é rechear a leitura com aspectos da Informática, mas conhecer um pouco sobre o "pano de fundo" da internet. O objetivo aqui é que se tenha informação suficiente para compreender o surgimento da Deep Web e a criação da Dark Web, e entender seu funcionamento; o porquê de ser tão diferente do funcionamento da web a que estamos habituados. Tudo isso servirá para nos ajudar a perceber como alguns casos conhecidos de nosso dia a dia[7] puderam acontecer.

Assim, comentarei sobre casos que, ou se originaram na web escura, ou fizeram uso dela, que mais obtiveram repercussão da mídia e das autoridades; o porquê de ser considerada uma "terra sem lei" da era digital. Além disso, por ser uma fração grande da web, que faz parte da internet, será necessário investigar as origens históricas da rede mundial de computadores para, então, percebermos o "porquê", "como" e "quando" as bases da Dark Web foram lançadas. Por este motivo, o livro está segmentado em *Parte I: Casos* e *Parte II: Aspectos Técnicos*.

Explicarei como a Dark Web hoje oferece um desafio à autoridade do Estado, e em que medida ela contribui para o "empoderamento" de indivíduos e grupos que conseguem se esgueirar por entre os dedos do Leviatã moderno. Também esboçarei a conclusão que se pode retirar do conhecimento dos casos concretos

---

[7] Esses casos "ilustres" serão comentados em capítulos posteriores.

e a sua interseção com assuntos políticos e econômicos da área das Relações Internacionais — o que está em curso atualmente, além de apontar como os países têm reagido perante esse desafio de autoridade.

Em suma, os livros e artigos que tratam desse assunto são, em sua maioria, destinados a um público técnico. Na maioria das vezes, para compreender os textos é necessário que se tenha algum contato prévio com terminologias da Informática. Tudo isso faz o assunto circular por grupos bastante acadêmicos e fechados, afinal, as terminologias técnicas dificultam o acesso do leitor médio ao tema — que comumente acredita ser um tema "chato" ou "maçante". Não é o caso.

Percebe-se uma carência do tratamento do tema em uma linguagem mais acessível destinada a todo o público, e por isso aqui a abordagem se faz por uma linguagem menos acadêmica. A ordem é se ambientar! Conhecer, compreender e para isso podemos utilizar uma linguagem mais relaxada e próxima do nosso cotidiano.

Fora isso, percebo que também existe uma carência da aproximação do tema em relação aos aspectos sociais e de implicação política. Geralmente, quando o assunto Deep Web é tratado em artigos científicos, ele fica restrito aos ambientes acadêmicos das áreas da Informática e de lá não saem. Quase nenhuma outra área trata do assunto — muito embora ele seja bastante pertinente a outros setores da Academia, como você pode imaginar.

Por tudo isso e mais um pouco, nasce este livro. Ele não se propõe a descrever a Deep Web e seus encadeamentos de forma total, mas tem a pretensão de arriscar alguns questionamentos necessários sobre a sociedade contemporânea, bem como ao comportamento do Estado moderno, no que diz respeito ao meio de comunicação talvez mais fundamental dos dias atuais. E para que possamos discutir com qualidade sobre o assunto é preciso que tenhamos uma base de conhecimento do tema, um princípio.

Em suma, este livro se propõe a trazer casos concretos decorridos do uso da Deep Web, além de explicar o funcionamento da mesma. Boa leitura!

PARTE I
CASOS

CAPÍTULO 1: WIKILEAKS

A cada três dias, Omar Hassan passa por uma galeria "abandonada" na semiperiferia de sua cidade, carregando dois pães debaixo dos braços. Sua cidade está em guerra, tomada por rebeldes e soldados da ocupação ocidental. A galeria, que conecta alguns prédios relativamente bem-estruturados do bairro, é a única passagem segura e livre de violência. Quer dizer, você não sofre violência se está disposto a pagar com um pouco dos seus produtos aos homens que dominam os escombros sujos. Omar entrega um dos pães ao vigilante da entrada que, em retorno, lhe entrega uma peça de xadrez velha pintada na cor amarela. Este é o passe livre de Omar. Ele deve entregar esta peça ao final da galeria para o homem de turbante verde e tudo estará bem. Pelo menos nesta porção do seu caminho.

Sobreviver na cidade de Omar, depois da guerra, tem sido uma experiência não apenas dolorosa, mas também incrivelmente amarga. A insegurança está nas ruas todos os dias. São poucos aqueles que se aventuram nas ruas. E não porque querem, mas porque precisam comer. Os alimentos têm sido cada vez mais escassos. Grande parte dos carregamentos é raptada pelos rebeldes que assassinam os motoristas e ficam com os caminhões e os mantimentos. Não importa a insígnia que esteja escrita na lateral. Omar tenta a sorte em um pequeno reduto do bairro vizinho, onde um amigo de seu pai recebe algumas caixas de comida aos domingos. Ele se lança nas ruas de manhã bem cedo, quando o sol ainda não se levantou e o ar ainda está frio, munido com suas roupas sujas e um pequenino saco de tecido, contendo duas moedas. Se ele for sortudo, conseguirá um bom pedaço de pão e figos frescos. Tudo será repartido, como já é de se esperar, com a gangue de homens que protege a galeria do bairro e fornece algum grau de segurança, mesmo que mínimo, às dezenas de pais de família que circulam na região atrás de mantimentos para alimentar suas famílias.

A guerra despedaça a dignidade do ser humano. Ela quebra muito mais que ossos. A liberdade é forçosamente recortada e estraçalhada. Não existe liberdade durante a guerra. As famílias, como a de Omar, seguem escondidas em casa e apartamentos minúsculos com escombros à vista. Tudo é arquitetado de forma a produzir a menor quantidade de barulho possível — assim a chance é menor de chamar a atenção. As portas de entrada são mascaradas para não serem vistas. Na guerra, as leis não existem, apenas a consciência dos homens. Muitos sequer a têm. É por este motivo que a esposa de Omar e sua filha não saem de casa há alguns anos. Seus filhos homens saem raramente. Omar, conhecido no bairro, é o que mais sai. Ele se vale da esperança de que já foi conhecido na região, seu pai era um comerciante muito justo e benquisto pelas famílias. Nestas saídas em busca de mantimentos, Omar também já viu muitas cenas de barbárie.

Certa vez, Omar foi comprar um pouco de trigo e manteiga. No caminho, se deparou com uma barricada na encosta de uma ruela do bairro. Homens bem-vestidos e portando fuzis estavam dispensando todos que passariam por ali. Ele teve que tomar a providência de seguir por uma rua que não conhecia, o perigo era grande. Omar pulou uma janela e percorreu um velho apartamento, muito sujo e, em parte, despedaçado pelas bombas. Escutou um choro e uma respiração ofegante. Ele esticou a cabeça ao lado de uma velha janela e, segurando a própria respiração, pôde observar corpos empilhados em um cômodo e dois soldados cometendo abusos sexuais em mulheres e crianças. Aterrorizado e sem poder falar nada, Omar recuou o máximo que pôde e saiu por onde veio. Ele estava chocado e não podia acreditar que sua cidade havia chegado ao fundo do poço da dignidade humana. As leis dos homens nada valiam. A sua cidade estava entregue ao caos e à injustiça.

Ele chegou em casa atordoado, ofegante e sem nenhum mantimento. Estava horrorizado. Sua filha caçula veio lhe receber e ele não pôde conter o choro ao abraçá-la. Não conseguia parar de pensar que não havia desculpas para tamanhos atos vis. Os soldados ocidentais, os anjos paladinos da paz e da justiça, em realidade, eram lobos vestidos de cordeiros. Essa estaca de madeira afundou amarga em seu peito. Omar Hassan sempre foi um fervoroso apoiador da aliança ocidental e acreditava que somente eles poderiam conter o avanço dos rebeldes extremistas nesta região do país. Ele demorou para se tocar que, no fundo, os dois lados eram feitos de homens de carne e osso. E que homens podem ser anjos e também bestas ferozes.

Longas noites mal dormidas se passaram e Omar Hassan não pôde pregar os olhos. Não havia descanso para sua cabeça. Ele sabia que a guerra era a situação mais caótica que uma sociedade poderia viver. Mas não sabia que as línguas do fogo do inferno poderiam estar ali no mesmo quarteirão. Tão próximas. Alguém precisava saber disso. Sua esposa, temerosa por sua integridade física, o implorava que deixasse as coisas como estavam, afinal, a guerra faz vítimas. Nada o poderia deter. Omar Hassan estava decidido em contatar o jornalista mais conhecido de sua pequena cidade. Talvez houvesse alguma coisa a fazer. Talvez ele pudesse noticiar a capital. Talvez os soldados fossem punidos.

Na manhã de terça-feira, Omar Hassan levou um punhado de farinha de trigo, uma compota de geleia de damasco e cinco moedas para o endereço combinado. Ele esperava um tanto quanto nervoso quando o motorista de um carro bastante velho parou próximo. Fez um sinal com a mão e assim Omar soube: era o motorista que iria levá-lo para a cidade vizinha, em uma perigosa tentativa de se encontrar com o jornalista Bashir Khouri.

A viagem foi em total silêncio. Nem Omar falara, nem o motorista. Ele seguiu apertado no fundo falso do carro. Assim era na guerra: seu camarada em potencial, a qualquer momento, poderia se revelar um inimigo mortal. O melhor era que ambos ficassem em silêncio e prosseguissem seus caminhos com a maior discrição possível. Na cidade vizinha, Omar Hassan pôde observar como tudo estava melhor: a cidade tinha menos escombros, os prédios ainda estavam em pé, mais pessoas caminhavam nas ruas. O comércio, mesmo que reduzido, se encontrava em melhores condições. Não se comparava à época anterior à guerra mas, com certeza, estava em condição superior à sua cidade. Por alguns segundos pensou em trazer sua esposa e família para a cidade vizinha. O barulho de uma granada explodindo cortou seus pensamentos. As pessoas rapidamente sumiram das ruas sob gritos. Um silêncio ensurdecedor se fez ao final, interrompido somente pelo som de tiros ao fundo.

"Eu preciso de evidências. Você pode conseguir?", os olhos de Bashir especulavam por detrás de seus óculos grossos. Omar percorreu tantos quilômetros e, de repente, se sentiu muito burro.

Ele não havia pensado em como fundamentar as suas alegações. Queria fazer o bem a sua comunidade. Mulheres e crianças eram exploradas e sumiam mais rápido que caças cruzavam o céu. No dia anterior havia sido a filha de sete anos de seu falecido amigo de infância, Abdul. Ele só queria que tudo parasse. Não contava com as evidências.

Bashir Khouri colocava as mãos juntas, em um gesto de compreensão. Ele equilibrou o bule e colocou mais um pouco de chá para Omar Hassan. Era incrível: o apartamento de Bashir estava, relativamente, intacto. Ele era um dos correspondentes de guerra de um jornal ocidental. O nome ocidental dava alguma proteção, embora ele não estivesse totalmente seguro. Na guerra, ninguém está. Bashir explicou a Omar a situação: ele poderia ajudá-lo, mas teria que ter evidências para reportar com eficiência. Além disso, havia um risco em reportar ao jornal de lugares remotos utilizando a internet: seus dados poderiam ser observados e a fonte não estaria, totalmente, segura. Os países têm interesse em observar de perto os movimentos de jornalistas. Em uma situação de guerra, descobrir a fonte de informação de um jornalista pode ser um ponto de vantagem à frente do inimigo. Eticamente, um desastre. Mas na guerra, a ética também morre e ficam apenas os homens. Finalmente, mesmo que o jornal recebesse o conteúdo, ele ainda passaria por uma aprovação editorial. O jornal era ocidental e mostraria ações de soldados ocidentais contra a população civil local, uma verdadeira bomba para os governos democráticos e, especialmente, para os poderosos que desejassem uma reeleição. Isso significava que existia uma probabilidade do jornal não divulgar o conteúdo, isso dependeria do grau de relacionamento que ele cultivasse com o governo no poder.

Entre um gole de chá e outro, ambos suspiraram. Omar pensou que talvez devesse se conformar. Tanto risco para chegar a um "talvez". Mesmo que tudo fosse feito, ainda existia um "talvez". Certos poderes não estavam em suas mãos, ou nas mãos de Bashir. Estavam na mão de poderosos que definiam os rumos de suas sociedades e todas aquelas afetadas por suas decisões. Entre um suspiro e outro, Bashir levantou os olhos e observou Omar por um segundo. "Eu acho... que há outra alternativa.", disse Bashir.

Bashir rapidamente trouxe seu notebook para a mesa espaçosa da sala e o conectou à internet. Ele puxou uma cadeira para que Omar pudesse se sentar e, tropeçando nas palavras, procedeu a explicar o que estava em sua mente: alternativas para a publicação de evidências catastróficas da ética e justiça durante a guerra. Recentemente, Bashir havia se interessado por uma organização não governamental e sem fins lucrativos que tinha, como único objetivo, a livre circulação de informações. Não estava vinculada a nenhum jornal, periódico, canal de televisão ou governo. Essa organização defendia valores da transparência e era fortemente contrária à censura. Se Omar pudesse obter evidências, e Bashir pretendia doar um celular para a gravação de conteúdos vividos por Omar no seu cotidiano como civil durante a guerra, então Bashir poderia passar esse conteúdo para as mãos dessa organização. As atrocidades e injustiças cometidas poderiam ser ouvidas pelas pessoas ao redor do mundo. Os invisíveis teriam a chance de se tornar visíveis.

Essa organização explicava, em sua página na internet, como enviar arquivos de conteúdos com segurança pela internet. Por segurança, presumia-se que o anonimato da fonte estava garantido e que o conteúdo estava protegido contra violação de terceiros. A vigilância digital não tinha forças sobre esta organização porque ela se protegia bem e usava recursos para se blindar. Bem, esta era a alternativa. O caminho estava escolhido. O nome da organização? *WikiLeaks*.

Do outro lado da cidade, às margens da periferia e do deserto, um soldado das forças ocidentais tinha dificuldades para dormir. O cômodo se encontrava completamente escuro, exceto pela vista do céu noturno através da janela. As noites do deserto costumam ser um evento à parte. Diferente dos grandes centros urbanos do ocidente, as luzes da cidade por aqui são mínimas, ainda mais sob a névoa da guerra. Isso proporciona uma belíssima dança de estrelas cintilantes que rasgam o céu noite afora e iluminam o campo armado dos homens, edificados com o propósito de servir à aniquilação do inimigo.

Manning acordara suado. Sua agitação havia piorado nas últimas noites e seus pensamentos estavam cada vez mais descontrolados. Era como se sua consciência não mais o obedecesse e corresse livre e solta por toda sorte de assuntos imagináveis. Isso o torturava de modo silencioso e, em especial, porque existiam assuntos que ele forçava o esquecimento. Há milhares de quilômetros distante de casa, seus pesadelos se tornavam reais enquanto o deserto e a violência o engoliam.

Na manhã seguinte, Manning passava pelos pontos de controle e identificação do acampamento erguido, preparado para executar suas atividades militares com precisão e dedicação merecidas. Sentado à frente do computador, ele tinha acesso a uma incrível quantidade de arquivos confidenciais. Seu cargo de analista de inteligência concedia acesso a redes secretas especiais das forças armadas dos Estados Unidos. Certa vez, navegando por conjuntos de documentos, ele se deparou com um número grande de cartas diplomáticas de embaixadores norte-americanos. Nestas cartas, o discurso diplomático dava lugar à honestidade brutal: críticas e revelações sobre espionagem a inimigos e aliados se espalhavam por folhas e mais folhas de correspondência. A política, como viria a se dar conta, tinha dois lados — aquele que passa pelo filtro das relações públicas, e aquele que é real. Politicamente, muita coisa não fazia sentido para o próprio soldado no que dizia respeito à guerra na qual se encontrava como uma peça de tabuleiro.

A realidade era muito mais sórdida que a dos filmes de ficção. Manning tinha grande dificuldade de lidar com a sua própria realidade, em especial, a parte da sua realidade que o pressionava a ser homem e a submeter-se às regras da masculinidade. Havia há algum tempo que se reconhecia como homossexual. Fizera sua primeira confissão aos 13 anos para um amigo de infância. O medo de ser descoberto e levado ao ostracismo por sua família, considerada por muitos como sendo disfuncional, o atormentara durante aquele período. Mas nada comparado com a gravidade da sua situação atual: no fundo, desconfiava que fosse uma mulher no seu íntimo. Aspirava ser uma mulher transgênero.

Manning havia se alistado no exército dos Estados Unidos da América com a esperança de receber uma bolsa de ensino superior concedida pela "G.I. Bill", uma lei que confere benefícios a veteranos de guerra. Dentre estes benefícios estava uma bolsa integral para o ensino superior. Para Manning, vindo de uma família de recursos limitados, isso poderia significar a liberdade. Alistar-se ao exército também se provaria como um desafio autoimposto, afinal, Manning esperava conter sua sexualidade e personalidade em um ambiente agressivamente masculino. Quem sabe até estimular características máscculas. No final das contas, sua esperança estava se exaurindo: cada vez mais se sentia preso no próprio corpo em um ambiente que o oprimia de todos os lados. Os colegas o viam como um soldado de porte pequeno, efeminado e "nerd", um alvo fácil para o *bullying* praticado dentro do acampamento. Fora isso, passou a questionar muitos dos atos praticados pelo exército em pleno solo árido dessa região. Apesar de não ter sido colocado como combatente de chão, abrindo espaço no fronte de comando perseguindo o inimigo, ele não era imune aos comentários que ressonavam no acampamento todas as vezes que os pelotões retornavam de uma missão "bem-sucedida". Seu isolamento e ansiedade chegavam à níveis torturantes. Não importava o que fizesse, sentia-se cada vez mais enclausurado.

Este foi um dos motivos que fizeram com que Manning enfrentasse com coragem a situação e redigisse, do interior de seu dormitório, no seu computador pessoal, um e-mail direcionado a uma Conselheira de Gênero nos Estados Unidos, sua casa. Com as mãos suadas e o coração saltando pela boca, Manning confessou o conteúdo de seus pesadelos: havia tempo que se identificava como uma mulher no seu interior. Imaginou que mudanças físicas adequadas poderiam diminuir o seu sofrimento, fazer com que o seu exterior fosse compatível com o que sentia por dentro. Também exprimiu os anseios que tinha com a carreira no exército e, em especial, com as atividades praticadas pelas forças armadas. A sua ideologia política diferia grandemente da batalha que se via travando. Como poderia lutar por uma guerra em que não acreditava? Suas confissões, mesmo que por e-mail, tinham como intenção acalmar a angústia que cultivava havia anos. Naquela noite, poderia dormir esperançoso.

Certo dia, Manning chegou ao seu posto de trabalho com algum atraso, mais uma vez. Sentou-se à sua mesa, em um cômodo mal iluminado do acampamento, e pôs-se a trabalhar. Comumente, suas jornadas de trabalho superavam as oito horas diárias.

O cursor movia entre uma tela e outra enquanto ele digitava no teclado e exercia as atividades do cargo. Em um dado momento, navegando entre algumas pastas da rede, ele se deparou com um arquivo em vídeo. Hesitou por um momento. Vídeos gravados em uma região que estava sob a névoa da guerra não poderia ser agradável aos olhos e ao bom senso. Respirou fundo e clicou duas vezes. O arquivo abriu e ele se deparou com cenas que o assombrariam pelo resto dos dias.

Neste vídeo, um helicóptero do exército norte-americano sobrevoava uma região do Iraque, em plena luz do dia, e disparava tiros contra a população civil, durante a chamada Guerra do Iraque. No helicóptero estavam combatentes dos Estados Unidos que se comunicavam com superiores sobre o que estava na mira de suas armas. Era possível ver jornalistas da Reuters caminhando com suas câmeras fotográficas escoradas nos ombros. O helicóptero sobrevoava as edificações e obtinha confirmação dos superiores para os disparos. Tiros precisos acertavam o grupo. Após esta cena, o helicóptero continuava sobrevoando o local e notava-se que havia um indivíduo sobrevivente que se arrastava por sobre a calçada. Uma van de civis aparecia em seguida para, segundo os próprios combatentes do helicóptero, resgatarem os corpos. A van estacionava próximo a calçada e fazia uma tentativa de ajudar o homem que se arrastava na calçada. Eles seguravam suas pernas e braços e, quando abriam a van para colocá-lo lá dentro, os superiores davam confirmação para um novo disparo. O helicóptero emitia uma rajada de balas sobre o novo grupo que sumia em meio à poeira que sobia. Minutos depois, as tropas norte-americanas chegavam por terra no local e encontravam duas crianças dentro da van cravejada de balas. Dois soldados carregavam as crianças nos braços e requeriam permissão para levá-las ao centro médico próximo à base norte-americana. O pedido fora negado pelos superiores que diziam que as crianças deviam ser entregues à polícia do Iraque para que fossem levadas ao hospital por eles. Este incidente, é claro, provocaria a demora no atendimento. O vídeo finalizava com os soldados, portando equipamento militar, segurando armamentos pesados, rondando o bairro empoeirado e destruído pela guerra.

Recuado em sua cadeira, os olhos de Manning mal piscavam. Ele estava petrificado com o que tinha acabado de ver. Virou o corpo para olhar as instalações. Sua mente estava estacionada nas imagens que tinha acabado de ver. Horrorizado, ele retirou os óculos do rosto e caiu em um vendaval de pensamentos sobre ética, moral, honra, justiça e humanidade. Crianças e civis inocentes estavam morrendo nas mãos dos seus próprios colegas. Seus superiores davam as ordens. O cursor piscava incessantemente na tela branca. Se ele era uma peça desse jogo, o que isso significava?

Nos dias seguintes, Manning havia tomado uma decisão. Se a guerra era injusta, talvez ele pudesse contribuir para alguma justiça. Tinha decidido que outras pessoas precisavam ver o que ele tinha acabado de testemunhar. Manning havia levado consigo alguns CDs de músicos que gostava. Pegou em mãos um CD da Lady Gaga e o colocou entre os seus pertences. Sob o pretexto de trabalhar ouvindo música, Manning entrou no recinto de trabalho e colocou o CD no drive. Sua ideia era muito simples: trocar as músicas do CD pelo conteúdo secreto da rede formada pelas forças armadas. Rapidamente desfez-se das músicas e procedeu a copiar milhares de arquivos da rede secreta do exército. Uma enorme quantidade de conteúdo foi inserida no disco em uma velocidade muito alta. Correspondências diplomáticas, arquivos confidenciais, o vídeo com a incursão de soldados sobre civis, tudo ia rapidamente sendo copiado e gravado no disco. Dominado pelo fardo de manter-se em silêncio sobre tudo que vira, Manning estava disposto a abrir a boca da máquina de guerra e mostrar ao mundo as suas entranhas.

Depois do expediente, levou consigo o CD com a nomenclatura "Lady Gaga" exposta, contendo os arquivos que ele acreditava ser o dever de mostrar ao público. Entrou em contato com jornalistas de organizações conhecidas. E aí se deparou com obstáculos que não havia pensado. Um deles não teve interesse em publicar o material. O segundo sequer retornou suas mensagens. Como poderia publicar o conteúdo e se proteger da repercussão que seguiria? Navegando por páginas na internet ele matou a charada: enviaria à organização que se chamava WikiLeaks.

***

A primeira situação descrita, envolvendo Omar Hassan, é fictícia mas poderia ser um retrato da realidade de locais em guerra. A segunda situação, vivida por Manning, é real — salvo algumas licenças de escrita. Em comum, ambas as histórias têm no seu eixo central a organização WikiLeaks e envolve o envio seguro de dados pela Dark Web utilizando softwares de navegação especial, como o Tor. Discutiremos em detalhes sobre isso mais adiante. Por ora, basta que você compreenda o grau de importância em se ter um canal de envio seguro contra a espionagem dentro da internet.

Muitos indivíduos se deparam com situações que revelam o grau de impotência que possuem sobre determinado assunto ou ocorrência. São situações que se revelam incompatíveis com valores e princípios de um determinado local, cultura ou indivíduo. No exemplo, este foi o caso de Omar Hassan durante o período de guerra no seu país, assim como Manning servindo a uma guerra da qual era ideologicamente contrário. Existem muitos outros exemplos. Há exemplos, inclusive que são verdadeiros casos de vida ou morte.

Entendendo o Jogo

Quem são as peças do tabuleiro? Ou melhor, como funciona esse jogo? Qual a importância que a internet, ou melhor, uma região dela, tem em alguns conflitos ideológicos recentes?

Antes de tudo, você precisa saber de quatro pontos que eu vou chamar de "premissas". Quando a gente aceita essas premissas, estamos aptos a compreender o funcionamento desse grande jogo de tabuleiro.

O primeiro ponto é que a World Wide Web, uma das camadas da internet, é um canal de comunicação que permite a possibilidade de rastreamento e a identificação de pessoas e mensagens por parte de terceiros. Sendo mais clara: é uma região quase transparente (com a exceção de ferramentas criptográficas específicas que oferecem alguma resistência), apesar de todos nós termos a impressão que ela oferece privacidade. Essa é uma impressão errônea. Mas esta parte técnica nós deixaremos para discutir em capítulos posteriores.

O segundo ponto é que algo ou alguém se beneficia da privacidade. Seja um jornalista que busca essa prerrogativa para dar cabo às suas atividades, como proteger o conteúdo de uma reportagem ou sua fonte ou pais preocupados que fotos de seus filhos menores sejam divulgadas sem permissão na rede de computadores, alguém sempre busca a privacidade. Tanto para fins lícitos quanto para fins ilícitos. Não por acaso, ela é um direito consagrado em diversos países.

O terceiro ponto faz ligação com o anterior. Existe também, algo ou alguém que, por quaisquer razões, vê a privacidade como um impedimento às suas atividades. Essa é a uma força contrária à ideia anteriormente mencionada. Seja um Estado autoritário, que busca indivíduos que julguem ser opositores de um sistema, seja uma força policial que enxerga a privacidade como uma barreira às suas atividades de investigação, supõe-se que exista uma força opositora à ideia de privacidade. Se não fosse assim, o direito à privacidade não seria reconhecido e instaurado.

O quarto, e último, ponto é a suposição de que existam canais que buscam auferir privacidade e anonimato àqueles que o utilizem. No meio de toda essa vigilância e possibilidade de rastreamento de pessoas e conteúdos, existe um canal que consegue blindar efetivamente as tentativas de espionagem por terceiros. É um espaço seguro.

Tendo isso em vista, quem desejasse manter a sua privacidade teria um grande aliado com este espaço blindado, não é mesmo? Mas se pararmos para pensar, um outro grupo fica em apuros: aqueles que gostariam de espiar, tentariam minar de todas as formas este espaço até que ele deixasse de existir. São dois embates de forças poderosas: aqueles que se beneficiam da privacidade e aqueles que se beneficiam da ausência dela. Como em um jogo de xadrez, em que dois times são colocados em posições opostas. A região entre esses dois times é mista: vigiada e blindada. Eles lutam para que suas respectivas porções de interesse aumentem de tamanho e dominem o tabuleiro (Figura 1.1).

Figura 1.1: Na web, em relação à privacidade, dois times entram em confronto, tal qual em um jogo de xadrez.

Vale uma ressalva importante: o indivíduo de um time, por exemplo, do time da privacidade pode alterar sua posição conforme seus interesses em diversas áreas divergem. Por exemplo, eu posso ser um membro da força policial com interesse em desmantelar um grupo criminoso. Este grupo tem muitas de suas atividades exercidas em rede. Neste caso, a privacidade oferecida por diversos mecanismos tecnológicos da rede seria uma grande barreira às minhas investigações. Por outro lado, quando estou em casa e desejo enviar fotos do meu filho para meus pais, eu desejo privacidade. Em situações diversas, eu poderia ter distintos posicionamentos.

De forma sucinta, este é o jogo de tabuleiro que temos diante de nós em pleno século XXI: o embate de forças contrárias na região do ciberespaço da rede mundial de computadores.

A Organização WikiLeaks

A organização *WikiLeaks* esteve presente nos noticiários dos últimos anos, então é bastante provável que você, leitor, já tenha escutado falar sobre ela. Essa organização não governamental sem fins lucrativos foi fundada em 2006 por Julian Assange, e se considera uma "organização midiática multinacional e biblioteca associada".[1] Seu nome faz uma alusão à enciclopédia online *Wikipédia*, e o termo de língua inglesa *Leaks*, que pode ser traduzido para algo próximo de "vazamentos". Julian Assange; australiano de nascimento, inicialmente foi considerado seu porta-voz e editor. Ele é visto por muitos como o "rosto" da organização WikiLeaks.

Qual o propósito dessa organização? O que ela faz no mundo e por que ficou tão conhecida? Bem, estas são perguntas pertinentes para desvendar o quebra-cabeça que deu fama ao seu porta-voz e balizou a organização como uma plataforma para dissidentes. A WikiLeaks propõe ser uma organização que compila os "segredos" de todos os lugares do mundo em um local na World Wide Web. Claro, ela mantém os conteúdos em alguns servidores, ou seja, estão armazenados em diferentes dispositivos. Mas a reunião desses conteúdos está disposta para qualquer usuário na sua página oficial na web do nosso dia a dia. Se você tem um segredo que deseja contar, de forma anônima, e que seja relevante perante a opinião pública, a organização fará isso por você. Ela te oferece os meios seguros para que você relate a situação e em seguida torna possível a publicação (Figura 1.2). Imagine isso no caso de situações como aquelas vividas pelo fictício Omar e o real Manning. Eles entregariam o conteúdo que possuem em mãos para a organização e, assim, ela se encarregaria de deixar o mundo saber dos ocorridos. Para tornar tudo isso ainda mais fácil, o envio do conteúdo pode ser feito através da internet. Não há burocracias formalizadas. Isso facilita todo o processo porque não é necessário se encontrar com um indivíduo para entregar esse conteúdo. É possível, mas não necessário.

---

[1] Disponível em: <https://wikileaks.org/What-is-Wikileaks.html>. Acesso em: 31 mai. 2016.

FIGURA 1.2: NO SITE DA WIKILEAKS, AS FONTES PODEM FAZER TESTEMUNHOS ANÔNIMOS QUE GARANTEM SUA SEGURANÇA.

A organização faz a publicação desses conteúdos por si própria. Ela não depende de um meio jornalístico para seguir suas atividades. Sua credibilidade decorre, em parte, do seu grupo de membros que busca averiguar, ao máximo possível, a veracidade do conteúdo relatado. A maioria desses conteúdos são inéditos. Eles são provenientes de pessoas em posições-chave de uma determinada situação: soldados de guerra que experimentam no seu dia a dia situações secretas, dissidentes políticos, funcionários de uma empresa ou governo com acesso a conteúdo sensível. Enfim, toda uma sorte de pessoas que podem segurar uma informação sigilosa e de interesse público em suas mãos. Qualquer pessoa. Como a proteção da fonte é assegurada, dá para entender como muitos governos ao redor do mundo veem isso como um problemão. Muitos países e membros da sociedade civil se posicionam contrariamente à organização porque acreditam que muitos "segredos" revelados deveriam permanecer dentro da Caixa de Pandora sob a alegação de segurança nacional.

A sede da WikiLeaks é na Suécia. O objetivo principal dessa organização é trazer informações consideradas importantes e relevantes ao conhecimento público geral. Todo o tipo de conteúdo que cai no "radar" da organização e que seja considerado por ela como sendo indispensável ao conhecimento do público tem boas chances de ser publicado — mesmo que tais informações sejam sigilosas. Todo o conteúdo é reunido em uma espécie de "biblioteca dos documentos mais perseguidos no mundo".[2] Esse posicionamento revela um comportamento aberto de combate à censura. A organização se posiciona como favorável à liberdade de imprensa, vista como um dos pilares centrais da democracia. Sobre o teor dos conteúdos disponibilizados, eles são variados e envolvem temas de corrupção, espionagem e guerra.

Lembro-me de visitar a página do WikiLeaks, um certo dia, e procurar por um documento que apresentasse o tema dos extraterrestres. Digitei na caixa de busca e apertei a tecla *Enter*. Fiquei surpresa com a lista de resultados: naquela época, havia algumas dezenas que tratavam deste tema. Entre eles, documentos oficiais de governo.

Um dos grandes diferenciais da organização são suas relações contratuais e comunicações seguras com mais de 100 organizações midiáticas ao redor do mundo, o que lhe confere um relevante poder de negociação. Seus trabalhos receberam mais de 15 premiações mundiais, inclusive no Brasil, onde ganhou, em 2013, o prêmio "The Brazilian Press Association Human Rights Award". A organização também foi nominada seis vezes consecutivas para

---

2 De acordo com o próprio Julian Assange, a organização fornece "asilo" a estes documentos, além de os obter e promover.

o "Prêmio Nobel da Paz", entre os anos de 2010 e 2015. Outros prêmios incluem "The Economist New Media Award", do jornal inglês *The Economist*, em 2008; o prêmio "The Amnesty New Media Award", da organização não governamental que defende os direitos humanos, Anistia Internacional, em 2009; foi a escolha popular da pessoa do ano, ou "Person of the Year", pela revista estadunidense *Time*, de 2010; também recebeu o prêmio "The Global Exchange Humans Rights People's Choice Award", por escolha popular em 2013, que salienta os esforços dedicados aos Direitos Humanos. Há outros prêmios que totalizam 17.

A organização possui um domínio na web superficial[3] onde publica documentos e artigos com frequência, para conhecimento do público geral. Doações por meio da página também são possíveis.[4] Sabemos que o público em geral faz grande uso da *World Wide Web*, em especial sua porção mais conhecida, que é essa "internet" que utilizamos costumeiramente no nosso cotidiano, e por isso não é surpresa que a organização mantenha seu canal de distribuição acessível por ela. Isso não quer dizer, no entanto, que suas comunicações aconteçam através dela, afinal de contas, se fizesse assim, suas comunicações estariam passíveis de controle e vigilância, um risco muito grande para o que a organização se propõe fazer. Em sua página é possível ver o logo do Tor[5] (é possível clicar e dirigir-se à página oficial da rede Tor); do sistema operacional Tails[6] (que busca preservar a privacidade e o anonimato e pode ser instalado em dispositivos de memória como

[3] Disponível em: <https://wikileaks.org/>. Acesso em: 31 mai. 2016.

[4] O serviço de doações chegou a ser interrompido devido a bloqueios bancários que retiveram 90% de suas doações. Atualmente, o financiamento está operando normalmente. Disponível em: <http://www.spiegel.de/international/world/spiegel-interview-with-wikileaks-head-julian-assange-a-1044399.html>. Acesso em: 31 mai. 2016.

[5] Disponível em: <https://www.torproject.org/>. Acesso em: 31 mai. 2016.

[6] Disponível em: <https://tails.boum.org/>. Acesso em: 31 mai. 2016.

entrada USB ou SD-Cards); da moeda digital Bitcoin[7] (rede de tecnologia *peer-to-peer* que opera sem autoridade bancária central e possibilita transações financeiras entre usuários), uma espécie de "dinheiro" virtual que não pertence a banco algum, apenas aos usuários que utilizam essa grana limitada; e da organização internacional Courage Foundation,[8] que apoia indivíduos que se arriscam em um esforço de contribuição para registros históricos.

Como opera o grupo WikiLeaks? A organização conta com cinco funcionários de jornada integral e mais de 800 voluntários presentes nos cinco continentes ao redor do mundo, totalizando cerca de aproximadamente 180 países. Suas operações dependem dessa equipe de voluntários, indivíduos que contribuem para a captação das informações que, após apuração, irão tornar-se conteúdo das publicações do grupo. Esses indivíduos também são conhecidos como *denunciantes*. A denunciante que se tornou mais conhecida perante o público foi a ex-militar Chelsea Manning.[9] Falaremos mais adiante neste capítulo sobre ela.

Como você deve ter percebido, os tentáculos "invisíveis" da organização estão espalhados por uma grande quantidade de países. Existem três formas básicas de reunir as informações: primeiramente, existe a possibilidade de envio postal. Os indivíduos que integram a rede de voluntários enviam informações de grande relevância utilizando o sistema de correios. Essas informações são colocadas em envelopes e dirigidas a algum ponto de captação pela organização. Como muitos países adotam regras de inviolabilidade de correspondência, as informações chegam

---

[7] Disponível em: <https://bitcoin.org/en/>. Acesso em: 31 mai. 2016.

[8] Disponível em: <https://www.couragefound.org/>. Acesso em: 31 mai. 2016.

[9] Previamente conhecida como Bradley Manning. Disponível em: <https://www.chelseamanning.org/learn-more/bradley-manning>. Acesso em: 31 mai. 2016.

relativamente seguras a seus destinos. Todavia, não há motivo para pensar que elas não estejam, de alguma forma, codificadas. Isto aumentaria o grau de proteção.

A segunda forma é pessoalmente. As informações são transmitidas a um indivíduo diretamente envolvido com a organização. E, finalmente, a terceira forma de reunir as informações é por meio de pastas online protegidas por mecanismos criptográficos. O conteúdo é depositado nessas pastas, que são verificadas pelo grupo. Assim que a equipe da WikiLeaks tem conhecimento de tais informações, seja por qualquer um dos três métodos, logo se inicia um processo de verificação do material. Esse processo de verificação tem o objetivo de apurar a veracidade desse conteúdo; afinal, os conteúdos publicados não podem ser inventados. E o que acontece depois desse passo? O conteúdo é publicado. A WikiLeaks conta com uma equipe jornalística em seu corpo de membros, que fica responsável por redigir uma espécie de resumo da matéria reunida. Assim que tal documento é redigido pela equipe, ele é publicado com a informação, na íntegra, para evitar qualquer tipo de censura.

A WikiLeaks vale-se do apoio de um grupo de juristas que estão presentes em diversas localidades do globo e têm como um de seus propósitos garantir que as ações perpetradas pela organização estejam dentro da legalidade, obedecendo aos padrões legais, a fim de que possa resguardá-las de quaisquer eventuais problemas com a justiça. Dá para ter uma noção de que o grupo não se arrisca muito e pretende pisar firme perante a justiça, pois os riscos relacionados são altos. Diversos países e corporações têm como meta "fisgar" a organização responsável pela exposição de arquivos e documentos sigilosos — nada mais compreensível querer se proteger deles! Essas ações são possíveis graças a uma brecha na legislação de muitos Estados, que demonstra significativa ausência de restrições jurídicas quanto ao uso do ciberespaço.[10] A equipe de juristas é liderada pelo juiz Baltazar Garzón, na Europa, e pelo presidente emérito do *Center for Constitutional Rights*, Michael Ratner, nos Estados Unidos.

A web escura tem um papel importante nas operações da WikiLeaks. Não é coincidência que na própria página da web superficial da organização esteja presente o logo do Tor e um link direcionando o usuário à página da rede anônima. A WikiLeaks realiza a blindagem da fonte da informação, ou seja, a pessoa responsável por transmitir a mensagem para a organização, utilizando os recursos disponíveis de criptografia e anonimato oferecidos pela rede Tor. Calma, vamos por partes. Abordaremos a rede Tor em detalhes mais para frente. Por ora, é essencial que você saiba algumas ideias básicas para compreender do que estamos falando. A rede Tor é uma espécie de rede "paralela" à web superficial. E existem outras redes além da "internet de todos os dias"? Sim, existem. A "internet de todos os dias" é uma dessas redes: ela é a *World Wide Web*, aberta e acessível por navegadores comuns, como o Google Chrome, por exemplo. Além dela, existem dezenas de redes que funcionam *paralelamente* a ela. Uma empresa, que possui uma Intranet própria, por exemplo, já é uma rede paralela à *World Wide Web*. Claro, ela conecta uma quantidade muito menor de computadores — apenas o suficiente necessário à empresa.

Acontece que em algumas dessas redes paralelas, como é o caso da rede Tor, o acesso acontece depois que você instala um navegador específico. Este sim lhe dá acesso à rede. É a sua porta de entrada. No caso da rede Tor, o navegador específico é o *Tor*

---

[10] Existem algumas exceções, como é o caso da China e do Irã, que são conhecidos por manterem legislações específicas sobre este assunto.

Browser. A organização WikiLeaks utiliza essa rede, protegida por mecanismos e tecnologias específicas que protegem as informações, para se comunicar. Todas essas redes, da qual a rede Tor faz parte, que mantêm um esforço ativo para se manter alheia à vigilância, é o que chamamos de *Dark Web*, ou "web escura". Se uma pessoa deseja espionar as comunicações pela Dark Web, ela não terá sucesso: a rede é escura para proteger a privacidade e o anonimato. Abordaremos a Dark Web em detalhes no Capítulo 10.

Como falávamos anteriormente, essa interação através da rede permite que a coleta de dados aconteça de forma muito mais abrangente; afinal, basta apenas que se estabeleça uma conexão com a internet — independentemente da localidade em que a fonte esteja. Dessa maneira, os usuários têm não só fácil acesso, mas uma forma segura de reunir as informações sigilosas e enviá-las de modo instantâneo.

A coleta dessas informações, matéria-prima das matérias jornalísticas divulgadas pela WikiLeaks, é realizada através de um mecanismo chamado *crowdsourcing*.[11] Para fins de melhor compreensão sobre o termo, segue um exemplo. Imagine que uma determinada organização se depare com um problema que não sabe resolver ou que não detém os meios que permitem sua solução. Essa organização anuncia o problema e pode determinar um preço para quem conseguir resolvê-lo (na verdade, não é obrigatório que haja uma recompensa). Esse anúncio, naturalmente, atrairá uma quantidade de indivíduos dispostos a solucioná-lo e que passam a oferecer algumas resoluções. A organização se-

[11] Do inglês, *crowdsourcing*, na realidade é a junção de duas palavras: *crowd*, que significa "multidão", "plateia"; e *outsourcing*, que pode ser traduzido como algo próximo de "terceirização". A tradução em português ainda é arriscada e o termo, comumente, é utilizado em sua forma original da língua inglesa. O *crowdsourcing* é um modelo de produção e resolução de problemas por indivíduos, utilizando a plataforma online de forma distribuída. O convite para a resolução desses problemas é aberto e qualquer um pode participar — basta querer.

leciona as resoluções dos candidatos e as analisa. A solução que mais convier ao problema será escolhida.

A WikiLeaks funciona de forma muito similar ao que foi descrito acima. A Wikipédia, a grande enciclopédia virtual, se baseia no mesmo princípio. A coleta de informações e dados utilizados como matéria-prima nos resumos jornalísticos parte desse movimento de *crowdsourcing*, cujos voluntários estão, como dito anteriormente, posicionados em localidades variadas. Aquele que desejar contribuir com informações sigilosas, os "segredos", poderão fazer isso de modo seguro e instantâneo se assim desejarem. Essa é a sacada da organização.

Julian Assange

No dia 19 de junho de 2016, completaram-se quatro anos da estadia de Julian Assange na Embaixada do Equador em Londres, Reino Unido. Quando você estiver lendo esse livro, um tempo ainda maior já vai ter se passado. Isso significa que faz também quatro anos que Assange não sente a luz do sol em sua pele. O fundador da WikiLeaks corre o risco de prisão caso pise fora do território da Embaixada. Existem ordens de prisão para que a polícia britânica o capture no momento que o tiver em visão. Você já deve ter escutado falar sobre o "pai" da organização WikiLeaks, um sujeito de cabelos brancos, aparência jovem, e porte delgado. Há acusações contra ele de teor sexual. Sua figura fomenta uma verdadeira novela ácida para os tabloides. Quais eventos ocorreram para que ele chegasse a vivenciar tal situação?

Nascido em 1971, na Austrália, Julian Assange demonstrou desde jovem um grande interesse por computação. Em sua adolescência, ele costumava treinar suas habilidades de programação e invadia redes da MILNET, NASA, Pentágono, Marinha Norte-Americana, dentre outras. Em 1991, suas ações de invasão em um terminal da Nortel, maior corporação multinacional de telecomunicações do Canadá, levaram a polícia australiana a descobri-lo e prestar queixas — o que resultou em ações jurídicas. Assange pagou uma determinada quantia e foi liberado sob perspectiva de bom comportamento. Na década de 1990, cresceu seu interesse e conhecimento na área de programação e criptografia. Ele se tornou consciente de que a internet, considerada uma das maiores ferramentas de emancipação humana, estava prestes a ser transformada na maior facilitadora de regimes totalitaristas que já existiram na história da humanidade.[12]

Assange tem crenças próprias que são, em parte, frutos da sua concepção sobre a ideologia "hacker". No período de sua adolescência, adquiriu para si o codinome "Mendax" — derivado de uma frase do latim *splendide mendax*, ou "esplêndido mentiroso".[13] Algumas fontes atribuem o sentido de "nobre mentiroso". É provável que ele tenha assimilado a computação como uma ferramenta potente e contrária ao sistema. Seus pensamentos e crenças resultaram na criação, em 2006, da organização que se tornou mundialmente conhecida. Seu feito está em tornar a organização WikiLeaks um dos maiores centros de publicação de documentos e arquivos sigilosos, contando com o apoio de inúmeros denunciantes espalhados pelo globo e que permanecem como fontes anônimas. A organização fez barulho e chamou a atenção dos Estados Unidos e demais países aliados ao denunciar as ações do país na Guerra do Iraque, como mostrado no vídeo

---

12 ASSANGE, 2012.

13 O documentário *We Steal Secrets: The Story of WikiLeaks* (2013) explica dessa forma.

"Collateral Murder",[14] e ao expor o conteúdo dos telegramas diplomáticos transmitidos entre as embaixadas norte-americanas em mais de 100 países — evidenciando o escândalo imposto pelas revelações bombásticas perante o público e a comunidade internacional.

Guerra do Iraque e Correspondências Diplomáticas

A organização WikiLeaks tornou-se famosa diante do público ainda em 2007. Existiram três eventos que contribuíram para que a organização circulasse nos meios tradicionais de comunicação e assim se mantivesse presente no imaginário popular desde então. A seguir, listamos eles.

Primeiramente, houve o caso da divulgação de um vídeo retratando um helicóptero do exército norte-americano disparando tiros contra a população civil de iraquianos, ainda durante a Guerra do Iraque, em 2007.[15] Foi uma cena certamente chocante e que surpreendeu o público internacional. Esse vídeo colocou a WikiLeaks sob os holofotes, uma organização nova que dispunha de um vídeo cuja situação em questão tratava de um grave desvio comportamental de um Estado, desrespeitando tratados e convenções internacionais.

Em outra oportunidade, dessa vez em 2010, cerca de 391 mil documentos secretos referentes também à Guerra do Iraque e 77 mil relacionados à atuação norte-americana no Afeganistão vieram à tona, repercutindo na opinião pública internacional.[16]

---

[14] A organização publicou dois vídeos da ação: o primeiro é editado, compilado para melhor visualização e compreensão; o seguido encontra-se publicado na íntegra, sem quaisquer cortes ou modificações.

[15] PACHECO, 2011, p. 50.

[16] PACHECO, 2011, p. 50.

Uma das situações que talvez mais tenha obtido atenção da mídia tradicional ao redor do mundo foi a divulgação, em novembro de 2010, de cerca de 250 mil telegramas diplomáticos dos Estados Unidos, que seriam trocados entre as embaixadas norte-americanas assentadas em mais de 180 países. Foi um verdadeiro "escândalo" de proporções globais. Muitos países abertamente expressaram o desconforto em relação à publicação desse material, considerado de alto sigilo, o que causou uma saia justa nas relações diplomáticas dos Estados Unidos e demais países.

O esquema iniciado para a divulgação do conteúdo desses telegramas foi orquestrado pelo fundador e editor da WikiLeaks, Julian Assange. Ele realizou um acordo com as cinco maiores publicações midiáticas do planeta: *The Guardian*, jornal inglês; *El País*, jornal espanhol; *The New York Times*, jornal estadunidense; *Le Monde*, jornal francês; e, finalmente, *Der Spiegel*, jornal alemão. A escolha desses jornais foi fruto de reflexão em relação à credibilidade jornalística. Julian Assange deu o conteúdo dos telegramas para as equipes jornalísticas, que puderam analisar as informações contidas. Depois de analisadas e em uma data combinada, os jornais puderam publicar as informações — um verdadeiro ato orquestrado em conjunto.

As ações da organização WikiLeaks inauguraram uma nova era do jornalismo contemporâneo, que se utiliza de ferramentas cibernéticas para a publicação de seu conteúdo, proteção de suas fontes e segurança das comunicações entre membros da equipe — enterrando, de fato, a censura e exercendo a liberdade de imprensa e expressão.

Chelsea Manning

Neste cenário, a figura de Chelsea Manning foi fundamental. Chelsea Manning, previamente conhecida como Bradley Edward Manning (seu nome de batismo), é uma ex-militar norte-americana transexual, sentenciada a 35 anos de prisão, em agosto de 2013, por divulgar aproximadamente 750 mil documentos secretos, diplomáticos e militares. Ela foi, muito provavelmente, a denunciante que mais contribuiu para a ascensão da WikiLeaks no conhecimento público internacional.

Devido à sua transexualidade, Bradley Manning alterou seu nome para Chelsea Manning. Chelsea tivera uma infância e adolescência conturbada devido ao alcoolismo de seus pais e ao divórcio. Quando adulta, Chelsea expressou desejo de se alistar ao exército norte-americano para obter acesso ao ensino superior. Viver como um homem gay no ambiente militar contribuiu para uma expressiva crise de identidade, parcialmente motivada pelo fato de estar envolvida em uma guerra a qual se demonstrava ideologicamente contra. As atividades de Chelsea Manning dentro do exército eram de teor tecnológico, sendo considerada uma analista de inteligência. Esta posição lhe garantiu algumas liberações de segurança que contribuíram para a captação de dados sensíveis. Em 2009, Chelsea foi promovida à especialista.

Em janeiro de 2010, Manning iniciou seus contatos com a organização WikiLeaks e realizou o download nas redes militares do exército de quase meio milhão de documentos sobre a Guerra do Iraque e 90 mil documentos sobre a Guerra do Afeganistão. Ainda no início de 2010, Manning enviou os documentos à WikiLeaks através da rede anônima Tor, junto a outros conteúdos, incluindo o famoso vídeo do assassinato de civis iraquianos por militares a bordo de um helicóptero norte-americano intitulado de "Collateral Murder" ("assassinato colateral") e os telegramas diplomáticos das embaixadas norte-americanas ao redor do mundo. O vídeo continua disponível na página da WikiLeaks.[17]

As conversas que Manning manteve com o contato na WikiLeaks foram possíveis graças aos métodos de criptografia utilizados, protocolos IRC, além do uso da rede Tor. A própria Chelsea Manning acredita que trocou informações e manteve conversas com Julian Assange, apesar de não haver confirmações explícitas, já que ambos os usuários não revelaram suas identidades.[18] Aliás, este é um dos códigos de segurança da organização: eles são recipientes passivos das informações e desconhecem as identidades dos denunciantes que contribuem para a "biblioteca" de documentos e informações. Seu posicionamento é de servir apenas como uma plataforma para ecoar os segredos obtidos pelos denunciantes.

Entre o momento que Manning divulgou o conteúdo para a organização e a sua eventual prisão pelo governo dos Estados Unidos, algo diferente aconteceu: ela utilizou uma plataforma de chat para conversar com Adrian Lamo, um famoso hacker norte-americano. Ambos nunca tiveram nenhum contato previamente. Eles não se conheciam. Seu psicológico estava de modo tão abalado que, em pouco tempo, Manning se abriu com Adrian e contou sobre quem era e o que havia feito. A conversa com Adrian foi como um verdadeiro desabafo de uma mente solitária e oprimida pelo ambiente agressivo e masculino no qual se encontrava. O que Manning não esperava era que Adrian iria entregá-la para

17 Disponível em: <https://collateralmurder.wikileaks.org/>. Acesso em: 31 mai. 2016.

18 Segundo testamento da própria Chelsea Manning, que pode ser encontrado na web, em: <http://www.theguardian.com/world/2013/mar/01/bradley-manning-wikileaks-statement-full-text>. Acesso em: 31 mai. 2016.

os agentes de polícia — motivo pelo qual foi criticado pela comunidade de hackers internacionalmente.

Enclausurado na Embaixada do Equador em Londres

Após as surpreendentes revelações de Chelsea Manning por meio da WikiLeaks, tanto a organização quanto a pessoa de Julian Assange ficaram sob a mira norte-americana. Em 2010, Assange foi convidado para participar de uma convenção na Suécia e se hospedou na casa de uma das participantes do evento. O que se segue a partir daí não fica muito claro. Existe um vídeo explicativo na página de defesa de Julian Assange que nos brinda com algumas informações.[19] Para simplificar a história, Assange envolveu-se sexualmente com duas mulheres também participantes do evento — sendo que a primeira era sua anfitriã que, inicialmente, o mantinha hospedado em sua casa. Apesar das alegações da polícia sueca, Assange negou as acusações de estupro. Segundo as leis da Suécia, a polícia não necessita do consentimento das vítimas de casos de estupro para abrir uma investigação. Um mandado de prisão foi emitido sem notificar o fundador da WikiLeaks. As informações vazaram para um tabloide de relativa circulação nacional, chamado *Expressen*. Nos momentos seguintes, a promotoria manteve apenas a acusação de molestação, e não mais de estupro. Assange voluntariamente se apresentou à polícia para dar sua versão dos fatos. A promotora-chefe, Marianne Nye, decidiu reabrir a investigação sobre estupro e, contraditoriamente, permitiu que Assange deixasse o país caso desejasse — o que ele prontamente fez e, portanto, viajou para Londres, Reino Unido. Diante dessa situação, a própria promotoria alegou que Julian Assange não se encontrava dispo-

---

19 Disponível em: <https://justice4assange.com/Overview.html>. Acesso em: 31 mai. 2016.

nível no país para esclarecimentos — ainda que a legislação da Suécia permitisse que tais esclarecimentos fossem realizados por meio de vídeos. O passo seguinte foi a emissão de um mandado de prisão para Julian Assange através da Interpol, a Organização Internacional de Polícia Criminal, que ajuda na cooperação entre polícias de nações diferentes. Assange se apresentou à polícia britânica e foi aos tribunais ouvir sobre a possível extradição. Durante este período, que se estendeu por mais de 500 dias, ele foi mantido encarcerado. O caso seguiu para a Suprema Corte do Reino Unido, que afirmou que ele teria de ser extraditado. O período seguinte foi crucial para a compreensão dos fatos atuais.

Julian Assange se dirigiu à Embaixada do Equador em Londres e fez um pedido de asilo político, que foi concedido, no dia 16 de agosto de 2012 pelo Equador, sob a Convenção de 1951, que trata de refugiados. Uma vez dentro da Embaixada do Equador, Assange nunca mais saiu. Existem dois riscos envolvidos: primeiro, o Reino Unido não oferece garantias legais ou diplomáticas que permitam que Assange deixe a propriedade em segurança. Como a polícia britânica possui ordem para o prender, o risco de ser capturado pelos britânicos e posteriormente extraditado para os Estados Unidos é real. O segundo risco também envolve a extradição, porém, dessa vez, a partir da Suécia. Sabe-se que a Suécia extraditou todos os indivíduos pedidos pelos Estados Unidos nos últimos 15 anos. Se ele seguisse para este país, as chances de ser extraditado aos Estados Unidos são grandes.

Não se sabe, no entanto, se os Estados Unidos fizeram uma requisição de extradição aos países envolvidos. Apesar de terem sido iniciadas em 2010, as investigações suecas permanecem abertas até os dias de hoje, porém ainda na fase de “investigação preliminar”. A promotora-chefe, aparentemente, ainda não havia decidido se iria acusá-lo ou não. No final das contas, entre prisões e retenções domiciliares, Julian Assange completa seis anos e meio de detenção. Seu passaporte foi confiscado em dezembro de 2010. O grande calcanhar de Aquiles dessa história é o seguinte: como não existem acusações formais, Assange não pode exercer seus direitos de defesa.

Como defender-se de algo se ainda não foi acusado disto? O impasse segue e, enquanto isso, o fundador do WikiLeaks segue enclausurado na Embaixada do Equador em Londres.

Devido a problemas enfrentados com os Estados Unidos e países aliados, Julian Assange, por impossibilidade, deixou de ser o porta-voz da organização e editor. Há mais de quatro anos ele reside na Embaixada do Equador em Londres.[20] O atual porta-voz da organização é Kristinn Hrafnsson, jornalista investigativo da Islândia que, em 2009, expôs alto grau de atividades criminosas e corrupção envolvendo os bancos do país. Devido a este trabalho, Kristinn Hrafnsson teve o seu programa de TV tirado do ar e sua equipe impedida de continuar realizando suas atividades.[21] O cargo de editor investigativo da WikiLeaks é de Sarah Harrison, pesquisadora britânica que acobertou Edward Snowden no aeroporto de Moscou durante seis semanas no verão europeu de 2013[22] antes de mudar-se para Berlim sob orientações de advogados.[23]

Não se sabe por quanto mais tempo Assange permanecerá na Embaixada do Equador.

---

20 No dia 19 de junho de 2016, Assange completou quatro anos de reclusão na Embaixada.

21 Disponível em: <http://www.journalismfestival.com/speaker/kristinn-hrafnsson>. Acesso em: 5 mai. 2016.

22 Disponível em: <http://www.vogue.com/11122973/sarah-harrison-edward-snowden-wikileaks-nsa/>. Acesso em: 6 mai. 2016.

23 Seus advogados sugeriram que seria melhor viver na Alemanha ao invés do Reino Unido, uma vez que este último tem leis antiterroristas pelas quais ela "poderia" tentar ser enquadrada pelo governo britânico.

O Perdão Presidenciável de Manning

Chelsea Manning foi detida ainda em 2010, e condenada em agosto de 2013 por alguns crimes, dentre eles, o crime de espionagem. O tempo mais longo possível chegaria a 90 anos de reclusão, mas Manning conseguiu a sentença de 35 anos. A organização WikiLeaks considerou isso uma vitória. Manning é vista por muitos membros do exército como ingênua e bem-intencionada. Pessoas ao redor do mundo integram uma rede de apoio e ativismo para a liberação de Manning.

Curiosamente, o dissidente, Edward Snowden, pediu ao presidente da época, Barack Obama, por meio de sua conta na plataforma digital Twitter, a soltura de Manning como último ato de clemência do presidente no poder. Segundo Snowden, Obama teria a capacidade de sozinho salvar a vida do ex-soldado. Pelas leis dos Estados Unidos, o presidente pode comutar uma pena ou perdoá-la. No primeiro caso, a sentença é reduzida e não altera o fato da condenação. No segundo, o perdão retira a sentença. Em janeiro de 2017, Barack Obama comutou a pena de Chelsea Manning liberando-a da prisão em maio do mesmo ano — ao invés do ano de 2049. Não se sabe o peso de Snowden e de seu tuíte no caso.

CAPÍTULO 2:
SILK ROAD

Em uma manhã fria de setembro, Ross desce as escadas do seu apartamento levando consigo nada além de uma mochila e um copo de café. As ruas de São Francisco estão cheias de carros com pessoas indo ao trabalho, o bonde circula pelos morros emitindo o som dos trilhos enquanto muitos pedestres seguram guarda-chuvas e esperam o semáforo abrir para cruzar as ruas. Ross está a caminho da biblioteca setorial de Glen Park, que faz parte da biblioteca municipal de São Francisco.

O ambiente é bastante agradável: computadores à disposição do público, livros separados por setor, boa iluminação e sistema de refrigeração. Ele gostava de vir até esta biblioteca para se conectar à internet com o seu notebook e proceder as atividades de um negócio que estava fazendo parte. O motivo de acessar pela biblioteca era simples: quando um cliente compra o acesso à internet de um provedor, ele fornece suas informações pessoais ao provedor. Todas as vezes que o cliente acessa à internet, o provedor sabe. Quando se conecta de uma conexão a partir da biblioteca, o provedor sabe apenas que o cliente "biblioteca" está online. Isso garantia uma camada a mais de privacidade.

Com o notebook aberto, Ross conseguia ver como estava o andamento do marketplace Silk Road (Figura 2.1). Ele era um dos seus administradores. Um *marketplace* é como se fosse uma espécie de E-bay, Submarino ou Mercado Livre, mas dentro da rede Tor.

Era um ambiente em que se podia comprar e vender quaisquer produtos que o usuário desejasse — com poucas exceções.

Figura 2.1: O nome *Silk Road* faz alusão à antiga Rota da Seda que ligava Europa e Ásia e por onde muitas mercadorias eram trocadas entre Ocidente e Oriente. Tratava-se de uma região de fluxo intenso e economia crescente. Seu trabalho era administrar, o que estava sendo considerado, o maior mercado digital de produtos ilícitos que já se teve notícia.

A página era operacionalizada na rede Tor (como você sabe, uma rede com alto grau de anonimato) e tinha poucas regras. Esse mercado não permitia a comercialização de pornografia infantil, bens roubados e assassinatos, por exemplo. Com o anonimato e a possibilidade de vender qualquer coisa que o usuário desejasse, logo o mercado foi dominado pela venda de drogas e de outras substâncias ilícitas, bem como produtos e serviços lícitos que incluíam livros, peças de vestuário e outros itens.[1] A venda era fechada com a troca da moeda Bitcoin, e não com pagamentos feitos em dólar, via cartão de crédito ou Paypal. Esses outros

1 Mais informações sobre o caso estão disponíveis na página oficial sobre a libertação de Ross Ulbricht: <www.freeross.org>.

métodos permitem rastrear o fluxo de dinheiro: você consegue saber de qual conta de cartão de crédito ele sai, a quantia e, também, para qual outra conta o dinheiro vai. Já na moeda Bitcoin isso não acontece.

A administração da página Silk Road era um desafio muito grande: por permitir a comercialização, também, de produtos ilícitos, os agentes do governo norte-americanos estavam voltando suas atenções para esse mercado do submundo digital. Basta lembrar que os Estados Unidos travam uma grande guerra às drogas e fica mais fácil de dimensionar o grau do desafio. Toda vez que Ross Ulbricht se conectava à internet, ele precisava ser muito cuidadoso para não divulgar, acidentalmente, sua identidade ou dar pistas sobre a sua posição na malha da rede mundial de computadores. O administrador da página, conhecido sempre pelo pseudônimo de Dread Pirate Roberts,[2] não tomava parte na comercialização de drogas. A ideia era manter o mercado o mais imparcial possível, exceto pelas poucas regras que possuía. Sua função se restringia, basicamente, a manter o mercado digital em funcionamento e administrar os serviços oferecidos.

Ross não imaginava que no mês seguinte, outubro de 2013, os eventos tomariam um outro rumo que selariam o seu destino.

O Mercado Silk Road

O caso da Silk Road foi bastante divulgado na mídia. Em grande parte, isso se deve ao fato de ela ter sido a mais bem-sucedida *marketplace* da porção *underground* da web. A Silk Road foi a

[2] O pseudônimo "Dread Pirate Roberts" é acreditado como sendo o do fundador e administrador da página Silk Road. Era o responsável pelas funções administrativas do site e tinha consigo informações valiosas como identidades fornecidas por compradores e vendedores. Não está claro se, realmente, por trás do pseudônimo havia apenas uma pessoa responsável pela conta da administração ou se era algo compartilhado. Após a prisão de Ross Ulbricht, o pseudônimo voltou a ativa e permaneceu executando funções administrativas.

página de comércio mais visitada e conhecida da web profunda além de ser a mais antiga.

O que ela é e por que apareceu nos jornais do mundo inteiro? São algumas das perguntas que merecem respostas. Bem, a página da Silk Road serviu como centro de comércio de todos os tipos de produtos disponíveis no mercado — sejam eles produtos acessíveis e legalizados, sejam arriscados e ilegais. Se você quisesse vender um livro que estava há muito tempo guardado em casa, você tinha a possibilidade de fazer isso. Caso quisesse adquirir algum medicamento de tarja preta, também poderia (Figura 2.2). As restrições eram mínimas.

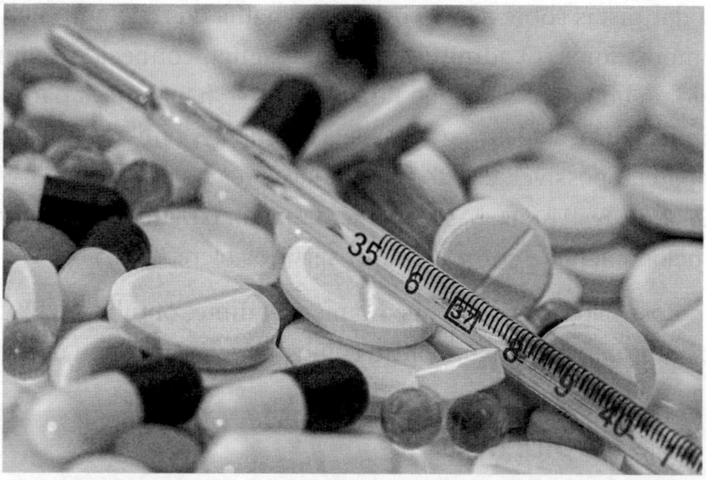

FIGURA 2.2: NA PÁGINA DA SILK ROAD, O VISITANTE TINHA ACESSO A COMPRA DE DIVERSOS ITENS, INCLUSIVE MEDICAMENTOS DE USO RESTRITO.

Esse espaço da web destinado às transações financeiras e comerciais tinha alguns diferenciais que o colocaram em um patamar de destaque em relação aos mercados tradicionais da realidade física. Vejamos alguns exemplos:

a) **informações pessoais**: não existia a necessidade de informar dados pessoais para que um usuário pudesse comprar ou vender um determinado produto ou serviço. O resultado direto dessa política foi o aumento significativo da privacidade entre as transações ocorridas pela página da Silk Road. Se você não precisava informar quem você era, e nem precisava saber a identidade de quem comprava, por que se daria ao trabalho de confessar sua identidade?;[3]

b) **contato físico:** o espaço de encontro do vendedor e do comprador ocorria no ambiente cibernético. Fora dele, o contato físico entre vendedor e comprador não era necessário. As transações financeiras ocorriam, por exemplo, pelas vias digitais (transações bancárias ou através da utilização da moeda Bitcoin), enquanto as transações comerciais se utilizavam do próprio sistema de correios disponível. O produto vinha lacrado e embalado segundo determinações preexistentes e chegavam no endereço informado pelo usuário — tudo sem que vendedor e comprador tivessem qualquer tipo de contato no ambiente físico real;

c) **liberdade de mercado**: os produtos e serviços comercializados pela página da Silk Road quase não sofriam nenhum tipo de censura. A exceção de pouquíssimos produtos. Produtos como drogas eram comercializados da mesma forma que outros produtos, como smartphones. A liberdade era quase máxima. Imagine essa situação para um traficante de drogas: qualquer tipo de droga poderia ser comercializada em um ambiente com alto grau de segurança e resistente à identificação dos vendedores. Os

---

3 A "confiabilidade" de um vendedor ou comprador era garantida pela crítica dos usuários da rede e pelo sistema de *escrow* que eliminava a possibilidade de alguém capturar seus Bitcoins de forma injusta. Mais sobre isso adiante, na seção "Como Comprar e Vender Produtos".

pagamentos pelos produtos sequer poderiam ser rastreados. Era um paraíso dos narcóticos;

d) **segurança das comunicações**: as comunicações realizadas através do site tinham códigos de criptografia embutidos de forma a proteger a comunicação entre as partes. O uso do software Tor permitia uma maior abrangência do anonimato, o que garantia um elevado grau de privacidade;

e) **moeda digital**: a Silk Road operava com o uso de uma moeda digital que ficou bastante conhecida pelos usuários da web superficial também — a moeda Bitcoin. Essa moeda, assim como outras utilizadas, como a Litecoin (apesar de a moeda mais próspera e com mais adeptos ser a Bitcoin, outras moedas passaram a existir no ambiente digital), tem um grau bastante elevado de independência, porque *não está subordinada* a nenhum governo, agência oficial ou banco. Mas a característica preferível pelos usuários do comércio ilícito é a possibilidade de anonimato para quem a utiliza — o que a deixa em uma posição bastante vantajosa em relação a outros métodos de pagamento utilizados na esfera digital.

A Silk Road era uma página de *e-commerce*, pois seus produtos eram divididos em categorias e seções bem definidas, com uso de carrinhos de compras que iam se enchendo à medida que o usuário selecionava mais produtos e estava disposto a pagar por eles; existia também um sistema de *login* e *logout* na página, que direcionava o usuário para sua conta pessoal dentro da área do site; além de um sistema de pagamentos para dar cabo das transações comerciais. Quem já fez compras na web consegue esquematizar o sistema de que estamos falando. Era muito semelhante ao de lojinhas de produtos virtuais de grandes redes de supermercado ou varejo (Figura 2.3).

FIGURA 2.3: O SISTEMA DE COMPRAS DA SILK ROAD ERA SEMELHANTE AO DAS PÁGINAS DE *E-COMMERCE* CONVENCIONAIS.

Se a página da Silk Road oferecia um ambiente seguro, privado, anônimo e livre para a comercialização de produtos e serviços, o que tinha chances de ser muito benéfico, também poderia ser igualmente maléfico. E assim como qualquer opção de escolha ofertada. Era uma faca de dois gumes. A criminalidade via a brecha deste mercado digital e se lançava como uma presença vigorosa sem medo de represálias. Por este motivo, a Silk Road tornou-se conhecida pelos telejornais e meios de comunicação em massa. Praticamente todos aqueles que já escutaram falar sobre a Silk Road foi por seu conteúdo ilícito. E não pela liberdade, privacidade e segurança que a plataforma dispunha aos seus usuários — fruto do esforço do administrador (ou administradores). Nesse sentido, era como se a fiscalização do Estado nunca ocorresse neste ambiente. Com a segurança de que não seriam descobertos, centenas de usuários passaram a oferecer produtos ilegais como identidades falsas, tipos variados de entorpecentes (este era o maior mercado dentro da Silk Road), produtos químicos, dentre outras mercadorias. As proibições do próprio site eram mínimas, mas incluíam a venda de armas e serviços de assassino de aluguel. Eis o lado tenebroso da liberdade.

Nicolas Christin realizou, em maio de 2013, uma extensa pesquisa no âmbito da Silk Road,[4] em que coletou dados durante oito meses entre o final de 2011 e 2012. Este foi um período de intensa atividade da página. A partir de seus achados, o pesquisador conseguiu descrever uma imagem detalhada do tipo de bens vendidos na Silk Road. Para isso, Christin analisou mais de 24 mil itens em separado e descobriu que o site foi largamente utilizado como um mercado para substâncias controladas e narcóticos. Esse foi seu ponto fundamental e base de suas operações. Mas não somente de drogas e substâncias ilícitas vivia a Silk Road. A página também oferecia conteúdo pornográfico, armamentos, bens digitais e moedas virtuais — mas em considerável menor escala.

Algumas descobertas realizadas por Christin nos dão uma dimensão melhor de como funcionava o mercado negro mais famoso da web escura. Ele descobriu que muitos dos itens para a compra ficavam disponibilizados por cerca de três semanas e depois eram retirados. Essa era a média de tempo que permaneciam no ar à disposição de compradores. A maioria dos vendedores, contudo, sumia, em média, depois de três meses contados a partir de sua chegada no site — evidenciando uma tática dinâmica de preservação da identidade. Claro, se os produtos tinham um prazo limite para permanecer no ar, e se os vendedores também se programavam para permanecer por tempo determinado, então isso significa que depois que sumissem do

---

4 Disponível em: <https://www.andrew.cmu.edu/user/nicolasc/publications/TR-CMU-CyLab-12-018.pdf>. Acesso em: 2 jun. 2016.

ambiente levariam consigo qualquer evidência de suas operações. Caso desejassem, poderiam continuar operacionalizando — mas sob um novo codinome que também teria um "prazo de validade". No período em que se dispôs a realizar a coleta de dados sobre a Silk Road, o pesquisador contabilizou cerca de 112 vendedores que permaneceram durante todo o período de pesquisa, de oito meses. Um comportamento que não era seguido pela maioria.

Como foi possível que um mercado negro que habitava as profundezas da web tenha permanecido por tanto tempo à margem das autoridades? Com cerca de quase um milhão de usuários entre vendedores e compradores, a astúcia do mercado Silk Road teve três fortes aliados: o uso da rede anônima Tor, de fácil acesso e download por parte dos usuários, além de ser gratuita e disponível a qualquer interessado; técnicas de criptografia, desenvolvidas para oferecer cada vez maiores graus de dificuldade; e o uso da moeda Bitcoin que, apesar de não ser perfeitamente anônima, funcionava às margens da autoridade estatal e das autoridades bancárias.

Como Comprar e Vender Produtos

Apesar de parecer bastante técnica, a compra e a venda dos produtos deste mercado negro não eram tão diferentes dos mercados digitais que encontramos na web superficial — essa que permeia o dia a dia da maioria de nós usuários, da internet.

Em primeiro lugar, o comprador precisava trocar seus dólares por moedas Bitcoin. Esta era a moeda mais utilizada, ninguém usava dólares ou cartão de crédito. Em segundo lugar, suas moedas Bitcoins eram transferidas para dentro da área da Silk Road — ou seja, eram atreladas à conta do comprador. Todo comprador tinha uma conta própria, com nome de usuário que ele inventava. A partir disso, o comprador pesquisava o produto que desejava no mercado e realizava sua compra. Ele colocava no seu "carrinho de compras" virtual. Os fundos em Bitcoin que estavam em sua conta eram transferidos para uma conta da Silk Road — que funcionava como uma espécie de guardiã dos fundos e recebia uma comissão por isso. Em seguida, o produto devia ser enviado para o destinatário via correio. Com a finalidade de preservar o anonimato, o próprio site de e-commerce recomendava que se utilizasse um endereço físico diferente do endereço residencial do comprador, como uma caixa postal, por exemplo. Isso para dar uma camada de proteção a mais. Uma vez completada a transação — que acontecia quando o usuário recebia o item no local físico de destino —, era de obrigação do comprador avisar à Silk Road que havia recebido o produto e que o comércio fora realizado com sucesso. Assim, quando o site era notificado, ele então liberava parte dos fundos que estavam sob seus cuidados[5] para o vendedor. Lembre-se de que a Silk Road ficava com uma parte dos fundos, porque era sua comissão. Ao final de toda essa transação, o endereço utilizado para o envio do produto era apagado de todos os registros.[6] Finalmente, a quantia financeira era transferida para a conta do vendedor. Este se encarregava de "desamarrar" as moedas Bitcoins do site e, por fim, realizava a troca da moeda digital pelo dólar norte-americano. Ou, caso desejasse, manteria a sua carteira de moedas Bitcoin para efetuar outras compras na web escura. Dá para perceber o cuidado que o administrador (ou administradores) da Silk Road tinham em relação a transação financeira: sua comissão era consequência da boa administração do sistema de *escrow*.

---

[5] Operação também conhecida como *escrow* (CHRISTIN, 2013, p. 4).

[6] CHRISTIN, 2013.

Segundo a pesquisa realizada por Ciancagline (2013), de acordo com o FBI, em quase dois anos de existência, o montante gerado pelo comércio realizado na Silk Road totalizava cerca de 9,5 milhões de Bitcoins, além de colecionar cerca de 600 mil Bitcoins provenientes da coleta de comissões em vendas. À época das acusações, isso se traduziria em aproximadamente 12 bilhões de dólares em vendas e 80 milhões de dólares em comissões.

Em outubro de 2013, a página da Silk Road foi fechada pelas autoridades dos Estados Unidos e foi apreendido Ross Ulbricht, acreditado como sendo o indivíduo por trás do pseudônimo "Dread Pirate Roberts", fundador e administrador do mercado negro digital. Em 2015, foi lançado o documentário *Deep Web*, dirigido por Alex Winter e narrado por Keanu Reeves, que retrata a trajetória da Silk Road e de Ross Ulbricht. O documentário também aponta fatos controversos da investigação e realiza uma variedade de questionamentos acerca do tema e da culpabilidade de Ulbricht. Após o fechamento do site, surgiram ainda a Silk Road 2.0 e a Silk Road 3.0. Outro que entrou na concorrência por um mercado negro relativamente seguro foi o grupo Atlantis, um dos maiores rivais da Silk Road.

Dread Pirate Roberts

O pseudônimo "Dread Pirate Roberts" (Figura 2.4) é acreditado como sendo o fundador e administrador da página Silk Road. Era o responsável pelas funções administrativas do site e tinha consigo informações valiosas como identidades fornecidas por compradores e vendedores. Não está claro se, realmente, por trás do pseudônimo havia apenas uma pessoa responsável pela conta da administração ou se era algo compartilhado. Após a prisão de Ross Ulbricht, o pseudônimo voltou à ativa e permaneceu executando funções administrativas.

Figura 2.4: O pseudônimo "Dread Pirate Roberts" se refere a personagem homônima do filme *A Princesa Prometida* (1987), dirigido por Rob Reiner. Na trama, o codinome Dread Pirate Roberts estava atrelado à ideia de imortalidade. Inicialmente, existia um Dread Pirate Roberts, um pirata temido que navegava pelos mares. No entanto, quando este morre, o codinome é passado para uma próxima pessoa, por meio de uma máscara, que assume as funções anteriores do temido pirata. Novamente, quando este morre ou foge, o nome é passado adiante para um sucessor que assume as funções. Quem possuir a máscara torna-se o novo Dread Pirate Roberts. A ideia do pirata segue presente, embora diferentes pessoas assumam sua identidade ao longo do tempo.

É preciso dizer que após algum tempo exercendo suas atividades, a Silk Road logo se colocava na mira das autoridades norte-americanas. Não é difícil compreender o motivo: drogas, e outros artefatos ilícitos, eram vendidos praticamente sem nenhum tipo de barreira. É verdade que a cartela de produtos trocados por meio da plataforma incluíam outros itens, tais como livros, obras de arte e revistas. Não era um mercado exclusivo dos criminosos. Mas eram eles quem, de fato, reinavam no mercado. Para os traficantes, isso significava entrar na era digital de modo seguro. Para os consumidores, os riscos de se exporem nas ruas tinham fim. Uma preocupação e uma afronta ao governo de qualquer país.

A Silk Road já estava sob a mira das autoridades norte-americanas. Utilizando de uma tática de espionagem, agentes do FBI se "infiltraram" na comunidade do mercado negro para conseguir informações sobre seu funcionamento. Logo estabeleceram conexões com figuras importantes dentro do site. Em vez de pistolas, um teclado de computador. A investigação havia se colocado dentro da esfera dos bytes. E essa tática rendeu frutos: passando-se por vendedores, a equipe do FBI manteve uma relação amistosa com o administrador, Dread Pirate Roberts. Até aqui, assumia-se que existia apenas um usuário por trás do pseudônimo mais famoso do mercado. O usuário novo, incorporado pelo agente policial, pretendia vender uma mercadoria de 1kg de substância ilícita. Dread Pirate Roberts, conhecido também através de sua sigla DPR, em uma tentativa de ajudar o mais novo "amigo" a vender a mercadoria, entrou em contato com um membro de sua confiança, cujo pseudônimo era "Chronic Pain". Este usuário se revelou especial por ter acesso a muitas informações operacionais do próprio website, incluindo detalhes de contas de vendedores e compradores. Em um passo bastante arriscado, Chronic Pain revelou o endereço físico de sua própria residência como uma medida facilitadora da transação dos quilos de droga. Os alertas subiram. Com a revelação do endereço físico de sua casa, a conexão entre o pseudônimo e sua identidade física se tornou real demais — e também bastante ameaçadora aos negócios. Se capturado, a identidade real por trás do usuário Chronic Pain poderia espalhar os segredos da Silk Road — um risco que o administrador do site, Dread Pirate Roberts, não estava disposto a correr.

A partir deste momento, como revelado no documentário de Alex Winter, acredita-se que o administrador da Silk Road tenha encomendado a morte do indivíduo por trás do pseudônimo Chronic Pain. Vamos lembrar que, em se tratando da web profunda, serviços de assassinato estão à disposição de quem estiver disposto a pagar por eles. Dread Pirate Roberts contratou os serviços do assassino de aluguel em questão, sem a consciência de que, em realidade, o assassino era um agente da polícia que também participava da investigação. Em janeiro de 2013, agentes policiais apareceram na casa do homem por trás do usuário Chronic Pain, Curtis Clark Green, e o prenderam sob a acusação de distribuição de drogas, afinal, ele se mostrava disposto a ajudar Dread Pirate Roberts e seu "amigo". Os agentes disseram a Curtis que o pseudônimo Dread Pirate Roberts estava disposto a pagar um de seus agentes disfarçados para matá-lo.[7] Os agentes e Curtis forjaram, então, uma foto em que ele, supostamente, aparecia morto. As fotos foram enviadas a Dread Pirate Roberts como evidência do assassinato. Com isso, finalmente as autoridades tiveram a chance de indiciar DPR oficialmente. O único problema é que não sabiam quem estava por trás do pseudônimo, ou quantas pessoas.

Tempos depois, segundo uma história que ainda não está bem contada, as autoridades norte-americanas apreenderam os servidores da Silk Road localizados na Alemanha e na Islândia. O FBI se prontificou e realizou cópias desses servidores. Não ficou claro como conseguiram localizar ou ter acesso aos servidores, algo bastante discutido pela defesa de Ross Ulbricht em sua página[8] da web superficial de apoio ao caso. A defesa alega que, por não saber exatamente como ocorreram tais procedimentos que levaram aos servidores da Silk Road e suas consequentes cópias, tais ações podem ter sido forjadas propositalmente. A partir da

[7] Curtis faz um relato sobre este assunto endereçado a Joshua Davis que publica em sua página. Disponível em: <https://medium.com/@joshuadavisnow/epic-exclusive-key-silk-road-employee-breaks-silence-12a412880d88>. Acesso em: 2 jun. 2016.

[8] Disponível em: <http://freeross.org/>. Acesso em: 2 jun. 2016.

captura dos servidores, Ross Ulbricht se tornou o principal suspeito de ser o fundador e administrador por trás do pseudônimo Dread Pirate Roberts.

Ross Ulbricht

Nascido em 27 de março de 1984, Ross William Ulbricht foi condenado em maio de 2015 à pena máxima, prisão perpétua, por suas atividades dentro da página de mercado negro da web escura: Silk Road. Seu caso teve repercussão midiática abrangente e ele se tornou o rosto por trás do termo *Deep Web*.[9]

Ross Ulbricht é formado em Física pela Universidade do Texas e possui mestrado em Ciência de Materiais pela Universidade Estadual da Pensilvânia. Mas isso não o impediu de se interessar por outras áreas como a economia liberal e a filosofia política. Acredita-se que seu interesse em Economia e Filosofia, combinado com as ideias por trás do software Tor e a moeda digital Bitcoin, tenha sido o gatilho para a produção de uma página pertencente à web escura para a comercialização de bens e serviços que pudesse oferecer relativa segurança e anonimato, a ponto de manter as autoridades estatais do lado de fora. Essa seria a semente por trás da criação da Silk Road.

Os agentes do FBI infiltrados na Silk Road e que mantiveram um relacionamento amistoso com Dread Pirate Roberts estavam com informações novas provenientes dos servidores do próprio mercado negro. Não se sabe, realmente, de que modo os agentes conseguiram acesso aos servidores da Silk Road. Dependendo da forma utilizada, o julgamento de Ross poderia ser invalidado,

---

[9] O documentário *Deep Web* (2015), de Alex Winter, aborda o caso de Ross Ulbricht e a página Silk Road. Ele ficou bastante conhecido por fazer parte da lista de documentários disponíveis na plataforma Netflix.

mas o sigilo quanto a este tema permaneceu. Nos resta a dúvida: se a rede Tor, através do seu método "cebola" de roteação das informações, provê um alto grau de anonimato, como os servidores da Silk Road, localizados nesta rede, puderam ser descobertos pelos agentes policiais?

A partir da localização e acesso aos servidores, Ross Ulbricht foi considerado o principal suspeito. A mira das forças de investigação estava nele. Conhecendo a sua identidade, os policiais puderam localizar outros dados relacionados a Ross, inclusive seu endereço de residência em São Francisco, Califórnia. Os agentes passaram a vigiar os passos de Ross Ulbricht. Estava na hora de "pegar" o famoso pirata do submundo cibernético. O plano era relativamente simples: enquanto os agentes disfarçados insistiam em uma conversa com Dread Pirate Roberts dentro da plataforma Silk Road, agentes se posicionavam geograficamente perto de Ross.

Na manhã do dia primeiro de outubro de 2013, Ross saiu de sua casa e se direcionou à biblioteca Glen Park, um braço da Biblioteca Pública de São Francisco. Seu objetivo era utilizar a conexão Wi-Fi do local. Sem a consciência de que estava sendo vigiado, e com a biblioteca tomada por agentes policiais disfarçados, Ross logou na sua conta de administrador Dread Pirate Roberts e, neste momento, foi apreendido pelos agentes em flagrante. Em seu computador, a conta da administração do Silk Road estava aberta e continha informações consideradas valiosíssimas para o caso. Chegava ao fim a administração de Ross Ulbricht sobre a página da Silk Road.

A captura de Ross Ulbricht foi possível pela realização das cópias dos servidores da Silk Road sob circunstâncias ainda suspeitas. A partir da cópia dos servidores, os agentes policiais disseram identificar Ross como o principal suspeito por trás do pseudônimo Dread Pirate Roberts, fundador e administrador da página. Não houve menções sobre falhas do sistema Tor e nem de sistemas de criptografia. Como puderam localizar os servidores? O que continha nos servidores que ligava o pseudônimo de DPR à Ross Ulbricht?

Após a captura de Ulbricht, seu julgamento ocorreu nos meses seguintes. A sentença de prisão perpétua foi proferida como resultado das sete acusações que padeceram sobre o réu, todas elas acusações "não violentas". Ross enfrentou acusações de tráfico de narcóticos, *computer hacking*[10] e lavagem de dinheiro. O governo norte-americano também não citou nenhuma vítima real proveniente das acusações.

A defesa de Ross Ulbricht ainda recorreu na justiça em busca do que dizem ser um "julgamento justo". Acusações de corrupção por parte dos policiais[11] federais e do forjamento de uma imagem de narcotraficante de Ulbricht por parte dos veículos de comunicação convencionais contribuíram para a defesa de Ross. Muitas pessoas são simpatizantes à causa de Ross Ulbricht afirmando que ele não era um narcotraficante como propagado pela mídia. Pelo contrário, seu envolvimento com os narcóticos comercializados na plataforma era zero. Ross participava da plataforma como, supostamente, seu fundador, exercendo atividades relacionadas à sua administração. Ele corrigia as brechas de segurança, executava o serviço de *escrow*, e garantia o funcionamento daquela plataforma de comércio livre e anônima segundo algumas regras próprias. Suas regras barravam alguns itens do comércio feito ali, e essas escolhas eram feitas baseadas em critérios pessoais, não

---

10 Operação de tentar ilegalmente invadir o sistema de um computador para o danificar ou roubar informações.

11 Segundo consta na página da defesa oficial de Ross Ulbricht, cerca de dois meses após a sentença proferida, em 2015, foi revelado que dois agentes federais de Baltimore estavam sob investigação havia nove meses por roubo e extorsão de fundos da Silk Road. Os agentes são peritos em computação e detinham um alto acesso à administração da página. Disponível em: <http://freeross.org/the-case-the-goal-and-why-this-matters-2/>. Acesso em: 2 jun. 2016.

na forma da lei. Cocaína poderia ser comercializada, pornografia infantil não. Apesar de ambos os produtos serem ilegais, um deles era permitido.

Algumas observações são bastante importantes. Após a prisão de Ross Ulbricht e o consequente fechamento da página Silk Road pelas autoridades norte-americanas, uma segunda página, denominada "Silk Road 2.0",[12] foi lançada, também sob a administração do pseudônimo Dread Pirate Roberts e com uma camada de proteção criptográfica a mais. Como isso era possível se, supostamente, a pessoa por trás do pseudônimo, Ross, estava presa? Essa é uma das evidências de que talvez existisse mais de uma pessoa, antes da captura de Ulbricht, administrando o site da Silk Road utilizando o codinome. Como se duas, ou mais pessoas, utilizassem o mesmo login. A defesa de Ross alega que ele não era o único administrador por trás do codinome DPR.

As transações comerciais e financeiras se seguiram na Silk Road 2.0, sem qualquer alteração ou comprometimento das atividades. Não se sabe ao certo como foi possível um relançamento da página Silk Road, mas acredita-se que o grupo responsável pela administração tenha dado prosseguimento ao mercado negro, mesmo após o fechamento de sua primeira versão. Sem a possibilidade de existência de mais de um administrador, como a página poderia ser relançada sob os mesmos moldes?

Com o cerco fechando sobre a suposta "cúpula" administrativa da página, em alguns casos, prisões foram efetuadas,[13] a Silk Road 2.0 advertiu que Dread Pirate Roberts permaneceria ausente por período indeterminado e sugeriu um novo adminis-

12 Disponível em: <http://www.forbes.com/sites/andygreenberg/2013/11/06/silk-road-2-0-launches-promising-a-resurrected-black-market-for-the-dark-web/#397c2f6261c5>. Acesso em: 2 jun. 2016.

13 Disponível em: <http://mashable.com/2013/12/29/silk-road-2-0-reopens/>. Acesso em: 2 jun. 2016.

trador temporário sob o pseudônimo "Defcon". Ao final do ano de 2014, o FBI identificou o pseudônimo de Defcon como sendo de Blake Benthall, e realizou sua prisão, acompanhada com a de seu suposto "braço direito", Brian Farrell.[14] O reinado do mercado negro da Silk Road, aparentemente, havia chegado ao fim.

A Era Pós-Silk Road

O fim do reinado da Silk Road como o principal mercado negro da web escura trouxe algumas lições. Assim como um artigo científico que se beneficia das críticas e falhas encontradas em seu trabalho para progredir, o mesmo parece acontecer com as técnicas de criptografia e rede anônima a partir da captura de Ross Ulbricht. Sempre que falhas ou brechas de segurança são expostas, é natural que a comunidade faça um esforço para que isso não ocorra, melhorando as técnicas empregadas no projeto. Isto acaba sendo natural de muitos processos. Dá para se beneficiar com as críticas e as falhas, o conhecimento se expande. Novas técnicas criptográficas foram desenvolvidas, lançadas e testadas para promover uma segurança maior das comunicações e possível "indestrutibilidade", quando colocadas sob ataques e tentativas de "quebra". Existe um esforço, por parte dos usuários e programadores da web, de proteção ao anonimato e segurança das informações. Muitos acreditam ainda que a soberania do povo, o ato de colocar suas vontades em prática, encontrou um novo espaço. Seria essa a revolução dos povos na era digital? Difícil dizer.

A Silk Road foi notadamente um espaço de libertação que operava às margens do controle estatal e vigilância de terceiros. Em se

14 Disponível em: <http://www.forbes.com/sites/katevinton/2015/01/21/silk-road-2-0-administrator-doctor-clu-arrested-on-drug-charges/>. Acesso em: 2 jun. 2016.

tratando da internet pós-virada do milênio, isso é algo grandioso. Ela ofereceu resistência ao longo de mais de dois anos e foi destaque na mídia internacional, que "pintou" o ambiente digital como sendo violento e sanguinário, um arcabouço do narcotráfico — um local mais propenso à violência do que reconhecido pela liberdade que oferecia, seja ela desfrutada para o bem ou para o mal. Por um lado, algumas formas de operação do mercado negro tinham potencial de reduzir a violência derivada do narcotráfico, uma vez que inexistia o contato físico entre compradores e vendedores. O envio e o recebimento das mercadorias era feito pelo próprio sistema de correios. Essa proteção em relação às identidades dos usuários também parecia oferecer uma camada de segurança a mais. Porém, por mais que isso pudesse ser sentido pelos compradores e vendedores, as atividades engajadas por eles continuavam à margem da lei. Comercializar qualquer tipo de droga ainda é crime em muitas nações.

É natural que este caso abra espaço para a discussão das drogas e seu combate atual em meio à sociedade civil. Outros questionamentos também são postos à mesa, entre eles, a possibilidade de ser indiciado por crime por hospedagem de websites cujo conteúdo seja criminoso. Qual é a responsabilidade de um indivíduo que oferece os serviços de hospedagem no ciberespaço? O documentário *Deep Web* (2015) realiza uma importante colocação sobre o caso de Ross Ulbricht: seria legítimo o uso de técnicas hackers por parte dos governos para investigar suspeitos? Caso a resposta seja sim, como diferenciar suspeitos de cidadãos não suspeitos? Caso a resposta seja não, de que outra forma as autoridades estatais poderiam enfrentar as ameaças advindas do ciberespaço?

Acreditamos que as respostas devam ser geradas a partir de uma ampla discussão social.

CAPÍTULO 3:
MOEDAS DIGITAIS

Depois de termos visto alguns casos, você provavelmente deve estar se perguntando de onde surge tanto dinheiro para financiar essas operações todas. Se você pensou isso, saiba que neste capítulo pretendemos responder a essa pergunta. Ela é muito importante e parte da resposta se encontra nos mecanismos de lavagem de dinheiro.

Lavagem de Dinheiro

O que é a *lavagem de dinheiro*? Como o próprio nome diz, é o ato de "limpar" um dinheiro de origem "suja" para que este se torne "limpo" (Figura 3.1). A verdade é que todo dinheiro precisa ser justificado às autoridades de um Estado. Quando o dinheiro é derivado de operações criminosas como, por exemplo, um assalto a banco, os indivíduos responsáveis precisam dar uma "cara limpa" a este dinheiro. Até para dificultar seu rastreamento e não comprometer os envolvidos. Em nosso exemplo de assalto a banco, o ladrão não poderia simplesmente gastar a grana sem se preocupar em a maquiar porque, certamente, as autoridades perguntariam sobre a origem desse dinheiro. É por isso que os criminosos inventaram a "lavagem de dinheiro", um conjunto de estratégias que podem justificar a origem do dinheiro sem levantar suspeitas.

Figura 3.1: A lavagem de dinheiro consiste em limpar o dinheiro "sujo", isto é, de procedência ilícita.

A lavagem de dinheiro tem um papel fundamental nas atividades das organizações criminosas ao redor do mundo. Cedo ou tarde, essas organizações terão de justificar, a procedência de toda essa grana. E tudo isso requer capital! Afinal de contas, administrar e manter redes de atividades ilícitas gera custos — e quanto maior for uma organização ou rede criminosa, mais caro será mantê-la. Independentemente da legalidade, qualquer empresa ou organização tem custos próprios referentes à logística, ao treinamento de pessoal, aos salários — e, no caso de redes criminosas, capital para subornar autoridades policiais e judiciais —, enfim, uma série de custos que demandam investimento. Todo esse capital para manter a organização e ainda para dar lucros precisa ter uma origem lícita, ou, pelo menos, ter a "imagem de origem lícita", caso contrário, se as autoridades descobrissem esses montantes derivados de operações criminosas, as punições seriam ainda mais severas.

É por esse motivo que a lavagem de dinheiro é vista como um procedimento necessário a uma atividade ilícita. Imaginemos uma organização criminosa cuja atividade principal seja extorquir moradores de um bairro. Todo mês, cada morador deve entregar uma quantia de dinheiro nas mãos de um membro da organização. Caso não entregue a quantia combinada, sua casa sofrerá um ataque. Se a força policial não é presente, o morador entregará a quantia combinada. A organização que recebe esta quantia precisa justificar a origem desse dinheiro. A primeira atividade, extorsão, é a atividade principal. A segunda, lavagem de dinheiro, é considerada a atividade secundária.[1] Você consegue perceber que essas duas atividades andam entrelaçadas?

Em uma interessante pesquisa realizada por Thomson Reuters (2013), foi descoberto que quase 95% de toda a lavagem de dinheiro processada no mundo *não é detectada* pelos organismos do governo ou instituições financeiras. O principal problema? A *dificuldade de rastreamento* de toda essa grana. Sem conseguir rastrear o dinheiro, os governos são impotentes no combate contra essa atividade.

E como exatamente os criminosos podem "lavar" o dinheiro? Existem muitas formas. A maioria dos "lavadores" utiliza-se de instituições financeiras ou outras estruturas financeiras como contas bancárias no exterior (cujas leis do país onde o banco se encontra possam proteger a identidade dos indivíduos ou corporações); o uso de *shell corporations*;[2] sistemas bancários paralelos; *trade-based laundering money*,[3] cartões pré-pagos, muitas

[1] THOMSON REUTERS (2013).

[2] Quando uma corporação opera sem possuir nenhum ativo ou operação relevantes.

[3] O processo de disfarçar a procedência de um crime e mover o valor por meio das transações de comércio em uma tentativa de legitimar as origens ilícitas. Disponível em: <http://www.fatf-afi.org/topics/methodsandtrends/documents/trade-basedmoneylaundering.html>. Acesso em: 6 set. 2016.

vezes conhecidos como *gift cards*, entre outras possibilidades.[4] A quantidade de opções para que um indivíduo ou corporação lave seu dinheiro é tão grande quanto a criatividade permitir.

Mas se antigamente essas técnicas já eram possíveis, atualmente há uma técnica inédita: o uso de moedas digitais.[5] O surgimento dessa nova técnica só foi possível a partir da existência da internet. Claro, se você deseja lavar o seu dinheiro, você precisa trocar o dinheiro que possui (que pode ser em dólar, real, peso argentino, euro, libra esterlina etc.) por uma moeda que existe apenas no ambiente virtual — como uma espécie de câmbio do novo milênio. Você troca os dólares que possui "comprando" a moeda digital em questão, como, por exemplo, o Bitcoin. Agora você tem uma carteira online recheada de moedas Bitcoins para comprar produtos e serviços na web escura ou, se desejar, trocar por serviços reais como hospedagem de hotéis. Cada vez mais, em um ambiente virtual, essas moedas se firmam como uma das grandes formas de se obter dinheiro "limpo" e apresentam um sério desafio às autoridades bancárias e estatais. Nessa nova técnica de lavagem de dinheiro, o dinheiro real vira moeda virtual.

Um dos casos mais ilustrativos dessa espécie aconteceu nos Estados Unidos e entrou para a história como uma das maiores lavagens de dinheiro já flagradas por oficiais do governo: em maio de 2013, promotores dos Estados Unidos indiciaram sete pessoas em uma operação cibercriminosa envolvendo um banco que supostamente controlou mais de seis bilhões de dólares para traficantes de drogas, grupos de pornografia infantil, ladrões de

---

4 THOMSON REUTERS (2013).

5 Conhecidas também como moedas virtuais. Alguns exemplos são: Bitcoin, Litecoin, Zen, Namecoin.

identidade, hackers, e outros criminosos, todos conectados por meio da troca de moeda virtual.[6]

Qual seria então o atrativo da moeda virtual? Por que alguém iria querer usá-la? Duas respostas comuns: primeiramente, algumas moedas digitais oferecem algum grau de anonimato se utilizadas com cuidado. A moeda Bitcoin, por exemplo, pode ser transferida de qualquer "carteira" para qualquer "carteira", basta que você tenha saldo de moedas. Você não precisa identificar a quem pertence a sua carteira e pode, também, excluir a sua carteira a qualquer momento e criar uma nova. Em segundo lugar, as moedas não estão sob o domínio de nenhuma instituição financeira ou banco, nem passam pelo seu crivo. Elas são trocadas diretamente entre os usuários e são moedas criptografadas. Essas moedas têm uma estrutura de liberdade própria. Algumas moedas digitais são *Bitcoin*, *Litecoin*, *Ripple*,[7] *Bitbar* e *Freicoin*. O ciberespaço parece criar um mercado bastante real para as moedas digitais.

Algumas moedas virtuais são de elevado grau de anonimato. Isso acontece a partir do momento que o usuário torna anônimo seu endereço de IP.[8] Mas suponhamos que ele não esteja preocupado com isso e deixe seu endereço de IP exposto adote as moedas Bitcoin para finalizar transações financeiras. Neste caso, será possível identificar a localidade física do indivíduo, porque toda transação em Bitcoin é publicada online nos registros do próprio serviço. Uma outra forma de se quebrar o anonimato envolvido é por meio do uso de serviços terceirizados que utilizam o Bitcoin. Esses serviços podem requisitar uma identificação válida, ou até mesmo

---

6 THOMSON REUTERS, 2013.

7 Dentre as moedas digitais, a Ripple é a que mais se aproximou do mercado financeiro ao envolver muitos de seus profissionais. A moeda Ripple foi originalmente criada por ex-desenvolvedores da moeda Bitcoin.

8 *Internet Protocol*.

uma informação bancária para completar a transação financeira — o que expõe grandemente a possibilidade de identificação do indivíduo utilizando tais serviços.[9] Ora, aqueles usuários que não se sentem tão familiarizados com a moeda podem optar por serviços que realizem todo o manuseio, incluindo, a compra da moeda digital utilizando o cartão de crédito do usuário. Vez ou outra aparecem em anúncios da web empresas disponibilizando serviços de compra e venda de moedas digitais.

Como você viu, o usuário da moeda Bitcoin pode envolver-se por uma camada de anonimato se assim desejar. Caso não deseje, isto não interfere na transação financeira — apenas na sua privacidade. A possibilidade de anonimato existe.

Nascimento e Funcionamento da Moeda Bitcoin

Mas vamos falar um pouquinho mais da moeda sensação do momento, a *Bitcoin*[10] (Figura 3.2). Ela é a primeira moeda descentralizada e virtual da história. Precisamos observar algumas características se desejamos compreendê-la melhor.

Figura 3.2: Símbolo da moeda digital Bitcoin.

[9] De acordo com um relatório emitido pelo FBI (2012), esta é uma das formas de baixar o grau de anonimato.

[10] Disponível em: <https://bitcoin.org/pt_BR/>. Acesso em: 30 mai. 2016.

Bom, a primeira coisa que você precisa saber é que por trás da moeda não existe governo ou agência central reguladora de seu *valor*, como é o caso das moedas reais como o dólar norte-americano, o euro e o peso argentino. Aqui no Brasil, nossa moeda é fabricada pela Casa da Moeda do Brasil, seguindo determinados padrões de qualidade. A Casa foi fundada em 1694 pelo rei de Portugal, Dom Pedro II para atender a demanda de fabricação de moedas no Brasil. Hoje, essa empresa pública, fabrica as cédulas e moedas do real brasileiro e as entrega para o Banco Central. Este banco, por sua vez, existe por dois motivos: ele é responsável pelas políticas cambial e monetária e preza pela estabilidade do mercado financeiro. A moeda de uma nação está no centro de sua economia. Agora, imaginemos que a Casa da Moeda fabricasse mais dinheiro do que o permitido. O que aconteceria? O governo brasileiro, por meio de algumas ferramentas, teria meios para descobrir essa ação e poderia agir no sentido de tomar medidas para corrigir isso. Tudo para não mexer no equilíbrio da economia. No caso da moeda digital Bitcoin, não funciona assim. Nenhum governo ou agência central regula o seu valor ou uso. Quem controla isso é um algoritmo interno da própria moeda. Não há ninguém que controle ela, ela se controla por si mesma.

A segunda coisa que você precisa saber é que a transferência da moeda ocorre de um indivíduo diretamente para outro indivíduo, sem intermediários e por meio do uso da internet. Não existe um banco, ou uma entidade do Bitcoin. Tudo é feito diretamente entre as partes interessadas na troca da moeda. As taxas de transferência são baixas, as contas não podem ser congeladas, e qualquer um pode obter uma conta. Por ser uma moeda digital, ela é válida em qualquer território — desde que o usuário tenha acesso à internet!

Não se sabe quem, exatamente, criou a moeda Bitcoin. Ela foi lançada no ano de 2009, um ano após o estouro da crise financeira nos Estados Unidos. Em 2008, um ano antes, Satoshi Nakamoto escreveu um artigo sobre o conceito da moeda, descrevendo seu funcionamento.[11] Neste artigo, Nakamoto narra sobre como o dinheiro totalmente virtual permitiria que os pagamentos fossem feitos de um usuário a outro sem a necessidade de passar por uma instituição financeira. Para conseguir isso, o autor do artigo defende a ideia da criação de uma rede própria da moeda utilizando a tecnologia *peer-to-peer*.[12]

O Bitcoin também é uma moeda criptográfica e utiliza um sistema que capacita novas sequências de moedas serem invioláveis. De forma resumida, cada moeda criada pelo algoritmo, possui uma sequência criptográfica. A moeda criada exatamente posterior à última, possui sua sequência criptográfica e a sequência da moeda anterior. Cada moeda está atrelada à moeda anteriormente criada. Você percebe que isso forma uma corrente? Se a primeira moeda tiver uma sequência, vamos supor "ABCDE12345", a segunda moeda terá sua própria sequência, suponhamos "ABCDE54321", e também a sequência da primeira moeda (que você já sabe: "ABCDE12345"). A terceira moeda criada terá a sua própria sequência, e a sequência da moeda anterior, que é a segunda moeda. Isso é importante porque permite que a comunidade saiba, na mesma hora, quando uma moeda é falsa e localizá-la. Como elos de uma corrente, cada moeda Bitcoin é um elo e está imediatamente ligada ao elo anterior. A moeda falsa é o elo solto dessa corrente. Esse sistema torna o Bitcoin

[11] Disponível em: <https://bitcoin.org/bitcoin.pdf>. Acesso em: 5 mai. 2016.

[12] De forma sucinta, uma tecnologia desse tipo permite a comunicação e navegação dos usuários de uma rede sem a necessidade de um servidor, ou computador central. As trocas entre os usuários são diretas. Cada usuário é um participante igualitário na rede.

praticamente inviolável, uma vez que a sua segurança é muito alta. A ordem cronológica da moeda, traduzida nos elos, é o que confere a sua proteção.

Você deve estar pensando: "Calma aí, se você disse que a moeda não tem uma agência central, quem é que fabrica a moeda?" A resposta é simples: o próprio algoritmo do Bitcoin. Ele é automático. "E essa fabricação toda de moedas sem limites, não pode causar inflação?" A resposta é *não*. O algoritmo do Bitcoin prevê um número finito de moedas para existir. Este número está por volta de 21 milhões de moedas. Nem todas foram criadas ainda. Mas quando a última moeda for lançada, o último elo da nossa corrente, o algoritmo não fabricará mais nenhuma moeda. O número estará selado para sempre.

Mas duas outras medidas de segurança foram adotadas pela rede Bitcoin. Apesar de não existir uma agência central, há um local na web que contém todos os registros de transações das moedas. É uma espécie de histórico da moeda e é aberto ao público. Toda vez que uma moeda é trocada entre os usuários da rede, e confirmada, essa transação é registrada nesse grande livro de registro de contabilidade. Segundo a página da Bitcoin,[13] todos os usuários da rede confiam e podem localizar cada moeda.

Outra medida de segurança é fornecida por um grupo de usuários da rede conhecidos como "mineradores", que recebem uma porcentagem de Bitcoins por verificar e auditar transações. O seu papel é bem simples: os mineradores são responsáveis por auditar as transações da moeda. Eles verificam cada transação, assegurando sua legitimidade, e por isso recebem uma quantia de Bitcoins como forma de pagamento. Depois que as transações

13 Disponível em: <https://bitcoin.org/pt_BR/como-funciona>. Acesso em: 8 jun. 2016.

são verificadas e auditadas, aí sim, elas entram publicadas no registro público de contabilidade da moeda, cuja razão é fornecer transparência.[14]

"Ok, isso eu compreendi. Mas, como essa moeda, que só existe no meio digital, passou a ter um valor?", você deve estar questionando. Como você sabe que uma moeda de Bitcoin vale, por exemplo, um dólar americano? Ou como descobrir quanto vale uma moeda? Bem, parece difícil mas, na realidade, a resposta é mais simples do que imaginamos. O valor de uma moeda Bitcoin vem da crença daqueles que a utilizam de que poderão trocá-la por bens, serviços ou até mesmo por moeda física em uma data futura![15] O interessante é que essa possibilidade está fundamentada em argumentos bastante reais: já existem no plano real prestadores de serviços, como hotéis, lojas de informática, lojas virtuais, empresas de serviços financeiros, clínicas veterinárias, dentre outros, que aceitam o pagamento em Bitcoins, além de moedas reais.

Como dissemos, o autor daquele artigo lançado em 2008, Nakamoto, escreveu sobre o Bitcoin um ano antes do seu lançamento. Muitos acreditam que ele é o criador por trás dessa moeda digital. O único problema é que este autor não existe. Satoshi Nakamoto é um pseudônimo. Não se sabe, contudo, quem está por trás deste pseudônimo — nem mesmo se é apenas um indivíduo ou vários. Especulações existem, mas até o momento, não há nenhuma confirmação.

[14] Essa transparência recai sobre as transações efetuadas e não sobre as partes envolvidas.

[15] Segundo o relatório do FBI (2012), é assim que a moeda ganha força. Ela é impulsionada pela crença de uma comunidade virtual que a adota como meio de pagamento por produtos e serviços.

Utilizando o Bitcoin

Para se utilizar a moeda é necessário que o usuário instale em seu computador ou dispositivo o software gratuito Bitcoin. Esse programa, uma vez instalado, usa uma criptografia pública denominada PKI.[16] Essa criptografia é responsável por gerar um endereço único de Bitcoin, canal pelo qual o usuário pode receber e enviar pagamentos de Bitcoins. Pense nesse canal como sendo uma espécie de "carteira" virtual da rede Bitcoin. Posso criar quantos endereços eu desejar? A resposta é sim. A criação dos endereços únicos é ilimitada — e com isso surge a possibilidade de ter quantos endereços Bitcoins o usuário desejar. Esse mecanismo é bastante vantajoso porque ele oferece uma camada de proteção a mais, de modo indireto. O usuário pode criar diferentes canais de coleta e envio da moeda, transferindo os Bitcoins sem que haja limitação. A taxa de transferência é muito baixa, algumas vezes até livre de custo.

Para enviar moedas a outro indivíduo, o usuário deve inserir no programa a quantidade desejada a ser transferida, tal qual o endereço de Bitcoin de destino. Por exemplo, desejo enviar dez Bitcoins ao endereço seguinte. Pronto. A transação está completa e, uma vez realizada a operação de envio, não é possível reverter o comando — a moeda já estará na conta de destino.[17]

A Web Profunda Usa Bitcoin

Tanto na web profunda (aquela porção da web que você não consegue encontrar nos resultados de uma pesquisa no Google, Yahoo!, Bing, ou qualquer outro mecanismo de busca), como

[16] Sigla para *Public Key Infrastructure.*

[17] FBI (2012).

na web escura (região da web em que há um esforço ativo para que exista o anonimato das comunicações e usuários), a moeda Bitcoin é uma das moedas mais utilizadas. Ela também pode ser utilizada na web superficial, nossa "internet de todo dia". Seu alcance é verdadeiramente global.

Não é difícil deduzir a razão para esse fenômeno: o seu caráter de anonimato atrai usuários de todas as webs, dispostos a negociar na moeda digital por acreditar no seu valor e simplicidade. No entanto, dá para compreender por qual motivo usuários das redes anônimas desejam utilizá-la, talvez mais que os usuários de redes transparentes: se o usuário tomar cuidado suficiente, ninguém poderá identificá-lo como dono daquela quantidade de Bitcoins, nem mesmo identificar quem as recebe depois de um pagamento. Além disso, quando o usuário paga uma quantidade determinada de Bitcoins a alguém, ele não tem como resgatar essa quantia como estorno. O que está pago, está pago e não há volta. O sistema não permite ações de estorno.

Sem que haja uma identificação do emissor da moeda, nem do receptor, a transação financeira entre as duas partes ocorre de forma segura e privada. Por esse motivo, a moeda lançou-se à fama e seu uso tornou-se permitido, e até preferível, em muitas páginas da web como uma forma de pagamento. As moedas reais, que utilizam sistemas de pagamentos como o Paypal, por exemplo, exigem a identificação das partes para realizar a transação e finalizar o comércio — o que é bastante arriscado para quem deseja segurança e privacidade.

Muitas páginas da web superficial permitem a compra de moedas digitais. São verdadeiros centros de mercado e comércio de moedas criptográficas, como o website Payward. Outros sites conhecidos como E-bay e Craigslist também dispõem de moedas digitais para a compra por parte dos clientes. Em outras palavras, seu uso é permitido e, dependendo do objetivo, até preferível como forma de pagamento.[18]

Preocupados com a criação e uso da moeda Bitcoin, as autoridades norte-americanas, por meio do FBI, publicaram um relatório que contém algumas informações que você já sabe: não existe uma agência central; o criador (ou criadores) não possui qualquer poder ou autoridade sobre a moeda; a base de dados não é centralizada (a comunidade funciona de usuário para usuário, lembra?); existe apenas um registro público das transações, mas, visto que o usuário pode criar quantos canais desejar e transferir as moedas de uma conta a outra sem limitações de número, a dificuldade de rastreamento é grande. Como é de se imaginar, a moeda se apresenta como um grande desafio à polícia devido a dificuldade de controle, rastreamento e detenção da moeda. Um prato cheio para os lavadores de dinheiro e clientes do comércio de produtos ilícitos que ocorre nas profundezas da web. Não por engano, o Bitcoin foi a principal moeda utilizada nas transações financeiras do gigantesco mercado negro do submundo da web, *Silk Road*. Ele continua sendo um relevante meio de pagamento por produtos e serviços dos usuários que demandam discrição e anonimato.

Segundo dados da plataforma de investimento Investing,[19] em maio de 2016 a moeda Bitcoin valia cerca de 228 dólares americanos. Em abril de 2017, seu valor já era de 1.197 dólares. Um aumento de 525% em quase um ano. Essa volatilidade é apontada pelos críticos como uma de suas deficiências. A novidade dos últimos anos são os caixas eletrônicos da moeda. Segundo

---

[18] THOMSON REUTERS (2013).

[19] Disponível em: <https://br.investing.com>. Acesso em: 19 jun. 2016.

dados da página Coin ATM Radar, que lista a localização dos caixas eletrônicos da moeda no mundo, haveria cerca de 725 caixas eletrônicos de Bitcoin nos Estados Unidos em abril de 2017. Só em Nova York haveria 83 caixas eletrônicos, e em Los Angeles, 69. No Canadá, teriam 148 unidades, enquanto que no Reino Unido, 61. No Brasil, existiria um caixa eletrônico na cidade de São Paulo. Diferentes empresas que lidam com a moeda Bitcoin são responsáveis pela fabricação dos caixas eletrônicos e o comércio da moeda. As máquinas funcionam com a tecnologia dos celulares, já que não utilizam cartões de banco. A empresa dona de um caixa eletrônico precisa ter uma conta em banco para movimentar o dinheiro real a ser entregue para aqueles que estão trocando a moeda digital pela real. Em troca, recebem a moeda Bitcoin do usuário.

A rede Bitcoin, de tecnologia *peer-to-peer*, embutida de criptografia ajuda a fomentar a web escura servindo como um canal financeiro paralelo de apoio às redes anônimas.

CAPÍTULO 4:
TERRORISMO

Me recordo muito bem onde eu estava e o que fazia no dia 11 de setembro de 2001. Se você já tinha nascido nessa época e idade suficiente para ter lembranças, provavelmente se recorda de onde estava. As notícias sobre o maior atentado terrorista da história ecoaram pelos cinco continentes e selaram na memória de muitas pessoas a dor, o choque e o sofrimento de milhares de pessoas na cidade de Nova York, nos Estados Unidos.

Eu tinha 14 anos na época e estava na oitava série. Me recordo de chegar apressada em casa porque não acreditava totalmente no que as pessoas me falavam. Foi meu pai quem me deu a notícia. Liguei a televisão e rapidamente apertei os botões do controle remoto para sintonizar nos canais de notícia que nós tínhamos na televisão a cabo. Eles passavam notícias o tempo todo, com certeza noticiariam o ocorrido. E foi bem isso: todos os canais de notícia reproduziam a cena do avião comercial colidindo com a primeira, e em seguida, com a segunda torre gêmea. Um dos ícones da cidade de Nova York, ao lado do Empire State Building, do Central Park e da Estátua da Liberdade, o famoso complexo do World Trade Center estava ruindo devido a poderosa colisão de duas aeronaves comerciais com a estrutura. Eu estava em choque. Todos estávamos. Os jornalistas estavam confusos com o volume de informação que irradiavam nas redações e, a todo momento, apareciam ao vivo para divulgar uma nova informação. Em seguida, me dei conta que não foram apenas as torres gêmeas de Nova York. O terceiro avião se dirigiu ao centro de inteligência militar norte-americano, o Pentágono, e um quarto caiu em um campo no estado da Pensilvânia. Em relação a este último, não se sabe concretamente qual era o destino final. Muitos acreditam que ele se alinhava para uma rota de colisão com a Casa Branca, sede do poder Executivo norte-americano, porém após uma tentativa de recontrole da aeronave por parte dos passageiros, o avião caiu em um campo aberto na Pensilvânia. O mundo nunca havia visto um atentado de tamanhas proporções ser televisionado ao vivo e estava, compreensivelmente, chocado.

Pouco tempo depois, os detalhes do ataque surgiram, bem como os rostos dos homens que sequestraram os aviões, o nome do grupo ao qual pertenciam e quem era o líder. O responsável pelo ataque de 11 de setembro em solo americano foi Osama bin Laden (Figura 4.1), líder do grupo Al-Qaeda (nome árabe que significa "A Base") naquela época. De origem saudita, Osama pertencia a rica família bin Laden e já tinha orquestrado outros atentados terroristas contra os Estados Unidos. Dentre as organizações terroristas mais famosas no mundo após a virada do milênio, o grupo Al-Qaeda foi o mais famoso. Isso se deve tanto pelo seu ex-líder e fundador, Osama bin Laden, quanto pelas ações terroristas que alavancaram o grupo ao reconhecimento internacional, em especial o ataque às torres gêmeas em Nova York, nos Estados Unidos.

Figura 4.1: O terrorista Osama bin Laden.

A origem do grupo Al-Qaeda remete ao período que Osama bin Laden esteve no Afeganistão lutando contra as forças da União Soviética. A ideia era expulsar os soviéticos da região, o que foi de interesse para os Estados Unidos já que ambos os países eram inimigos ideológicos na chamada *Guerra Fria*. Muitos críticos afirmam que o governo dos Estados Unidos decidiu financiar o grupo para que eles pudessem expulsar os soviéticos da região. John Rollins, especialista em Terrorismo e Segurança Nacional dos Estados Unidos, afirmou que a posição oficial do governo norte-americano era de não intervenção ao grupo e negou qualquer envolvimento financeiro ou de apoio bélico.[1] Após o episódio, Osama bin Laden cresceu na liderança da organização e a transformou para ser uma reação rápida de força para intervir em qualquer local onde muçulmanos fossem considerados uma ameaça.

Criado em 1989, o grupo é formado por radicais islâmicos extremistas que, a princípio, tinham a intenção de depor a família

[1]Disponível em: <https://fas.org/sgp/crs/terror/R41070.pdf>. Acesso em: 6 jul. 2016.

real da Arábia Saudita do poder por considerar que seus costumes "ocidentalizados" não andariam em acordo com a religião islâmica. Eventualmente, o número de inimigos aumentou e a "rixa" com o Ocidente, e em especial, os Estados Unidos, se aprofundou. O grupo aderiu ao terrorismo para atingir seus objetivos e iniciou o planejamento de ataques. Dentre seus ataques de maior abrangência internacional, estão os atentados de 11 de setembro nos Estados Unidos que inauguraram a era da *Guerra ao Terror*.

Após duas semanas decorrentes da destruição das torres, o Federal Bureau of Investigation (FBI) conseguiu localizar os e-mails trocados pelo grupo terrorista. Segundo Cohen-Almagor (2012), o conteúdo desses e-mails continha detalhes operacionais do plano de agressão terrorista. Outras milhares de mensagens foram *criptografadas* e colocadas em websites de uso do grupo protegidos por senha. Isso evidencia a intencionalidade do grupo de manter as comunicações na rede mundial de computadores sigilosas e anônimas como método de prevenção contra a vigilância perpetrada por terceiros. O fato de manterem websites protegidos por senha, intencionalmente mantidos alheios ao público, e criptografar as mensagens trocadas entre as células revela o grau de proteção que a organização terrorista se preocupava já no ano de 2001. Por conta desses métodos, a polícia só encontrou as mensagens porque teve acesso ao computador do membro sênior da Al-Qaeda, Abu Zubaydah. Cohen-Almagor ainda afirma que as primeiras mensagens encontradas no computador do terrorista-líder foram datadas de maio de 2001 e as últimas enviadas no dia 9 de setembro. Perceba que isso foi dois dias antes do ataque terrorista que marcou a história da humanidade, responsável por mudanças estratégicas de segurança nos aeroportos de todo o mundo. O autor menciona ainda que a frequência das mensagens foi mais alta no período do mês de agosto daquele mesmo ano. Certamente, a proteção das comunicações foi bem articulada. Caso não tivessem obtido acesso ao computador de Abu Zubaydah, provavelmente não teriam tido acesso às informações ali contidas devido ao grau de proteção e sigilo embutido nas comunicações.

Esses achados confirmam a utilização da web escura — região da web que faz um esforço ativo para manter o anonimato das comunicações e usuários — pelo grupo terrorista Al-Qaeda no que diz respeito ao planejamento e execução dos seus planos contra os alvos específicos de 2001, localidades consideradas "estratégicas" nos Estados Unidos: símbolo financeiro e militar da potência norte-americana.

O que é Terrorismo?

É difícil definir "terrorismo". Certamente, cada pessoa tem uma definição mais ou menos atribuída em seu consciente. Em alguns casos, bastante precisa; em outros, quem sabe, nem tanto. Mas todos temos pelo menos uma percepção do que se trata quando no noticiário damos de cara com uma notícia sobre terrorismo ou grupos terroristas; afinal, pelo menos nas últimas duas décadas esse assunto tem sido bastante recorrente nas nossas televisões, rádios e portais de notícia na internet.

Em 2006, a Organização das Nações Unidas (ONU) lançou uma Estratégia Antiterrorista Global, com adoção unânime, por parte dos seus membros, que nos ajuda a traçar uma ideia sobre o assunto bastante pertinente. Vejamos:

> **Atos criminosos pretendidos ou calculados para provocar um estado de terror no público geral, num grupo de pessoas ou**

> **em indivíduos para fins políticos,** são injustificáveis em qualquer circunstância, independentemente das considerações de ordem política, filosófica, ideológica, racial, étnica, religiosa ou de qualquer outra natureza que possa ser invocada para justificá-los. — Declaração sobre Medidas para Eliminar o Terrorismo Internacional (Resolução 49/60 da Assembleia Geral, parágrafo 3º) (grifo nosso).

O trecho destacado nos fornece uma ideia geral sobre o significado de *terrorismo*. Como podemos ver, o terrorismo não está limitado a um segmento apenas, como, por exemplo, o terrorismo de fundamentação religiosa. O *modus operandi* do terrorismo, ou seja, os meios pelos quais ele opera, permite que ele seja adotado por diferentes grupos, sejam de cunho político, religioso, étnico, racial — enfim, em prol de diversas "causas". No Ocidente, em especial nas últimas duas décadas, o termo é comumente associado ao fundamentalismo religioso, porque tem sido frequentemente noticiado pelos veículos de comunicação, principalmente após os ataques de 11 de setembro nos Estados Unidos, perpetrados pelo grupo fundamentalista religioso islâmico Al-Qaeda e, mais recentemente, pelo alarde e pelas convulsões sociais causadas pelo grupo do Estado Islâmico do Iraque e do Levante (ISIS).

Peças que se Movem

Geralmente, grupos terroristas são bastante difusos, descentralizados, com uma estrutura não muito clara, porém com um significativo alcance global.[2] Esses grupos podem até ter uma "base" central de operação, mas sua distribuição pelo espaço geográfico permite que os vejamos como uma espécie de "rede",

2 COHEN-ALMAGOR, 2012.

semelhante à própria estrutura da internet, cujos nódulos mantêm comunicações entre si. Portanto, nada impede que, caso a origem de um grupo terrorista ocorra em um local, digamos, como a Líbia, ele saia desse seu círculo inicial e se distribua pelo espaço geográfico em direção a outros países e até mesmo continentes. O que interessa é a formação desse "tecido" que opera segundo um objetivo comum.

Se antes a comunicação se dava através de correspondências, telegramas, telefonemas, ou pessoalmente, na atualidade esses grupos encontraram uma ferramenta bastante poderosa: a própria internet. A internet, seja ela sob a face da web, ou seja sob a face de outro protocolo como o IRC ou TCP,[3] oferece um tipo de espaço em que esses nódulos, ou peças, encontram um "tabuleiro" e se alinham para atingir seu objetivo comum: ganhar o jogo, em qualquer das áreas que forem de seu interesse.

A internet se mostra como um canal bastante efetivo para a realização de comunicações entre as células espalhadas de uma organização terrorista porque possui mecanismos tecnológicos capazes de oferecer alto grau de segurança e privacidade. Apesar do "jogo" das comunicações ser executado no ambiente virtual, ele desemboca em consequências reais para fora da realidade digital. O real e o virtual hoje estão entrelaçados, caminham de mãos dadas. É difícil separarmos a nossa vida online da nossa vida real. Encaramos o virtual como uma extensão qualquer da nossa vida, e vice-versa. Por este motivo, o "jogo de tabuleiro" executado por terroristas não está preso a um "espaço fictício". Ele não está amarrado somente no espaço cibernético. Ele é real e deve ser encarado como um desafio atual.

[3] Mais sobre os protocolos da internet no Capítulo 8.

A internet tem um papel determinante em nossas vidas. Ou, pelo menos, tem um impacto direto na vida das pessoas com acesso a ela. Quem tem acesso a uma conexão, sabe o quanto ela é capaz de alterar a dinâmica do nosso cotidiano. O contrário também é verdade: quem não tem acesso é impactado indiretamente pela ausência desse recurso. O fato é que a internet tornou-se um elemento fundamental do progresso da humanidade, assim como uma vez essa posição foi ocupada pela máquina a vapor, o rádio, o telefone e a televisão.

Então, partindo dessa lógica, natural que organizações ao redor do mundo busquem utilizar esta tecnologia. Inclusive, organizações terroristas. Alguns de nós têm a crença enraizada que o terrorista islâmico (terroristas no geral, mas sobretudo os islâmicos) é um homem barbudo, armado até os dentes que vive em regiões pouco populosas do Oriente Médio, de difícil acesso e com poucos serviços básicos. Quem sabe more até nas montanhas! Mas isso não é bem verdade. As generalizações foram construídas de modo consciente. Nem todo terrorista é árabe e desprovido de acesso a serviços básicos. A imagem de Osama bin Laden, que por muito tempo se refugiava em cavernas (ou pelo menos permanecia nesses locais do Afeganistão e Paquistão), e gravava vídeos para envio aos telejornais, ajudou a construir o imaginário do homem islâmico radical e membro de organizações terroristas que mora em regiões muito pobres. Ora, se eles passavam um tempo em cavernas, ou qualquer outra região com recursos limitados, muitos de nós ficariam surpresos em descobrir que uma boa quantidade de radicais têm acesso a internet. Eles têm e fazem uso estratégico dessa ferramenta para coordenar suas atividades.

Existem muitas formas pelas quais as organizações terroristas podem utilizar a internet: coordenação de atividades, reunir consciências semelhantes, produzir e receber dados de diferentes células, promover ataques cibernéticos, estimular a angariação de fundos para a causa, gerenciamento dos recursos, publicidade dos seus atos, recrutamento de novos membros, acompanhamento da mídia internacional, enfim, uma quantidade grande de objetivos. A internet é um elemento que agrega, agiliza e potencializa as atividades do grupo — justamente pela sua característica descentralizada e democrática. Faz sentido pensar que algumas estratégias serão realizadas na web de maior alcance pelo público, como por exemplo, para dar publicidade aos seus atos ou recrutar novos membros, e outras estratégias se beneficiarão do anonimato e privacidade que a web escura pode oferecer, como é o caso da troca de informações entre células localizadas em diferentes pontos do mundo. Se for para chamar a atenção do público internacional, é mais fácil produzir um vídeo e hospedá-lo em uma página que esteja a apenas um clique dos usuários. Se for para proteger o canal de comunicação e suas mensagens, é razoável adotar alguma rede como o Tor para blindar o acesso de terceiros.

Um importante estudo sobre as páginas de cunho terrorista na web superficial foi produzido em 2012 por Cohen-Almagor, e traz uma dimensão sobre a presença do discurso terrorista na *World Wide Web*. Segundo o pesquisador, as páginas terroristas, em 1998, pouco depois da comercialização da internet, eram apenas 12. Sete anos depois, em 2005, esse número se expandiu para cerca de 4.700 páginas — um aumento de 39.167%! Certamente nos dias atuais este número é muito maior e acompanha a tendência de utilizar a internet como um recurso fundamental para o sucesso e organização da causa; afinal, sabemos que existe uma tendência mundial de cada vez mais acesso aos recursos de tecnologia.

Resta-nos questionar sobre os conteúdos dessas páginas, que podem ser dos mais variados possíveis, a depender somente de que tipo de grupo terrorista estamos abordando. No caso do grupo pesquisado por Cohen-Almagor, o foco foi direcionado para grupos radicais islâmicos. Sua conclusão é a de que os websites desses grupos, na web superficial, possuem características comuns como, por exemplo, uma seção com o Alcorão disponível para consulta. Outras seções incluem a possibilidade de consultas doutrinárias online com membros religiosos, uma seção com espaço para discussão entre os membros sobre questões como e o propósito da causa adotada pelos membros; uma seção destinada a captar recursos de usuários para contribuições financeiras (são as doações); uma seção destinada à promoção de debates e questionamentos de temas como, por exemplo, "como levar a jihad adiante", "quais são os próximos passos", entre outros assuntos relativos. O grande trunfo é que a internet permite que as organizações terroristas ganhem publicidade porque elas podem discursar sobre o que quiserem. Não há para quem pedir permissão quando se deseja publicar uma atividade ou tema. Não existe um crivo específico. Dado seu caráter abertamente democrático, acredito que muitos grupos terroristas veem o espaço digital estrategicamente como um meio de promoção, divulgação e propaganda da causa: qualquer pessoa com acesso pode divulgar um conteúdo, da mesma forma que qualquer pessoa com acesso também pode consumir um conteúdo qualquer. Basta um clique.

Um aspecto em especial da veiculação de informações na web por parte de grupos terroristas é que seu conteúdo é, basicamente, destinado a três grupos de pessoas: o primeiro grupo é dos próprios *membros da organização*; nesse caso, a web superficial é colocada um pouco mais de lado e abre-se o espaço para a utilização da web escura — justamente por oferecer ferramentas que contribuem para a coordenação de seus planos, como a criptografia, o dinamismo das páginas, a comunicação protegida da observação de terceiros etc. A web escura serve como uma forte aliada por "blindar" as informações estratégicas compartilhadas pelas células do grupo que se encontram em regiões geográficas diferentes, mas que podem ser coordenadas a partir de um ambiente descentralizador e agregador ao mesmo tempo.

O segundo grupo diz respeito aos *simpatizantes da causa* levantada em questão pelo grupo terrorista, seja de cunho étnico, religioso, ou qualquer outra temática. Estes usuários não são membros da organização terrorista, mas simpatizam com a ideologia e *podem* estar inclinados a tomar parte da "causa" proferida. Neste caso, a web superficial tem um papel importante e a razão é simples — a maior parte dos usuários da web desconhece as outras regiões que a mesma possui e eles estão, praticamente, circunscritos à região da web superficial apenas. Sua simpatia por uma causa os leva a pesquisar o assunto em mecanismos tradicionais de busca, participar de fóruns, visitar páginas terroristas em busca de informações — ou até mesmo ser ludibriados por meio de ferramentas bastante conhecidas como Facebook, Instagram e Twitter. A transição de um "simpatizante" a "membro" tem uma alavancagem grande quando se trata desses mecanismos. Principalmente sobre o público jovem simpatizante e com acesso à rede mundial de computadores. Logo, a importância da internet não está amarrada apenas às situações enfrentadas pela burocracia dentro dos grupos, mas também está ligada aos elementos "de fora" do grupo. O recrutamento e as doações financeiras são exemplos disso. Naturalmente, parte dos simpatizantes que se tornam membros passa a transitar entre a web superficial e a web escura devido às necessidades circunstanciais. Ora propagam as ações do grupo e realizam operações de recrutamento de simpatizantes, ora estão inseridos na coordenação de alguma atividade que, naturalmente, requer a proteção das comunicações e o anonimato para dar cabo às operações.

O terceiro e último grupo é composto por indivíduos que não são membros do grupo terrorista e tampouco são simpatizantes da causa em questão. É a grande audiência, o *público internacional*, que observa passivamente as ações orquestradas pelo terrorismo sem manter qualquer tipo de contato com ele. Tratando-se do ambiente da internet, este grupo está massivamente inserido na porção da web superficial. São cidadãos de nacionalidades diferentes que, a partir do noticiário veiculado na web, tomam conhecimento das ações terroristas de forma passiva. Os grupos terroristas observam este grupo como sendo o alvo de suas propagandas, pois têm interesse em fomentar o terror nas massas. Quando noticiadas, suas operações têm o poder de horrorizar, intimidar e criar abalos psicológicos em um grande número de indivíduos — o que faz parte de seus objetivos e lhes provê reconhecimento perante a comunidade internacional.

Quando eu estava no terceiro ano do ensino médio, me recordo que ao redor da mesa de um amigo um grupo grande de colegas se reunia. Estavam em silêncio e mal dava para enxergá-lo. Eu e uma amiga, tomadas pela curiosidade, nos aproximamos da mesa e com olhos muito curiosos identificamos que ele estava com seu notebook ligado e plugado na internet via Wi-Fi. Antes que eu pudesse perguntar sobre o que se tratava, vi um vídeo na tela do computador. Um homem estava amarrado e com os olhos vendados. Ele estava ajoelhado na frente de outros homens, dessa vez encapuzados, que falavam em árabe. Você provavelmente já escutou falar sobre essa técnica absurda de terrorismo promovido para causar perturbações psicológicas nas pessoas que veem e, assim, instalar o terror. Muitos jornais notificam quando uma ação dessa é executada por membros de grupos terroristas justamente por causar um choque gigantesco devido ao ato. Naquela época, ainda não se tratava do grupo ISIS. Eu, honestamente, não me recordo qual grupo estava por trás do vídeo que eu havia visto. Ainda hoje, me recordo de cada detalhe daquela triste e sofrível cena. Tenho certeza que vou me recordar para sempre daquele ato brutal e bárbaro.

Como pudemos ver, grupos terroristas utilizam as duas porções da web, web superficial e web profunda (em sua subcategoria web escura), para atingir seus objetivos. Eles transitam entre os dois lados para satisfazer suas necessidades plurais. A web superficial tem a função de *conectar* o grupo terrorista com os elementos externos a ele: simpatizantes, público internacional, veículo de propaganda, entre outras coisas. Enquanto isso, a web escura, os auxilia a *desconectar* com esses grupos externos: proteção da comunicação entre as células do tecido terrorista, aumento considerável da privacidade e segurança do grupo, uso de criptografia que possibilitam a "blindagem" das informações, especialmente as de cunho estratégico e operacional

Ciberterrorismo

Você já sabe que o espaço da internet é diferente de outras vias de comunicação. Qualquer um munido de um dispositivo com acesso à rede mundial pode emitir uma mensagem e impactar milhares, até milhões, de pessoas. Tudo sem a necessidade de um intermediário, como é o caso da televisão ou o rádio. O diálogo é direto. A facilidade que a internet trouxe para as nossas atividades diárias, também evidencia o quanto estamos expostos a ataques cibernéticos (Figura 4.2). E mais: atribuir um ataque cibernético a um agente específico é um grande desafio.[4]

Figura 4.2: Apesar das facilidades que a internet nos oferece no dia a dia, é necessário tomar cuidado com ataques cibernéticos.

Alguns autores já discutem sobre a existência das "ciberguerras".[5] O termo "ciberterrorismo" é parcialmente conhecido pelo público, porém, é de difícil definição, assim como o próprio terrorismo. Catherine Theohary, especialista em políticas de segurança nacional dos Estados Unidos e operações de informação, e John Rollins,[6] indicam que existe uma pluralidade de atores neste cenário: ciberterroristas, ciberespiões, ciberladrões,

---

4 Thomas Rid e Ben Buchanan (2014) articulam sobre este desafio específico na pesquisa que realizaram sobre a atribuição de ataques cibernéticos, publicado no *Journal of Strategic Studies*.

5 LIBICKI (2009), SINGER; FRIEDMAN (2014), GARTZKE (2013), RID (2013), DAVIS (2015).

6 Os autores formularam um relatório sobre o assunto para os membros e comitês do congresso norte-americano em 2015. *Cyberwarfare and Cyberterrorism: in Brief*. Disponível em: <https://fas.org/sgp/crs/natsec/R43955.pdf>. Acesso em: 7 jul. 2016.

ciberguerreiros e ciberativistas. Estes atores formam um verdadeiro "ecossistema" digital. Em comum, estes "ciberagressores" utilizam táticas de ciberataques no desenvolvimento de suas ações. Segundo os autores, algumas análises legais definem "ciberterrorismo" como "o uso premeditado de atividades disruptivas, ou a sua ameaça, contra computadores e/ou redes, com a intenção de causar danos ou objetivos similares de ordem social, ideológica, religiosa, política, ou para intimidar qualquer pessoa no adiantamento dessas ações" (tradução própria).

Os alvos dos ataques cibernéticos são, principalmente, as infraestruturas digitais. Uma das táticas mais empregadas é o "ataque de negação de serviço" (em inglês, *denial of service attack — DoS attack*). Este ataque direciona tráfego intenso para um servidor, de modo que o mesmo fique "saturado" de pedidos. Assim, qualquer outro indivíduo que tentar acessar o servidor, não terá sucesso por conta de sua sobrecarga. Quando você tira servidores do ar, eles se tornam indisponíveis por uma determinada fração de tempo. Isso é preocupante porque muitas infraestruturas que utilizamos em sociedade como, por exemplo, redes de gás e energia elétrica, transportes aéreos, utilizam redes digitais. Elas podem se tornar alvo de ataques cibernéticos e ter seu funcionamento comprometido. Percebe? Muitas de nossas infraestruturas estão integradas com a tecnologia. Não é complicado entender que ataques cibernéticos têm o poder de atacar setores da economia e custam muito dinheiro.

No final de 2014, os jornais de todo o mundo noticiaram um ataque cibernético perpetrado contra a Sony Entertainment. O ataque tinha causado danos aos sistemas de informações da empresa, além de divulgar mensagens eletrônicas privadas, e destruir estações de trabalho e dados. Me recordo que os jornais apontavam a responsabilidade para o governo da Coreia do Norte. O motivo era muito simples: nessa época, a Sony lançaria muito em breve o filme de comédia *A Entrevista* (2014), dirigido por Evan Goldberg e Seth Rogen, cujo enredo tratava sobre o assassinato do líder norte-coreano por parte de duas figuras do entretenimento norte-americano, representados na tela por James Franco e Seth Rogen. Como se sabe, a Coreia do Norte é identificada por críticos como sendo uma ditadura totalitária centrada na figura de Kim Jong-un. Os jornais noticiaram que a inteligência norte-americana ligava os ataques cibernéticos ao governo da Coreia do Norte — que negou o envolvimento.

Ao que tudo indicava, o ato foi realizado por um grupo norte-coreano autointitulado "Guardians of Peace" ("Guardiões da Paz", em uma tradução literal) e o FBI iniciou investigações. A Sony foi ameaçada caso seguisse com a pré-estreia marcada para o final daquele ano, assim como as salas de cinema dos Estados Unidos que exibissem o filme. Caso isso acontecesse, essas salas seriam alvos de ataques terroristas. Hollywood estava em caos. Por esse motivo, muitas celebridades e críticos ficaram surpresos quando a Sony decidiu cancelar a pré-estreia. Alguns utilizaram a plataforma Twitter para expressar a frustração: o ator Rob Lowe comentou "Uau, todos cederam. Os hackers ganharam. Uma total e completa vitória para eles. Uau."; enquanto o astro Zach Braff disse "Cancelar *A Entrevista* parece que definiu um precedente bastante horrível".[7] O caso do ataque cibernético a Sony Entertainment foi visto como o primeiro grande ataque ciberterrorista da era digital com consequências financeiras, ideológicas e morais para a realidade fora do virtual.

---

[7] Traduções próprias.

Mas nem todo ataque cibernético necessita ser complexo. Um estudo realizado pela empresa de segurança, bastante conhecida do público, McAfee,[8] revelou que as redes e os sistemas de controle dessas infraestruturas dependentes da tecnologia digital sofrem ataques cibernéticos constantemente. Nem todos os ataques têm o mesmo potencial de golpe. Alguns têm complexidade baixa, como é o caso dos "ataques de negação de serviço" (DoS Attack), outros têm complexidade mais elevada, como as tentativas de penetração em redes com o objetivo de espionagem. Aliás, muitos especialistas em segurança acreditam que governos oficiais possam estar por trás dessas operações. Afinal de contas, o ciberespaço se tornou uma "extensão" do mundo real e não mais um espaço imaginário e independente. Por essa razão, ganha força também o estímulo a criação de novas tecnologias que possam oferecer segurança e proteção aos usuários. A consciência coletiva sobre os riscos que vem da internet lentamente desperta na segunda década do milênio.

A preocupação é justificada. Se ataques cibernéticos capazes de desestruturar uma complexa rede de infraestruturas das quais a sociedade é dependente são possíveis, então questões como o desenvolvimento da cibersegurança, sua definição no âmbito jurídico, os esforços da comunidade internacional para se chegar em consensos e avanços relativos à questão, são absolutamente fundamentais para o funcionamento saudável do tipo de sociedade que vivemos hoje e queremos no futuro próximo. Afinal, como resultado dessas ações temos violência gerada contra agências governamentais, instituições oficiais, e também contra alvos não combatentes — usuários comuns da web. A web escura pode ser uma alternativa relevante de uso da rede.

---

8 O estudo é intitulado *Sob Fogo Cruzado* e está disponível na página da empresa, em <http://resources.mcafee.com/content/LTAM_CIPreport_BR>. Acesso em: 2 jun. 2016.

CAPÍTULO 5:
ANONYMOUS

As redes anônimas que compõem a web escura são ambientes férteis para a proliferação de páginas com conteúdo ilícito. Quando escutei pela primeira vez sobre o assunto "Deep Web", lembro-me de ter ficado chocada quando um amigo enviou para mim *print screens* do submundo digital. Naquela época, a distinção entre Deep Web e Dark Web não era discutida, pouquíssimas pessoas tratavam deste assunto com algum rigor. Os termos eram facilmente confundidos entre si e não existiam definições muito claras. Me recordo que ele contou para mim e nosso grupo de amigos, na fila do restaurante universitário, que tinha entrado algumas vezes nessa tal de Deep Web, mas que não havia perambulado muito por lá porque tinha um relativo receio de "hackers à solta". Nenhum de nós sabia sobre o assunto então fizemos ele nos prometer que mandaria alguns *print screens* quando chegasse em casa.

Assim que abri o meu e-mail, fiquei boquiaberta: as imagens refletiam a rede anônima Tor e alguns sites alocados ali. Uma das primeiras imagens que apareceu na minha tela foi de uma página que exibia uma espécie de classificados. Muitas pessoas ofereciam serviços de assassino de aluguel. Os anúncios eram detalhados e, em alguns casos, estipulavam preços para os métodos de assassinato ou "susto": um dos preços mais em conta oferecia o serviço de sequestro-relâmpago. O objetivo era dar um "susto" na vítima. O preço aumentava caso o cliente desejasse que a vítima sofresse abuso sexual. Se desejava o assassinato de alguém desconhecido, o preço era ainda maior. E caso a pessoa fosse relativamente conhecida, por exemplo, um político ou celebridade, o preço chegava ao seu pico máximo. Afinal de contas, os riscos de captura que o assassino passaria com uma pessoa conhecida seria maior, segundo o anúncio. Além de tudo isso, o serviço ainda contava com a apresentação de uma "prova" do crime cometido que, normalmente, era uma foto do corpo da vítima. A transação financeira, como você pode imaginar, era realizada pela moeda Bitcoin.

Outro *print screen* relatava uma espécie de fórum em que diversas pessoas publicavam suas experiências canibais. Eu fiquei horrorizada quando percebi que as fotos mostravam panelas e frigideiras contendo o que, supostamente, seria carne humana. Segundo os relatos do fórum, muitos usuários mutilavam a si mesmos para colher um pedaço de carne e, normalmente, preparavam as "refeições especiais" com muito cuidado em datas consideradas especiais. Lembro de ter visto o que seria um dedo humano numa panela e ter fechado imediatamente a imagem. Meu estômago estava mais do que embrulhado. Era difícil descrever a sensação.

Acho que a curiosidade e a sensação de segurança (afinal de contas, eu não estava dentro da tal Deep Web, eu estava apenas "observando" *print screens* na minha tela) me mantiveram atenta às outras imagens. Não me mantive por muito tempo. Mas me recordo de ter visto imagens de rituais com, supostamente, sangue. Também vi fotos de pessoas que mutilavam seus próprios genitais e discutiam sobre métodos e modos de fazer, além de, aparentemente, sentirem um grande prazer com esses atos. A última foto que vi foi de uma jovem menina. Ela não deveria ter mais do que nove anos e sua barriga era protuberante. Tudo indicava que estava grávida. Fechei imediatamente o e-mail, deletei todas essas informações e fui dormir horrorizada com o que eu havia acabado de olhar. Todas aquelas imagens perturbaram meu psicológico de tal forma que não consegui dormir aquela noite.

É bem provável que caso você já tenha escutado sobre Deep Web e Dark Web (web profunda e web escura, respectivamente), então pensou em casos "macabros do submundo da internet". Acredito que este é o aspecto mais "famoso" dessas regiões da web, justamente por seu conteúdo despertar grande repulsa, curiosidade e choque. Tudo ao mesmo tempo. Esse é um dos grandes desafios e críticas às redes que compõem a web escura: a sua natureza tecnológica permite um alto grau de segurança e proteção, o que pode, indiretamente, estimular grupos a praticar atos que de outro modo não praticariam. As redes de pedofilia que navegam nessa região representam um grande desafio para as forças policiais e investigativas ao redor do mundo.

Em 2013, o grupo Anonymous, um coletivo de pessoas hacktivistas, realizou uma operação dentro da web escura (especificamente, na rede Tor) para combater e desmantelar as redes de pedofilia no âmbito do ciberespaço. Batizada de "Operação Darknet", o grupo atacou os servidores da página Freedom Hosting. Esses servidores, além de outras coisas, armazenavam o conteúdo de pornografia infantil de mais de 40 páginas sobre pedofilia. Inclusive, de uma das páginas mais conhecidas do meio, a Lolita City, que tinha mais de 100GB de dados armazenados nos servidores da Freedom Hosting. Esse ataque feria diretamente um grande grupo de usuários que consumiam e forneciam conteúdo pedófilo. Em muitos casos, as próprias páginas oferecem "membresia" a partir do pagamento de uma taxa mensal. O usuário ganhava um login, senha, e poderia consumir o conteúdo digitalmente, vendo vídeos, fotos e muitas vezes participando de *live streamings*.[1] Além de atacar os servidores, o Anonymous divulgou o banco de dados armazenado nos servidores que continham detalhes sobre os usuários dessas páginas: milhares de nomes de usuários foram divulgados, assim como a quantidade de uploads de arquivos por usuário e por quanto tempo ele era membro.[2] Eventualmente, o Freedom Hosting fechou as portas naquele mesmo ano.

Em janeiro de 2017, os jornais ao redor do mundo reportaram o ataque feito por hackers, que se diziam afiliados ao grupo Anonymous, aos servidores do Freedom Hosting II. Neste novo ataque, quase quatro anos após o primeiro, os Anonymous afirmaram que, como mais de 50% do conteúdo armazenado nos servidores eram relacionados a pornografia infantil, então eles se viam na obrigação de esvaziá-los. A política do grupo é de tolerância zero em relação ao abuso sexual infantil.

Identidade do Anônimo

Além do WikiLeaks, um outro grupo que vem ganhando espaço na mídia e provém da web, é o *Anonymous*. Você já deve ter escutado falar alguma coisa a respeito. Eles são a organização por trás do movimento Occupy Wall Street que esteve nos noticiários há alguns anos. O Anonymous é conhecido por ser um grupo de *hacktivismo*, uma junção das palavras *hacker* e *ativismo*. Seu símbolo mais conhecido é uma máscara representativa de Guy Fawkes

1 Vídeos ao vivo.

2 Kristin Finklea relata este evento no relatório preparado para membros e comitês do congresso norte-americano de março de 2017. Disponível em: <https://fas.org/sgp/crs/misc/R44101.pdf>. Acesso em: 4 ago. 2016.

(Figura 5.1),[3] bastante conhecida do público pela exposição que teve no filme *V de Vingança* (2005), dirigido por James McTeigue, estrelado por Natalie Portman e Hugo Weaving e baseado na *graphic novel* homônima de 1988, de Alan Moore e David Lloyd.

FIGURA 5.1: DESENHO DA MÁSCARA DE GUY FAWKES, UM DOS SÍMBOLOS MAIS CONHECIDOS DO GRUPO ANONYMOUS.

O surgimento do grupo foi bastante espontâneo. Ele foi formado em 2003 de forma difusa por meio de *image boards*[4] da página 4Chan. Essa página já rendeu bastante polêmica. Ela foi criada em 2003 por um adolescente de 13 anos, Christopher Poole, que trouxe a ideia do usuário anônimo como um elemento participativo de discussões e debates. Até então, para participar da maioria dos fóruns, era necessário ter um login e senha para acessar o seu nome de usuário e foto de perfil. Era comum as pessoas não

---

3 Guy Fawkes foi um soldado inglês católico que participou da Conspiração da Pólvora, em 1605. O objetivo dessa conspiração era matar o Rei Jaime I e os membros do Parlamento inglês durante uma sessão para dar início a um levante católico. Suas habilidades como soldado o tornaram responsável pelas explosões de barris de pólvora no Parlamento, que nunca aconteceram. Capturado no dia 5 de novembro de 1605, e posteriormente torturado, Guy Fawkes confessa sua participação e é morto no dia 31 de janeiro do ano seguinte. Ele é lembrado na Inglaterra por cantigas referentes à Conspiração da Pólvora, e se tornou símbolo da rebeldia e da anarquia.

4 As *image boards* são semelhantes às *message boards*, com a exceção que, além dos textos, imagens também podem ser compartilhadas.

utilizarem fotos próprias, mas sim de ícones dos quais tinham apreço, piadas ou, se o fórum fosse específico, sobre algum seriado, por exemplo, assim fotos das personagens apareciam junto ao seu nome de usuário. Poderia ser tanto uma identificação direta (o usuário colocava sua própria foto de rosto e o seu nome) ou indireta (ele inseria qualquer outro nome e uma foto que não fosse de si mesmo). Os fóruns propiciavam um ambiente para o surgimento de amizades por atribuir um sentido de coletivo.

A ideia por trás do 4Chan é razoavelmente simples: os usuários criam tópicos de discussão para iniciar o debate em torno de qualquer assunto proposto. O usuário também pode anexar imagens na sua fala. Quando um tópico é criado, os membros do fórum podem expressar o desejo de participar do debate em questão contribuindo com comentários. Neste caso, a cada membro é atribuído um nome e uma imagem. Existe a opção de ser anônimo (sem nome) e também de não possuir uma imagem. A política da página de permitir usuários anônimos abre espaço para vozes sem identificação e que discursem sobre qualquer assunto sem limites, teoricamente.

Aquele usuário que não desejasse se identificar poderia dar sua contribuição sob o pseudônimo de "anônimo". O conceito de anonimato faz parte da cultura da internet e, até hoje, muitas pessoas acreditam que a web de todo dia pode realmente tornar uma pessoa anônima quando ela expressa suas opiniões ou se comunica com alguém. Sabemos que isso não é verdade. O anonimato não é garantido.

Dentro do 4Chan, aquele conjunto de "anônimos" tornou-se a ideia por trás do grupo Anonymous. O nome foi inspirado nos diversos "anônimos" que, embora não tivessem uma identificação, contribuíram e participaram ativamente de debates ao redor da web. Uma legião de pessoas sem rosto, mas com vozes (Figura 5.2).

Figura 5.2: O grupo Anonymous é formado por incontáveis indivíduos que realizam suas atividades permanecendo com suas identidades ocultas.

O grupo é formado por indivíduos livres e independentes que, juntos, caminham segundo um propósito comum. Defini-los é uma árdua tarefa, pois o grupo é difuso e unido pela vontade livre de pertencer a um coletivo de ação. O grupo adota convicções de justiça e tem uma posição antiliderança e anticensura bastante presente. O Anonymous não possui um líder, diferentemente da WikiLeaks, que é vinculada à figura de Julian Assange. Eles mantêm o grupo aberto, qualquer pessoa pode fazer parte, qualquer pessoa é bem-vinda — desde que compartilhe dos valores do grupo. Anonymous é mais uma ideia do que um corpo físico de pessoas. Junta, a legião de anônimos desenvolve táticas de protesto no mundo cibernético — meio pelo qual operam seu *hacktivismo*.

Transformação

A verdade é que o grupo sofreu uma grande transformação desde seu início até os dias atuais. Ao que tudo indica, houve um amadurecimento político expressivo. Bem no começo, o grupo era conhecido na web por ser um ávido praticante do *trolling*.[5] No bom português do Brasil, seria a turma da "zoeira sem limites", voltada a criação de conteúdo de humor e memes variados. O sentido de coletivo nasceu aqui. Com o tempo, desenvolveram-se características de ativismo que, de forma recorrente, trabalham com a mobilização de pessoas em torno de uma causa legítima utilizando comunicações em rede de forma anônima. Essa mudança proveniente do amadurecimento fez o grupo expandir-se globalmente e atuar em diversos casos ao redor do mundo, além de frutificar suas atividades também pela web profunda. A frase mais impactante e característica do grupo (Figura 5.3) diz o seguinte: "Nós somos Anonymous. Somos uma legião. Nós não esquecemos. Nós não perdoamos. Esperem por nós".

FIGURA 5.3: BANDEIRA DO GRUPO ANONYMOUS.

[5] *Trolling*, na linguagem da internet, significa "fazer traquinagem com uma pessoa, pessoas ou organizações, profanando a reputação e revelando informações humilhantes ou pessoais" (COLEMAN, 2013, p. 3, tradução nossa).

Casos Conhecidos

O grupo Anonymous esteve direta ou indiretamente envolvido nos seguintes casos:

a) **Projeto Chanology**: em 2008, um vídeo da Igreja da Cientologia, estrelado por Tom Cruise, caiu no YouTube — o qual foi retirado do ar a pedidos da Igreja. Supostamente, o vídeo era de circulação interna e mostrava o ator discursando sobre assuntos da Cientologia. O vídeo foi motivo de piada entre usuários do 4Chan. Acreditando-se que a Igreja havia praticado um ato de censura, o grupo criou o Projeto Chanology com o intuito de organizar ataques para retirar páginas da Cientologia do ar. Em seguida, declararam guerra à Igreja, reafirmaram a proteção à liberdade de expressão e apontaram que membros da Cientologia são explorados financeiramente;

b) **vingança por Julian Assange**: diante da repercussão do caso WikiLeaks e, em especial, após sofrer duras pressões para remover o conteúdo das cartas diplomáticas do ar, o grupo Anonymous declarou seu apoio à organização e realizou ataques a bancos e bandeiras de cartões, por estas dificultarem as doações remetidas à WikiLeaks. Esses ataques consistiam em derrubar os servidores e tirar as páginas do ar. Sobrou até para a promotoria sueca que teve sua página oficial na web suspensa;

c) **apoio à Chelsea Manning**: depois que informações sobre abusos sofridos no cárcere por Chelsea Manning surgiram, o grupo ameaçou iniciar uma série de ataques cibernéticos com o objetivo de expor informações privadas dos membros da base onde Manning se encontrava presa;

d) **Primavera Árabe**: o Anonymous contribuiu em grande medida para as conhecidas revoluções que aconteceram no Oriente Médio e no norte da África, a partir de dezembro de 2010. Como se sabe, a Primavera Árabe foi o nome dado às revoltas populares, manifestações e protestos contra os governos autoritários de diversos países árabes, conhecidos pela corrupção, despotismo, e baixas condições sociais de vida — essas revoltas culminaram na queda de diversos ditadores. O grupo Anonymous contribuiu para as revoluções realizadas na Tunísia, Egito, Líbia, ao atacar páginas oficiais do governo em apoio às revoltas das massas;[6]

e) **Occupy Wall Street**: em uma tradução literal, "ocupe Wall Street" — importante reduto financeiro em Manhattan, Nova York, Estados Unidos. O movimento "Occupy", como ficou conhecido, é um movimento de protesto contra as desigualdades sociais e contra a influência dos que têm recursos (sobretudo empresas) sobre o governo dos Estados Unidos. O grupo Anonymous deu apoio às manifestações e inúmeras máscaras de Guy Fawkes surgiram nos noticiários;

f) **Operação Darknet**: nós comentamos esta operação no início do capítulo. Ela foi lançada em todas as páginas da web escura que hospedassem pornografia infantil. O objetivo do grupo era remover o acesso a esse tipo de conteúdo. Virtualmente, isso era praticamente impossível. Como localizar todos os servidores que abrigam conteúdo deste tipo? O alvo principal se tornou o servidor Freedom

---

6 A história foi transmitida por diversos meios de circulação, inclusive o jornal estadunidense *The New York Times*. Disponível em: <http://www.nytimes.com/2011/02/03/world/middleeast/03hackers.html?_r=2>. Acesso em: 31 mai. 2016.

Hosting, que possuía em seu domínio o maior conteúdo já registrado de pornografia infantil. Eles voltaram a operacionalizar uma estratégia semelhante ao servidor Freedom Hosting II em 2017, pelo mesmo motivo;

g) **anti-SOPA**: conhecido como SOPA, o projeto de lei norte-americano intitulado de "pare a pirataria online"[7] sofreu severas críticas por parte da sociedade. O SOPA ampliava as formas pelas quais os proprietários da autoria de um conteúdo tinham de combater a pirataria online. Na prática, a lei possibilitaria que os detentores das autorias pudessem obter ordens judiciais contra páginas que hospedassem conteúdo que não atendesse aos direitos autorais, incluindo aquelas que não estivessem em território norte-americano. Além disso, previa meios para que essas páginas não fossem encontradas pelos mecanismos de busca convencionais e muito menos pela própria barra de endereços — já que esses domínios seriam filtrados. Ou seja, mesmo que você digitasse o nome da página, ela não apareceria no Google. E se você soubesse o domínio de cabeça, poderia digitar na barra de endereços do navegador e, mesmo assim, ela não abriria. Como forma de protesto, o Anonymous retirou as páginas do ar do Departamento de Justiça, FBI, Universal Music Group, e outras, e ainda tornaram os serviços muito lentos;

h) **guerra ao Estado Islâmico**: durante o ano de 2015, o grupo Anonymous declarou guerra ao Estado Islâmico. Dois momentos contribuíram para o anúncio e sua posterior confirmação: primeiramente, em janeiro daquele ano, o jornal satírico *Charlie Hebdo* foi alvejado por terroristas

[7] Tradução própria de *Stop Online Piracy Act* — SOPA.

radicais islâmicos que mataram 12 pessoas. O *Charlie Hebdo* era conhecido por publicar charges sobre diferentes temas, inclusive retratando a figura de Maomé. Segundo, no mesmo ano, Paris sofreu atentados terroristas revindicados pelo Estado Islâmico. As ações do Anonymous concentraram-se na busca de nomes de membros do Estado Islâmico, suas contas bancárias e suas localizações. Por problemas de divergência na opinião das operações, o grupo Anonymous se dividiu. Seus dissidentes fundaram um novo grupo, o Ghost Security Group, que trabalha junto ao governo dos Estados Unidos. Enquanto o grupo Anonymous se concentra em realizar ataques importantes às páginas do Estado Islâmico, o grupo Ghost prefere se "infiltrar" e agir como espiões cibernéticos do grupo muçulmano, a fim de capturar informações e dados relevantes para as operações norte-americanas.

Como você percebeu o Anonymous usa o anonimato e a imprevisibilidade para orquestrar ações políticas por meio de atos cibernéticos. Vivemos em uma era que caminha para a integração tecnológica e cujos governos são, em diversos casos, cúmplices da vigilância perpetrada por empresas e corporações — quando não o próprio governo! — que buscam espionar os cidadãos para tirar vantagem própria. O grupo Anonymous se apresenta como um forte contraponto por utilizar tanto a web superficial, como a web escura, para ecoar vozes anônimas resistentes a identificação de interlocutores e mensagens. O grupo mostra que a sociedade detém meios de proteger sua privacidade e buscar segurança nas comunicações digitais da nova era.

CAPÍTULO 6:

O LADO BOM E RUIM DA WEB

O mundo mudou substancialmente desde a invenção da internet e da *World Wide Web*. Nossas comunicações antes realizadas no plano físico deram lugar ao plano cibernético. Estamos envoltos por cabos e aparelhos eletrônicos que estão integrados a uma rede global de fácil acesso, diariamente (Figura 6.1). Eu ainda fico impressionada que, de qualquer lugar com acesso a uma conexão, eu possa puxar o meu celular do bolso e ver um vídeo ao vivo transmitido pela Estação Espacial Internacional. Já vi "Snapgrams"[1] de alguns astronautas quando eles estavam lá em cima e, inclusive, acompanhei a jornada de um deles toda através da plataforma Instagram.[2] A verdade é que vivemos plugados e sintonizados constantemente. A internet abriu caminho para uma sociedade que não diz por quantas horas devemos utilizar o computador ou qualquer outro dispositivo eletrônico.

1 É o "apelido" dado ao serviço de pequenas sequências de vídeos públicos que um usuário da plataforma pode fazer para os seus seguidores ou outros usuários da rede. Essa função é similar ao que propõe a plataforma Snapchat.

2 O astronauta norte-americano Scott Kelly passou 365 dias no espaço e publicou atualizações nas mídias sociais.

FIGURA 6.1: ATUALMENTE TEMOS ACESSO À INTERNET ATRAVÉS DE DIVERSOS DISPOSITIVOS ELETRÔNICOS, COMO PCS, TABLETS E SMARTPHONES.

Como resistir a este movimento quando a maior parte do mundo globalizado simplesmente absorveu a internet? De maneira a afetar suas cadeias de produção, transações financeiras, economias, setores da educação ao redor do mundo, a população trabalhadora ativa... Retornar a um estágio anterior? Impensável. Não *acessamos* a internet. Nós simplesmente a *vivenciamos*. Essa realidade é mais intensa e presente nos centros urbanos, mas não é exclusiva deles.

Paralelo a isso, somos bombardeados constantemente nos noticiários e, especialmente, em fóruns e grupos da web sobre a falta de privacidade de nossas comunicações. Quem nunca ouviu falar de Edward Snowden? A vigilância e o monitoramento da rede são fatos que, com um pouco de atenção, podemos averiguar a cada vez que utilizamos a web de superfície. São anúncios que aparecem "coincidentemente" em nossos navegadores e que possuem uma linha de semelhança com um determinado termo que utilizamos em nossas buscas anteriores pela rede. Ou ainda websites que parecem nos "reconhecer" de outras visitas e sugerem compras, serviços e produtos que têm muito a ver com nossas preferências pessoais! Me recordo de uma vez que trocava e-mails com o meu pai sobre quando iria visitá-lo no Rio de Janeiro novamente. Quando saí da minha conta e fui fazer uma pesquisa qualquer no Google, os anúncios, "coincidentemente", passaram a ser sobre turismo, passagens aéreas, pontos turísticos do estado do Rio de Janeiro etc. Achei que estivesse ficando um pouco paranoica. Tive uma surpresa quando descobri como funcionam as tecnologias por trás dos anúncios digitais. Não era coincidência. Era proposital.

Tratam-se de informações e dados que encontram uma "brecha" no sistema e, como em um passe de mágica, podem vazar para empresas e órgãos do governo sem que tenhamos consciência sobre isso, ou sequer *autorizado* determinada ação (Figura 6.2). São muitos os exemplos que nos cercam, mas, curiosamente, a própria "internet" que nos tira a privacidade pode ser nossa maior aliada na guerra constante contra a vigilância constante, o monitoramento das atividades e contra a censura que cerca milhões de pessoas diariamente.

FIGURA 6.2: A QUESTÃO DA VIGILÂNCIA É UM DOS GRANDES PROBLEMAS DA INTERNET, JÁ QUE INSTITUIÇÕES POR VEZES DESRESPEITAM A PRIVACIDADE DOS USUÁRIOS DA WEB.

Dentro desse contexto, se pararmos para pensar sobre o papel do anonimato e da criptografia em nossas comunicações, podemos ter uma *dimensão* da relevância que a web escura tem dentro de uma sociedade em constante integração tecnológica — porém refém da vigilância, aparentemente, "inerente". Se *vivemos* a internet, precisamos entender que a maior parte de nós a *vive* de modo controlado e monitorado por terceiras partes. Por mais chocante que isso venha a parecer.

No entanto, existe também outra realidade de uma pequena parcela igualmente impressionante: existem pessoas que se colocam à *margem* da vigilância e são conscientes da presença quase onipresente do Estado e das empresas na esfera digital de suas vidas. E, ainda assim, *triunfam* na conquista de resguardar direitos universais e apresentam sérios desafios à autoridade estatal. Esse grupo é formado por indivíduos que, por razões pessoais, ideológicas ou filosóficas, defendem seus direitos à privacidade. O problema é que muitas pessoas mal-intencionadas também se aproveitam dessa tecnologia disponível para realizar atividades criminosas também. Os motivos para utilizar redes anônimas e criptografia além de outras ferramentas de proteção são variados. O mais incrível de tudo isso? O usuário médio, assim como você, pode ter acesso a essas ferramentas digitais.

Hoje sabemos que é possível quebrar as amarras que nos prendem à web superficial, e, consequentemente, à onipresente vigilância, e assim nos colocar de frente com todo o potencial que a internet tem a nos oferecer. O desafio é saber por onde começar, em que fontes se deve confiar, como se informar e buscar determinados conhecimentos, como se proteger de armadilhas — enfim, responder a uma série de questionamentos que nos surgem quando somos principiantes em uma "arte" ou um "ofício". Caminhamos para uma integração cada vez mais evidente, e isso justifica nossa procura por conhecer esse novo ambiente e se preparar para ele — nada mais natural.

Bem, sabemos que parte da web escura é acessível ao Tor. Ele está disponível para download por meio da página oficial do projeto.[3] O usuário em potencial necessita instalá-lo em seu dispositivo de conexão à rede[4] para ter o benefício de uma conexão relativamente[5] segura e anônima — já que o rastreamento do destino e da origem do circuito é comprometido. Você verá nas páginas adiante que, isto é um dos grandes trunfos do projeto Tor.[6] Aliás, as três redes que você verá (Tor, Freenet e I2P) têm sucesso entre os usuários por conquistarem a proteção da privacidade com relativa eficácia. Mas, de todas elas, a rede Tor tornou-se a mais conhecida – talvez porque foi a pioneira.

O Perfil dos Usuários

A conquista e o desafio de redes como Tor, Freenet e I2P se tornam ainda mais aparentes quando analisamos o perfil do usuário que as utiliza. Todos desejam segurança e proteção de suas comunicações. A privacidade é um valor muito estimado pelos usuários que navegam pelas águas da web escura, por razões variadas, que se estendem desde um posicionamento moral ou ideológico

---

3 Recomenda-se o download do Tor a partir do site oficial do projeto, por uma questão de segurança: <https://www.torproject.org/index.html.en>.

4 Existe a versão para computador e a versão para celular smartphone. Esta última versão, que funciona no sistema Android apenas, é mantida pelo Guardian Project, e encontrada em: <https://guardianproject.info/>.

5 Digo "relativamente" pois, da mesma forma que existem forças que prezam pelo anonimato, existem entidades e grupos que fazem um esforço para "quebrar" o sigilo de determinadas redes, realizando constantes pesquisas e investimento na busca por tecnologias que consigam atingir seus objetivos. Algumas vezes conseguem um pequeno sucesso, e outras vezes são bloqueados pela comunidade favorável ao sigilo. Esse conflito é constante.

6 Digamos que um determinado servidor na web receba um pedido proveniente da rede Tor. Este servidor visualizará esse pedido como tendo sua origem no nódulo final da rota — mas desconhecerá toda a trajetória do pedido, o que o impossibilitará de identificar o primeiro nódulo.

(como, por exemplo, não se dispor a abrir mão da privacidade por acreditar em determinados valores) até pelo posicionamento conflituoso com as normas sociais (cometer atos ilícitos que seguramente teriam repercussão caso fosse possível identificar o indivíduo). Navegam por essas águas, o intelectual que busca por conteúdos com mais qualidade, o jornalista do outro lado do mundo que busca proteger suas fontes de informação, denunciantes de atividades ilícitas dentro de grandes organizações; também passam por essa região assassinos de aluguel, pedófilos integrantes de redes de exploração infantil, traficantes de entorpecentes que migraram para a realidade digital que nos cerca, dentre muitos outros tipos de usuários. A web escura é feita tanto por "mocinhos" quanto por "bandidos" — e ainda aqueles que ainda não receberam uma nomenclatura, pois estão justamente no limiar entre as duas definições (Figura 6.3).[7]

FIGURA 6.3: NA WEB ESCURA, NAVEGAM INTERNAUTAS COM BOAS E MÁS INTENÇÕES.

[7] Aqui insere-se o caso da WikiLeaks, de Julian Assange, cujas atividades são difíceis de traçar no âmbito jurídico. Seu aspecto inovador torna-se um grande desafio aos juristas de todas as partes do mundo.

Conteúdo Lícito

Partindo dessa noção, podemos averiguar duas vertentes principais de usuários: os que utilizam essas redes para atividades lícitas e aqueles que as utilizam para fins ilícitos. Sabemos que a ideia de sigilo é bastante atraente para muitos grupos civis e militares — atraente inclusive para governos que desejam trocar documentos e informações de maneira segura e prática. Existem usuários que utilizam esses sistemas de forma a combater injustiças ou na busca por direitos que, virtualmente, inexistem tanto na web cotidiana como na realidade presente. A especialista em segurança doméstica dos Estados Unidos, Kristin Finklea,[8] elenca alguns motivos para o uso do anonimato nas atividades que variam desde propósitos legais às atividades ilegais. No conjunto, os usuários que buscam essas redes podem se enquadrar em uma das categorias seguintes:

a) **civis**: que, de alguma forma, se sentem bastante incomodados com a ideia de monitoramento de suas comunicações e decidem proteger seu direito à privacidade; isso não significa, necessariamente, que estes indivíduos estejam fazendo algo de errado, mas, certamente, estão preocupados com os rumos que as empresas e instituições governamentais estão tomando na esfera cibernética da vida em sociedade;

b) **parte de grupos contrários à censura**: a censura aqui se estabelece como a principal razão para que esta parcela de usuários utilize as redes Tor, Freenet e I2P. São indivíduos que estão sob o jugo de regimes autoritários, ou que vivem em democracias cuja liberdade de imprensa

8 FINKLEA, 2015.

está prejudicada por alguma razão, seja ela velada ou explícita. De uma forma ou de outra, a barreira da censura se mostra como um obstáculo, e essas redes são uma das formas de a transpor;

c) **ativistas políticos**: o ativismo político tem como fim uma mudança social ou política no tecido social por meio de ações diretas. Por este motivo, os indivíduos que buscam essa alteração são bastante visados pelo poder público e demais grupos da sociedade civil, principalmente aqueles contrários à sua visão e ideologia. O ativismo político, por ir de encontro a uma visão estabelecida, sofre represálias, ataques, e coloca seus protagonistas em situações de risco e vulnerabilidade — principalmente quando determinado ativista, no decorrer de sua luta, ganha notoriedade;

d) **dissidentes**: o termo *dissidente* é usado para determinar um indivíduo que diverge da opinião de seu partido ou grupo. Naturalmente se aplica àqueles que se opõem a um governo estabelecido: são os oposicionistas. O sigilo de suas comunicações acaba por lhes prover segurança;

e) **jornalistas**: são profissionais que necessitam do sigilo e da privacidade para expressar fatos e opiniões de relevante interesse público — além de, é claro, resguardar suas fontes jornalísticas. Em muitos países democráticos, o resguardo das fontes é matéria, inclusive, constitucional. É fácil compreender como a comunicação privada e segura auxilia o jornalista profissional no exercício pleno de suas funções, sem temer forças contrárias à liberdade de impressa e à liberdade de expressão. A organização Repórteres Sem Fronteiras é um exemplo, eles utilizam a rede Tor e, inclusive, produzem manuais para jornalistas sobre como instalar e utilizar o programa;

f) **denunciantes:** são pessoas que estão dentro de uma organização, empresa ou grupo e que reportam atividades ilegais ou desonestas a um indivíduo em posição de autoridade. No cinema, casos de denunciantes são conhecidos.[9] A posição de um denunciante é extremamente delicada e frágil.

Em comum, esse grupo de usuários utiliza o anonimato e a segurança da rede para a realização de atividades que estão dentro da legalidade, ou seja, eles não alimentam operações ilícitas. Alguns casos, como o da WikiLeaks e as revelações do ex-agente da *National Security Agency* (NSA), Edward Snowden, podem oferecer um desafio de interpretação jurídica, mas não se inserem *por completo* na ilegalidade — e muitas dúvidas sobre se de fato alguma parte pode se encaixar como "ilegal" acabam surgindo.

Esse grupo de usuários não é aquele que mais "chama atenção" da mídia e dos indivíduos habituados com o uso da internet. Na verdade, é incomum que saibamos a relevância que a web profunda (e suas demais categorias) tem nas atividades desses grupos. Conhecemos, talvez, alguns casos isolados que são noticiados pela mídia convencional, mas não compreendemos que existe um elemento em comum entre eles. Certamente algumas pessoas já ouviram falar do grupo de ativismo político *Anonymous* e do inovador grupo *WikiLeaks*, que ficou conhecido por revelar documentos sigilosos de muitos governos. O que as pessoas

---

9 O filme *A Informante* (2010), dirigido por Laryssa Kondracki, reporta o caso de uma policial e denunciante que expõe as Nações Unidas por acobertar escândalos sexuais na Bósnia do pós-guerra. Em 2016, foi lançado o filme *Snowden*, dirigido por Oliver Stone, que retrata a trajetória do ex-funcionário da Agência de Segurança Nacional (National Security Agency, NSA) e revela o sistema de vigilância global perpetrado pelos Estados Unidos e seus aliados.

desconhecem é que a web profunda teve reconhecida relevância para o sucesso de suas ações e atividades, como comentamos nos capítulos anteriores.

Conteúdo Ilícito

O segundo grupo de usuários frequentes de redes anônimas utiliza essas ferramentas digitais de anonimato e criptografia integradas à internet para realizar atividades e operações ilícitas. Os objetivos concentram-se em burlar as regras e leis existentes dos Estados, e até mesmo desafiá-los, para alcançar suas metas próprias. Estamos falando da parte criminosa da rede — uma porção que frequentemente é associada à *Deep Web*, ou web profunda.[10] É claro que a porção ilegal chama muito a atenção e, por esse motivo, criaram-se muitas lendas e contos sobre os "abismos da internet" onde vivem *hackers* e *crackers*, pedófilos, assassinos de aluguel, membros de organizações do tráfico humano e de órgãos além de outros grupos criminosos. Dá para entender o porquê de esse ter sido o "pedaço" mais comentado e alarmado da *Deep Web*. Felizmente, aprendemos que a web profunda não é feita apenas disso.

Que atividades esses usuários operam com o anonimato proporcionados por essas redes? Vejamos:

a) **venda de materiais roubados**: roubar um determinado produto no plano real e vendê-lo pode ser arriscado, afinal, em algum momento o contato direto entre as partes

[10] Deep Web (web profunda) e Dark Web (web escura) são espaços diferentes, apesar de serem comumente confundidos. A *Deep Web* é tudo aquilo que não é catalogado e indexado (não aparece nos resultados de busca) pelo Google, Bing!, Yahoo! ou qualquer outro mecanismo de busca. O fato de não aparecer na listagem de resultados não é proposital. A *Dark Web* é a porção da web que faz um esforço ativo (é proposital) para se manter alheia dos mecanismos citados e dos olhos de terceiros. É a região que se blinda e tende a permanecer anônima.

envolvidas ocorrerá. No ambiente da web escura, esses riscos caem a quase zero, devido ao estímulo do anonimato e da criptografia das comunicações. O produto pode ser enviado pelos correios e pago pela moeda Bitcoin, ou qualquer outra criptomoeda;

b) **venda de armamentos**: novamente o ambiente digital diminui os riscos que envolvem operações de vendas. Na web escura, é possível encontrar páginas dedicadas à compra e venda de armas sem qualquer discriminação, disponíveis para envio em muitas localidades do globo;

c) **pornografia na rede**: talvez um dos itens mais comentados quando se trata de "Deep Web" seja a pedofilia. Na web escura encontramos redes estruturadas de exploração sexual infantil, com venda de vídeos e fotografias, além de comunidades virtuais dedicadas à troca de informações sobre o assunto. Um dos grandes pontos inovadores é que o usuário da pornografia infantil não necessita entrar em contato direto com o vendedor desses conteúdos, ou com crianças, para cometer atos ilícitos. Ele pode "simplesmente" pagar um determinado preço para consumir o conteúdo de forma "digital". Isso protege o criminoso, além de aumentar o número de usuários em potencial, uma vez que, para ter acesso a esse conteúdo, basta uma conexão com a internet que pode ser realizada com segurança e conforto de casa ou do trabalho. As forças policiais encontram bastante dificuldade em lidar com exploradores e redes de consumidores ao redor do mundo;

d) **venda de drogas**: algumas páginas da web escura são dedicadas quase exclusivamente à venda de narcóticos. O caso mais famoso proveniente dessa região é o da página

Silk Road, como você já viu. A Silk Road era uma página de *e-commerce*[11] que reunia vendedores e compradores em seu domínio. Os produtos comercializados eram, em sua grande maioria, drogas, mas existiam também outras categorias de produtos. As drogas eram enviadas pelo próprio sistema de correio, lacradas e fornecidas nos endereços previamente requisitados. O pagamento? Pelo Bitcoin;

e) **assassinos e ladrões de aluguel**: indivíduos vendem seus "serviços" de assassinato ou roubo e cobram valores por tais operações. O anonimato e a segurança das comunicações propiciam uma comunicação segura entre as partes, e tais "serviços" têm sido recorrentes na web, deixando a força policial com grande desafio à sua frente;

f) **jogos de azar**: existem páginas dedicadas aos jogos de azar que são acessíveis a qualquer usuário que faça parte de uma das redes anônimas. Independente da legislação e boas fontes de lavagem de dinheiro, os sites de jogos de azar proliferam na rede e se colocam como mais um desafio às autoridades.

Como é de se notar, a variedade de conteúdos e atividades ilícitas no ambiente da web escura é bastante vasta. É claro que muitas atividades aqui descritas, além de outras não mencionadas, também encontram o caminho para a realização em áreas da web superficial. Elas ocorrem por lá *também*. A grande diferença é a camada "protetora" que as redes anônimas dão a essas atividades e indivíduos responsáveis por elas. Essa sensação de impunidade que circula entre os usuários é responsável pela expansão de suas

---

[11] Páginas de e-commerce são websites dedicados à realização de vendas de produtos e aproximam vendedores e compradores em uma plataforma que possui características distintas, como um "carrinho de compras", categorias definidas, preços e promoções, operações de login e logout, formas de pagamento, contas pessoais etc. São conhecidos sites de e-commerce o Amazon, o Aliexpress, dentre outros.

atividades e recrutamento de novos indivíduos para fazer parte dessas teias criminosas. O risco de ser detectado e descoberto é consideravelmente menor.

Outro fator importante a ser considerado: boa parte do mundo globalizado já acordou para a realidade tecnológica que nos rodeia. E muitos observam esse aprofundamento da interação social com os adventos tecnológicos como oportunidades para levar vantagem. Por exemplo, se antes os ladrões viam o banco da cidade como uma boa oportunidade de enriquecimento, apesar dos riscos envolvidos, atualmente os "ladrões de banco" da nossa era veem as transações financeiras realizadas a partir da web como uma chance de enriquecer ilegalmente. Novamente, a grande diferença é que, em vez de estarem se expondo ao risco de um confronto policial direto, com direito a chuva de balas e ferimentos reais, os bandidos estão mais preocupados com a possibilidade de rastreamento de suas operações digitais sem, de fato, se exporem ao risco de um confronto corporal. Se forem bem espertos e tiverem conhecimento técnico para realizar tal operação, podem se dar muito bem e "sumir" da web tão rápido quanto "entraram" nela através de uma conexão.

A verdade é que nossa sociedade ainda tem pontos bastante importantes a serem discutidos quando se trata de liberdades, direitos e situações jurídicas possíveis em relação ao ambiente cibernético oferecido pela internet. Como toda situação inovadora, as consequências começam a ser tratadas e averiguadas a partir das ocasiões que se apresentam. Os Estados têm fronteiras físicas e forças policiais que auxiliam no cumprimento de decisões judiciais, além de manterem a ordem e a paz nas sociedades. A internet, apesar de possuir estrutura física presente em vários países, tem seu ambiente cibernético de difícil definição jurídica — simplesmente existem vários fatores que contribuem para essa dificuldade. O ambiente digital desconhece fronteiras físicas, apesar de possuir fronteiras *dentro* de si mesmo,[12] o que pode ser traduzido como um dos desafios trazidos às autoridades estatais.

Casos Ilustres

Os três sistemas de acesso que mencionamos anteriormente, Tor, Freenet e I2P, compõem algumas das maneiras que o usuário pode obter acesso às páginas que, além de não serem indexadas por mecanismos de busca existentes na web superficial, realizam um esforço para manter o anonimato do usuário e servidores e prover criptografia nas comunicações entre dispositivos. Mas como o Tor é a rede que foi mais focada em estudos, artigos acadêmicos e até na própria mídia — e também é aquela que está na ativa há mais tempo —, as pesquisas aqui tiveram o ponto de vista dessa rede anônima. Ou seja, a investigação ficou restringida aos casos e estudos relacionados ao âmbito do software Tor.

Os casos que mencionamos nos capítulos anteriores tiveram o intuito de contribuir para a conscientização popular sobre o fenômeno da web profunda e seu impacto social. A verdade é que sabemos muito pouco sobre a internet e sobre a *World Wide Web*. Ficamos restritos apenas à medida de utilização em nosso cotidiano. Não sabemos sobre seu *funcionamento* no sentido técnico e geopolítico — e menos ainda sobre sua profundidade e as categorias que ajudam a compô-la. É preciso sair do "feijão

[12] Como Finklea (2015) aponta, as fronteiras judiciais e tecnológicas existem dentro da internet porque alguns países, por exemplo, detêm o domínio de endereços específicos de páginas na web. E não apenas isso: alguns endereços estão subordinados à especificidade de países; outras páginas requerem inscrição ou pagamentos para ter acesso; e outras ainda estão disponíveis além da fronteira da web superficial.

com arroz" se quisermos compreender em que medida nossos direitos e conquistas estão ameaçados e de que modo podemos ajudar a inibir os crimes cibernéticos. Só assim saberemos quais ferramentas estão à nossa disposição se pretendermos reverter o cenário que ameaça nossas liberdades e conquistas sociais. Se levarmos em consideração que muitos casos que fazem uso da web escura, seja nas redes Tor, Freenet ou I2P, é no mínimo curioso que pouco, ou quase nada, se comente sobre o pano de fundo sobre o qual se desenrolam muitas tramas: a web profunda! Acredito que isso acontece porque muitos investigadores podem não se aprofundar no aspecto técnico de cada caso, ou mesmo porque deixam de notar o nexo entre essas situações. Como perceber esse pano de fundo se nem ao menos ouvimos falar sobre sua existência, não é mesmo?

Dentre os muitos casos que tiveram alguma repercussão midiática, apenas alguns foram selecionados para a discussão e o motivo é bem simples: a quantidade de ocorrências é simplesmente grande demais para serem tratadas aqui. Por isso, os casos mais próximos do imaginário da população — justamente por terem sido noticiados pelos meios de comunicação convencionais — foram selecionados para o debate, além de terem relevante impacto no tecido social e importância para a comunidade internacional.

Como é de se notar, o assunto da tecnologia e da informatização do conhecimento é de grande relevância para a comunidade internacional. Caminhamos para um futuro de integração entre a realidade física da sociedade e as crescentes realidades cibernéticas que acontecem em paralelo. A internet corresponde como ferramenta principal de desenvolvimento e operação de muitos setores dentro de um Estado, inclusive no que diz respeito à segurança nacional. *Vivemos* tecnologia. Por este motivo, é surpreendente o despreparo das legislações de muitos países ainda em relação a este tema. A questão da realidade cibernética é pouco discutida entre as nações, ainda persiste uma "atmosfera" de segredo. Dois acontecimentos de grande relevância no cenário político mundial vieram alterar este quadro significativamente.

O primeiro acontecimento foi a divulgação em massa de arquivos e documentos sigilosos referentes à Guerra do Iraque e à diplomacia norte-americana pela organização WikiLeaks. Fundada em 2006 por Julian Assange, a organização se colocou na mira de Washington por suas ações. O segundo acontecimento bastante relevante foi a divulgação de um esquema de espionagem global perpetrado pelos Estados Unidos e seus aliados, denunciados por Edward Snowden, ex-agente da NSA, a jornalistas do jornal britânico *The Guardian*.

Em 2009, Barack Obama, 44º presidente dos Estados Unidos da América, realizou um discurso[13] ao povo norte-americano sobre cibersegurança. Alguns pontos bastante importantes foram mencionados, como a criação de um gabinete voltado à segurança cibernética, demonstrando prioridade neste ponto estratégico para a defesa do país. Esse evento marcou a primeira vez em que um líder de Estado discutiu sobre o assunto. Vejamos alguns pontos importantes.

Em seu discurso, Obama apresentou a infraestrutura digital dos Estados Unidos como objeto essencial para o sucesso de muitas conquistas do país no século XXI. Sendo o espaço cibernético tão real quanto o espaço físico em que vive a sociedade, ele admitiu que o mesmo dá poder tanto à sociedade para criar e

---

[13] O conteúdo do discurso pode ser encontrado na página da Casa Branca, no endereço <https://www.whitehouse.gov/the-press-office/remarks-president-securing-our-nations-cyber-infrastructure>. Acesso em: 30 mai. 2016.

construir bem como àqueles indivíduos que objetivam a destruição e a alteração da ordem estabelecida. Um dos pontos-chave da exposição de Obama foi o *reconhecimento* de que os Estados Unidos possuem um elevado grau de *dependência* das redes de internet e a *admissão da vulnerabilidade* dos sistemas utilizados pela nação. Os ataques cibernéticos sofridos pelo setor militar são diários. Por isso, Obama enfatizou que a prosperidade econômica do país no século XXI dependerá da *cibersegurança*, que será matéria de segurança pública, nacional e econômica. É fácil compreender o porquê: a vantagem tecnológica que os Estados Unidos têm é a chave para a dominância militar que possuem no sistema internacional — nada mais lógico do que a tratar como um assunto de segurança máxima do Estado. A infraestrutura digital será tratada como uma propriedade nacional estratégica e receberá atenção e proteção devidas.

O presidente Barack Obama quis enfatizar que a segurança cibernética se tornou parte essencial da estratégia de defesa dos Estados Unidos da América e, por isso, criou um gabinete ligado à Casa Branca para tratar dessa matéria, gerido pelo "Coordenador de Cibersegurança". Esse coordenador faria parte também de dois importantes órgãos: membro do *National Security Staff* e membro do *National Economic Council*. Em 2015, o presidente estadunidense decretou outubro como o "Mês da Consciência da Cibersegurança Nacional". Os Estados Unidos tornaram a segurança digital uma prioridade na segurança do país e evidenciaram o alto grau de preocupação dado atualmente à matéria cibernética.

O que farão os demais países?

PARTE II
ASPECTOS TÉCNICOS

CAPÍTULO 7:

A INTERNET

Em pleno século XXI, muitas ações que os seres humanos estavam acostumados a realizar no plano real logo estavam sendo executadas no plano digital: pagamento de contas, agendamento de voos, acompanhamento do trânsito, leitura de notícias, manutenção do contato com parentes e amigos, conhecer o par romântico, efetuar buscas em "enciclopédias" virtuais, entre muitas outras atividades. Essa realidade à qual estamos habituados em nossa época se tornou possível graças ao advento da internet. Nossos avós não conviveram com isso! A dinâmica de nossas relações certamente seria outra caso a internet não houvesse surgido na segunda metade do século passado. Dá para imaginar uma realidade diferente da que vivemos hoje?

É difícil conceituar a internet. É uma daquelas coisas que sabemos o que é, utilizamos todos os dias, mas colocar isso em palavras... é bastante complicado. Paul Ceruzzi,[1] autor de obras da história da computação, nos ajuda a realizar essa tarefa. Segundo ele, a internet não é uma rede única. Seria melhor defini-la como sendo a junção de várias redes de computadores. Estas redes estão conectadas entre si de modo que possam conversar,

---

1 Paul E. Ceruzzi é curador de computação e eletrônicos aeroespaciais do Museu Nacional do Ar e do Espaço, na Instituição Smithsonian, em Washington, DC. Disponível em: <https://mitpress.mit.edu/authors/paul-e-ceruzzi>. Acesso em: 25 mai. 2016.

se comunicar a partir do uso de um protocolo comum chamado TCP/IP. Trocando em miúdos: são inúmeros computadores que utilizam um mesmo conjunto de regras para se comunicar entre si. Entendê-la é fácil, conceituá-la... nem tanto.

A internet tornou-se parte do cotidiano do ser humano em meados da década de 1990, quando ela foi aberta para o uso comercial. Lembro-me de ver meu pai mexendo nessa máquina em um canto da sala de casa, discando um número que emitia uns sons bastante peculiares e engraçados. Na época eu era pequena demais para saber que estava testemunhando a implementação da internet comercial no Brasil. Ela já existia em círculos restritos de universidades estrangeiras, mas o passo da "comercialização" deixou-a disponível a quem tivesse recursos para pagar uma conexão com a rede mundial de computadores. Mas veremos isso com mais detalhes adiante.

Foi a troca de informações — em alta velocidade — entre diferentes pontos ao redor do mundo que abriu a internet para seu potencial. Seu sucesso se deve, em grande parte, à consagração do *computador pessoal*, que abriu o caminho para o desenvolvimento de diversos dispositivos capazes de se conectar à rede mundial. A "malha de pontinhos" conectados à rede mundial cresceu de uma forma muito veloz! Antes dos computadores pessoais, os computadores eram caros, grandes e precisavam de manutenções constantes. Eram utilizados por um pessoal treinado, com algum conhecimento técnico e matemático para auxiliar em suas operações. O computador pessoal altera esse cenário: ele alcança o usuário médio, aquele que não é cientista da computação, matemático, acadêmico ou militar. O computador pessoal, por sua vez, é o resultado da concepção do computador digital eletrônico. Em outras palavras, a internet, do jeito que a conhecemos, é fruto de diversos pontos bem-sucedidos (poderiam ter dado errado) ao longo de uma cadeia de eventos imprevisíveis, e que teve como ponto de partida a Segunda Guerra Mundial.

Para melhor compreender seu funcionamento e configuração, abordarei sua história e, *além disso*, seu aspecto técnico. Entender isso é, em parte, entender também os pontos-chave que tornam a *World Wide Web* e suas ramificações Deep Web e Dark Web tão únicas.

Histórico

A Segunda Guerra Mundial, na metade do século XX, foi um divisor de águas. Antes dela, não havia computadores eletrônicos no mundo — e muito menos se pensava na criação de um canal de redes que pudesse transmitir informações digitais em alta velocidade para qualquer localidade do globo. O momento que a humanidade atravessava requeria atenção especial frente aos desafios de uma guerra entre diversos países simultaneamente. Com seu final, mergulhamos no período da Guerra Fria. Este foi o momento em que despontaram duas potências globais com divergências acirradas em diferentes ramos: principalmente econômico e social. Essas potências globais tinham nome e sobrenome: Estados Unidos da América (EUA) e União das Repúblicas Socialistas Soviéticas (URSS). Juntas, elas empreenderam uma busca por influência política e, com isso, pelo domínio de diversas áreas da ciência e do espaço geográfico. Esse é nosso ponto de partida.

O que é um Computador?

Como dito anteriormente, não é possível falar da internet sem falar também do desenvolvimento do computador pessoal. O computador pessoal (Figura 7.1) foi um marco, porque trouxe a tecnologia de ponta produzida nos centros de pesquisa das universidades e governos dos Estados Unidos, Inglaterra e Alemanha para dentro das casas de milhões de pessoas ao redor do mundo nas décadas de 1980/1990, e ajudou definitivamente a internet a se popularizar.

FIGURA 7.1: CRIADO NO SÉCULO PASSADO, O COMPUTADOR PESSOAL JÁ É UM OBJETO COMUMENTE ENCONTRADO NOS LARES E ESCRITÓRIOS DO MUNDO INTEIRO.

E quando surge o computador? Bem, a palavra *computador*, na realidade, antes de designar o objeto ao qual estamos tão habitualmente familiarizados, era utilizada para caracterizar uma pessoa que trabalhava em resolver um determinado problema e que, para isso, utilizava ou uma máquina de calcular ou algum outro artefato.[2] Tudo isso já existia bem antes da Segunda Guerra Mundial. Foi durante essa guerra que já pudemos afirmar que o ancestral do computador atual surgiu — apesar de ainda não possuir o jeitão eletrônico-digital tão comum nos dias de hoje.

2 O filme *Estrelas Além do Tempo* (2016) dirigido por Theodore Melfi retrata a história de três grandes figuras negras e femininas que auxiliaram a NASA nas operações que resultaram no lançamento do primeiro norte-americano a órbita do planeta. Neste filme, a personagem Katherine Johnson, retratada na tela por Taraji Henson, é uma computadora responsável por realizar diversos cálculos.

Alan Turing (Figura 7.2)[3] foi um matemático britânico, nascido em 1912, e é um dos nomes mais conhecidos ligados à história da computação. Sua participação na elaboração do que viria a ser o primeiro computador digital, Colossus, é nebulosa. Segundo seu biógrafo oficial, Andrew Hodges: "Alan Turing não desenhou ou construiu o Colossus, como é dito frequentemente. [...] No entanto, ele [Colossus] dependia da teoria estatística que Alan Turing desenvolveu para quebrar a Enigma" (tradução nossa).[4]

Figura 7.2: Estátua de Alan Turing em Manchester, Inglaterra.

E o quê, afinal, era a Enigma? Uma máquina eletromecânica capaz de cifrar mensagens. Segundo Machiavelo e Reis (2012), a Enigma foi inventada em 1918 por um engenheiro alemão chamado Arthur Scherbius, nascido em 1878. Esse dispositivo foi remodelado muitas vezes até a sua versão mais "conhecida", utilizada

---

3 A história de Alan Turing foi popularizada depois que a indústria cinematográfica de Hollywood produziu um filme sobre sua participação em um grupo de criptografia da inteligência britânica na Segunda Guerra Mundial. O filme, chamado *O Jogo da Imitação* (2014), protagonizado por Benedict Cumberbatch e dirigido por Morten Tyldon, teve oito indicações ao Oscar, o maior prêmio da Academia Cinematográfica dos Estados Unidos.

4 HODGES, A. *The Lorenz and the Colossus*. Disponível em: <http://www.turing.org.uk/scrapbook/electronic.html>. Acesso em: 17 set. 2016.

pelos alemães na Segunda Guerra Mundial. O seu sucesso de cifrar mensagens militares alemãs provou-se uma terrível dor de cabeça para os Aliados, interessados em decifrar a comunicação e galgar vantagem sobre o inimigo.

Turing formalizou o conceito de algoritmo, que pode ser compreendido como uma "sequência de raciocínios ou operações que oferece a solução de um problema".[5] A noção de algoritmo foi modelada nos próprios passos que o ser humano dá quando executa um cálculo ou cômputo.[6] O objetivo do Colossus era decifrar as mensagens interceptadas pelo rádio e que eram criptografadas pela máquina alemã Enigma. À época, a Enigma era considerada "a" máquina impossível de se vencer, tal era a complexidade que utilizava para manter as mensagens inquebráveis.

Nesse momento, os computadores eram observados como sendo substitutos de um sistema que envolvia cálculos matemáticos, seres humanos, papéis, lápis e instruções.[7] Eles ainda não eram programáveis, eram máquinas que facilitavam o cálculo e agilizavam todo o processo. O momento de virada ocorreu quando o homem percebeu que tais máquinas poderiam ganhar uma memória para que não somente dados pudessem ser inseridos, mas que conjuntos de instruções também pudessem ser alocados na máquina. Se o computador tivesse um programa (formando um conjunto de instruções), ele seria capaz de "se transformar" em qualquer máquina: só dependeria do que seu programa lhe dissesse para fazer. Percebe a diferença? Antes ele era uma máquina que executaria qualquer instrução que viesse de fora. Agora estavam inserindo em sua memória um conjunto de instruções!

---

5 Disponível em: <http://www.dicio.com.br/algoritmo/>. Acesso em: 25 mai. 2016.

6 FONSECA FILHO, 2007, p. 75.

7 CERUZZI, 1986, p. 4.

Isso faz o computador ganhar enormemente em agilidade. Em vez de um computador ser criado para realizar a tarefa A, e outro computador ser criado para realizar a tarefa B, agora um único computador poderia realizar a tarefa A, ou B, ou C, ou quantas outras tarefas houvesse. Bastaria apenas que ele tivesse em sua memória as instruções para realizar a tarefa na forma de um programa cuja linguagem era a matemática.

Mas apesar desse salto qualitativo, ainda assim, nessa época, era necessária a colaboração de um matemático que pudesse traduzir os objetivos em uma linguagem numérica que o computador compreendesse. O matemático era muitíssimo importante aqui. Tudo isso se altera quando os estudiosos escrevem um programa capaz de escrever programas. Traduzindo em palavras mais claras: em vez de utilizar a matemática para escrever um programa, agora o idioma poderia ser usado em substituição aos cálculos. Uma vez que isso fosse implementado, o matemático deixaria de ser peça essencial na escrita e permitiria que usuários não matemáticos escrevessem um programa no próprio idioma. O próprio computador se encarregaria de ler a mensagem no idioma e traduzir para a linguagem matemática. Isso, e o fato de que os circuitos se tornaram cada vez menores e mais baratos, permitiu que a computação se aproximasse do público que não estava restrito à Academia. É um importante e fundamental passo para a democratização do conhecimento.

Em 1984, surge, no mercado das máquinas de computação, o computador Macintosh da empresa Apple. Esse computador foi revolucionário, porque trouxe conceitos inéditos que facilitaram a vida do consumidor final. O grupo de consumidores finais ganhou diversidade: ele não era mais formado apenas por indivíduos da própria área da Informática, mas também pelo "usuário médio" que desconhecia a linguagem computacional e que utilizava o produto como uma ferramenta capaz de potencializar atividades rotineiras.

A essa altura, já existia no mundo a interface gráfica no computador. Essa interface gráfica conhecemos como sendo a tela digital com informações, que se assemelhava a uma televisão com textos diversos. Os conceitos novos trazidos pelo Macintosh nesse momento eram bastante inovadores, mas hoje são muito comuns e habituais no nosso dia a dia: as "janelas"; o mouse com um cursor que se movia de acordo com o deslizamento da mão humana sobre um aparelho conectado à máquina; os menus que se abriam quando o usuário clicava em um dos títulos do programa; o visual gráfico colorido que disparava à frente de seus concorrentes em termos de qualidade.[8] A importância desse fenômeno é sentida quando observamos esse momento como aquele que aproxima o computador da grande massa, da população desprovida de conhecimento técnico mas que, mesmo assim, é capaz de utilizá-lo com facilidade. O computador deixa de estar preso às áreas acadêmicas, técnicas e de entusiastas da tecnologia para estar presente no cotidiano de milhares de pessoas comuns — e é capaz de mudar substancialmente a qualidade e o volume de suas tarefas. É este computador que inaugura um cenário mais democrático do acesso à tecnologia, que consente a difusão de conhecimento, e que, aliado à criação da internet, em especial da web, resulta em uma ferramenta de "empoderamento" de variados segmentos da sociedade. A revolução estava em curso!

Talvez assim se torne mais fácil compreender por que o advento do computador como um instrumento capaz de potencializar as capacidades humanas é, sem dúvidas, um marco revolucionário

[8] CERUZZI, 2003, p. 261.

na história da humanidade. Sendo o computador uma máquina programável capaz de realizar cálculos e depreender algoritmos solucionadores de problemas, inaugura a era que chamamos de "Cerebral":[9] o computador é capaz de funcionar como uma extensão do cérebro humano, constituindo o momento presente da Inteligência Artificial. Esse momento propicia a construção de indústrias tecnológicas voltadas para o computador: acessórios e peças; além de impulsionar o desenvolvimento de melhorias técnicas que contribuíram para a contínua modernização dos computadores. É um momento realmente revolucionário.

Os Militares Norte-americanos Constroem a Internet!

Pode-se dizer que a internet é uma das filhas da Guerra Fria. Em 1957, os soviéticos lançaram à órbita o primeiro satélite artificial da História — o Sputnik. Esse evento inaugurou a corrida espacial em forte concorrência com os Estados Unidos, líder do bloco capitalista. Nesse momento da História, ocorria uma intensa pressão para que os líderes dos blocos capitalista e socialista disputassem a primeira posição no que diz respeito ao conhecimento e à prática das mais diversas áreas da ciência. Seria uma forma de mostrar algum tipo de dominância, o sucesso de uma ideologia sobre a outra. Era como se o público — os demais países — fosse, em certa medida, influenciado pela ideologia político-econômica que obtivesse mais êxito nessas demonstrações de "força". Com o lançamento do Sputnik, os Estados Unidos se viram na obrigação de também lançarem-se à empreitada espacial,

[9] De acordo com Aldo Pontes (2001), quando falamos do relacionamento do homem com a tecnologia, é possível reparti-lo em três momentos distintos: "muscular-motor", quando a máquina funciona como mera substituta da força muscular do ser humano; "sensório-motor", momento em que a máquina é capaz de ampliar os sentidos humanos, como a visão ou a audição, por exemplo; e "cerebral", em que a tecnologia acaba por funcionar como uma extensão do cérebro humano. Este seria o momento em que vivemos atualmente.

sob o risco de perder um naco importante de influência sobre a comunidade internacional.

Seguindo, portanto, essa lógica, em 1958 — um ano após o lançamento do satélite soviético —, o Departamento de Defesa dos Estados Unidos cria a *Advanced Research Projects Agency* (ARPA), uma agência dotada de capacidade de "mobilizar recursos de pesquisa, principalmente do ambiente universitário, para alcançar superioridade militar-tecnológica em relação à URSS".[10] Dentro dessa agência havia vários departamentos. Um deles era o *Information Processing Techniques Office* (IPTO), um escritório de técnicas de processamento da informação concebido em 1962, cujo objetivo se resumia a estimular pesquisas em computação interativa.

É nesse contexto que se insere o trabalho de Paul Baran: a "comutação por pacote". E o que significa comutação por pacote? Vamos pensar no "pacote" como sendo a unidade de transferência de informação. A tecnologia desenvolvida por Paul Baran permite que cada "pacote" seja encaminhado de forma individual entre vários nós,[11] pontos de uma rede. Esse encaminhamento é possível porque os nós da rede compartilham de ligações de dados em comum. Na verdade, é um pouco mais complexo que isso, porém, para efeitos de compreensão, pode ser resumido da forma descrita anteriormente.

E por que isso é importante? Os pacotes são enviados *individualmente*. Tecnicamente, a troca de informações (na forma de mensagens) acontece em maior velocidade e, caso ocorra a quebra de transmissão de dados, a rede consegue se reajustar — ou seja, ela é flexível, não oferecendo somente um caminho, mas um

[9] CASTELLS, 2003, p. 13.

[11] Cada nó dessa rede corresponde a um dispositivo conectado.

conjunto deles. Esse é o ponto essencial da internet: os pacotes viajam separadamente pelas redes até alcançar seu destino.[12] Se um obstáculo impede a passagem de um pacote por um caminho, ele se reajusta e utiliza um outro, que não tenha obstáculos para sua passagem.

É muito importante lembrarmos do contexto da Guerra Fria nesse momento. Essa tecnologia tem grande relevância porque significa que, caso algum estabelecimento militar fosse atacado pelos soviéticos e os canais de comunicação fossem destruídos, as informações *não* estariam perdidas, pois os pacotes teriam meios de seguir seu destino, encontrando caminhos alternativos. Mas, supondo que um pacote fosse perdido, bastaria que o computador que emitiu a mensagem enviasse outro pacote, e ele seria capaz de encontrar rotas alternativas. Em um possível cenário de guerra nuclear, em que a União Soviética bombardeasse importantes bases militares dos Estados Unidos, nem tudo estaria perdido. As Forças Armadas norte-americanas estariam a salvo da destruição, porque teriam a capacidade de sobrevivência necessária. Ponto para os Estados Unidos!

Em 1969, surge, por fim, a *ARPANET* — a rede de computadores desenvolvida pela ARPA. Esse é o embrião da internet. A ARPANET utilizava a tecnologia de comutação por pacotes desenvolvida por Paul Baran. Essa rede constituía-se de computadores, cabos ou fios, e a transmissão bem-sucedida de dados entre as máquinas. A construção dessa rede permitiu um aumento da velocidade das atividades: antes era necessário que, para transmitir um dado ao computador de alguém, fosse utilizado algum dispositivo capaz de armazená-lo. Se o dispositivo não fosse perdido ou destruído, ele chegaria com êxito às mãos da pessoa

12 EAGER, 1995, p. 8.

responsável pelo computador de destino. Agora as coisas eram diferentes! Essa determinada informação, na forma de dados, viajaria em alta velocidade pela rede de forma relativamente segura e encontraria o computador de destino — sem a necessidade de utilizar qualquer outro dispositivo. Toda a ação poderia ser feita utilizando apenas o meio digital!

Os primeiros nós da ARPANET, em 1969, localizavam-se em universidades norte-americanas. Elas eram: Universidade da Califórnia, em Los Angeles (UCLA); Universidade de Stanford; Universidade da Califórnia, em Santa Barbara; e Universidade de Utah. Dois anos mais tarde, esses nós viriam a ser 15, e localizavam-se, em sua maioria, em centros universitários de pesquisa.[13]

Mas a ARPANET não era a única rede de computadores que estava sob os cuidados da ARPA. Existiam mais duas outras redes: a PRNET e a SATNET. Logo, pensou-se em unir as três, abrindo um novo conceito — uma rede de redes. Esse mesmo conceito é a base da internet atual, afinal, a rede mundial de computadores é a conexão de inúmeras redes menores. O conjunto dessas redes forma uma teia enorme que totaliza o planeta e chamamos de internet.

Mas como seria possível ligar as três redes? Seria possível desde que os protocolos de comunicação[14] fossem do mesmo padrão, assim poderiam "conversar" em uma mesma linguagem, o que permitiria a comunicação pela troca de informações e da-

[13] CASTELLS, 2003, p. 14.

[14] Pense no protocolo como sendo um conjunto de regras e convenções que possibilitam a comunicação através de uma rede de computadores. As máquinas conectadas nessa rede comunicam-se entre si trocando pequenas unidades de dados, chamados de *Protocol Data Units* (PDU), que possuem o mesmo formato e sequência, pois utilizam o mesmo protocolo. Um exemplo bem simples: eu só posso me comunicar com uma pessoa em português se a outra pessoa também fala português. Para essa pessoa falar português, ela precisa conhecer as regras da língua. Caso contrário, ela conheceria palavras da língua portuguesa e não saberia ligá-las. Sua conversa seria uma explosão de palavras desconexas e não faria sentido algum.

dos entre as máquinas. O aspecto um pouco mais técnico será abordado adiante, para fins de compreensão da rede mundial e para podermos diferenciar a Deep Web do restante da rede.

O protocolo de comunicação escolhido foi o *Transmission Control Protocol* (TCP), surgido em 1973. Cinco anos mais tarde, ele foi dividido em duas partes: *Transmission Control Protocol* e *Internet Protocol* (IP). Esse ainda é o protocolo de comunicação padrão usado na internet nos dias atuais: o famoso protocolo TCP/IP.[15] Mas por que dividir o TCP e "acrescentar" o IP? Para fins de entendimento por ora, uma explicação mais resumida: os computadores dos usuários se comunicavam com os computadores-servidores, e entre eles se estabelecia uma conexão. O IP surgiu para permitir que o computador de um usuário estabelecesse uma conexão com outros computadores de usuários — e não mais apenas com computadores-servidores.

Em meados desse processo de divisão no protocolo de comunicação padrão da rede, a ARPANET foi transferida para a *Defense Communication Agency* (DCA). Nesse momento, ocorreu uma importante segmentação da rede. Ela foi dividida segundo *diferentes prioridades* — uma rede para a utilização militar, chamada de MILNET; e uma rede para pesquisas científicas que ainda estavam em expansão nos centros universitários do país, a ARPA-INTERNET. A origem da criação da rede mundial de computadores se deu nos centros universitários norte-americanos, financiada pelo setor militar, que esperava e, segundo Castells, que algo interessante para uso surgisse da criatividade dos cientistas da computação e entusiastas à época.[16] Obteve-se um resultado de altíssima relevância, e por esse motivo houve

[15] CASTELLS, 2003, p. 14.

[16] CASTELLS, 2003.

a segmentação. Os militares já tinham algo relevante para ser utilizado no aspecto bélico, e pretendiam fazer uso da rede para objetivos específicos — diferentemente dos grupos de pesquisa que buscavam aprimorar, descobrir, criar e explorar a nova invenção.

Do ponto de vista militar, os Estados Unidos detinham em mãos um bom aparato a ser utilizado em seus objetivos específicos. Do ponto de vista civil, a rede desenvolvida ainda pairava pelos centros universitários e era expandida para outras localidades do país. Mas surgiam também outras redes nos Estados Unidos alheias à rede originária da ARPA: redes como a BITNET (*Because It's Time Network*), que acolhia a comunidade acadêmica; e a CS-NET (*Computer Science Network*), para os entusiastas da ciência da computação. Essas redes com o tempo acabaram por integrar o que viria a ser a internet, a grande rede de redes.

Um dos momentos cruciais para que surgisse a internet foi quando a *National Science Foundation* (NSF) conectou os pesquisadores de todo o país por meio de cinco centros de supercomputadores. Esses cinco supercomputadores estavam interligados por meio de redes de altíssima velocidade e se tornaram acessíveis a eles. O conjunto dessas redes formava o que viria a ser conhecido como o backbone da NSFNET. Ser capaz de gerir o tráfego de informações, prover a estrutura-base, e tornar os supercomputadores acessíveis aos pesquisadores norte-americanos constituíam os objetivos da NSFNET.

O que vem a ser um backbone e para que serve? *Backbone* é o aparato físico que permite parte da transmissão de dados e informações em rede, como fios de fibra óptica, linhas de comunicação por satélite, as micro-ondas; enfim, é a linha física de transmissão. De uma forma simplificada, Bill Eager (1995) faz a seguinte explicação sobre o que é um backbone de uma forma mais didática:

> Assim como a espinha dorsal sustenta todo o seu corpo, um *backbone* de comunicação sustenta o funcionamento integrado de uma rede. Ele é o principal sistema de suporte para a maioria das mensagens e dados enviados de um lugar a outro. [...] O deslocamento de dados pela internet assemelha-se a uma viagem de carro. Considere uma viagem de visita a um amigo que mora em um outro estado. Você pega o seu carro e dirige por uma rodovia principal com duas pistas largas, pegando depois uma estrada secundária de quatro pistas e, passando por outros estados, chega à cidade de seu amigo. Uma mensagem eletrônica segue uma rota semelhante. Ela deixa seu computador, pega o *backbone*, através do qual percorre todo o país ou o mundo inteiro, e, depois, atinge uma rede intermediária que direciona os dados ao destinatário da mensagem (EAGER, 1995, p. 10).

Esse backbone formado pelos cinco supercomputadores ficou conhecido como NSFNET, *National Science Foundation Network*, ou a Rede da Fundação Nacional de Ciência. A conexão das demais redes nos Estados Unidos aconteceu pelo uso desse backbone da NSFNET. Mas vale a pena lembrar que, apesar de esse backbone ser a estrutura física de grande parte da internet, ele era apenas uma porção da rede mundial de computadores.

Percebendo a oportunidade de ganhos futuros, o Departamento de Defesa dos Estados Unidos optou por *comercializar* a rede. Desse modo ela invadiria milhares de lares e empresas norte-americanas e se expandiria de forma crescente! Para conseguir este feito, era necessário convencer as fábricas de computadores que implementassem no hardware da máquina os dispositivos necessários que permitiam sua ligação à rede. O Departamento de Defesa, portanto, financiou as fábricas de computadores de diferentes marcas para incluir o TCP/IP em seus protocolos. Dessa maneira, computadores de diferentes marcas e compondo-se de diferentes hardwares seriam capazes de se comunicar entre si pela rede, pois todos utilizariam o mesmo conjunto de regras: o protocolo TCP/IP.

Mas, no final da década de 1980, a junção das redes de computadores no mundo ainda não tinha a "cara" da internet como conhecemos hoje, porque inexistiam os navegadores, o sistema de páginas, os endereços, os links. Aliás, muitas vezes chamamos a *World Wide Web* (www), ou simplesmente web, de "internet". Isso não é correto, apesar de ser muito comum esse tipo de equívoco. *A web e a internet não são a mesma coisa*. Vamos explicar por partes.

A conexão das redes de computadores existentes nos Estados Unidos formou o embrião da internet atual, principalmente com o auxílio do backbone da NSFNET. À conexão de todas essas redes, dentro e fora dos Estados Unidos, denominamos *internet* — que vem a ser uma *rede mundial de computadores*. Até meados da década de 1980, cabe lembrar que a computação gráfica, com sua interface colorida, suas janelas, e o mouse, ainda não havia surgido. Mas a internet, sim, ela já existia.

Em 1984, a empresa Apple revolucionou o mercado com o modelo de computador Macintosh. Percebe? Antes do lendário computador Apple, já existia a tecnologia da computação em rede. As redes eram utilizadas, as informações e dados eram transmitidos por canais de transmissão de dados utilizando o protocolo TCP/IP. E mesmo após a invenção da interface gráfica no computador, ainda se passariam mais seis anos até que a web fosse criada por Tim Berners-Lee. A internet existia antes da *World Wide Web*, claro!

Navegando no Oceano da *World Wide Web*

Como dissemos, se tem duas coisas bastante comuns de serem confundidas são os termos *internet* e *World Wide Web*. As pessoas utilizam esses termos como se fossem sinônimos! E, como vimos anteriormente, não o são. Um já existia muito antes que o outro fosse inventado.

A internet é composta por uma extensa *infraestrutura* que abriga redes interligadas entre si — obedecendo, para isso, uma mesma linguagem de envio e recebimento de dados, o protocolo TCP/IP. Essa imensa "rede de redes" tem a capacidade de conectar milhões de dispositivos finais em um mesmo "ambiente" em que a troca de informações e dados é possível. Estes dispositivos podem ser tanto computadores de mesa, notebooks, servidores, telefones móveis, como aparelhos eletrônicos, roteadores etc. Todos esses dispositivos, uma vez conectados à internet, ficam interligados entre si — independentemente da distância física entre eles.

Por meio da internet podemos realizar uma série de tarefas, como enviar e receber arquivos, mensagens de texto, e-mails, imagens, vídeos etc. Para cada uma dessas categorias existe um protocolo específico (lembre-se, "conjunto de regras") que ordenará essa ação. Antes da invenção da *World Wide Web* esses envios e recebimentos de informação e dados já aconteciam, mas necessitavam de algum grau de conhecimento técnico para que pudessem ser feitos. Trocando em miúdos: não era qualquer um que entendia e conseguia utilizar a internet! Esses conceitos, tão comuns a nós atualmente, como navegador, mecanismos de busca, textos, imagens, vídeos, músicas, links — tudo dentro de um programa e acessíveis por meio de cliques do mouse e digitações no teclado — inexistiam na internet prévia à *World Wide Web*.

Em outras palavras, a *World Wide Web* é *uma porção da internet*, uma parte dela, *um de seus segmentos*. Sua revolução se dá por dispensar o conhecimento de elementos técnicos para utilizar a internet: usuários principiantes, leigos ou simplesmente não adeptos da linguagem computacional, poderiam utilizar a internet de uma maneira fácil, rápida, visual e intuitiva. A *World Wide Web* ficou popularmente conhecida simplesmente como web — e foi criada por Tim Berners-Lee. Aliás, convencionou-se chamar Tim de "o pai da internet", mas, na verdade, ele é o "pai da *World Wide Web*" — já que são duas coisas diferentes, porém relacionadas entre si.

Tim Berners-Lee, britânico e cientista da computação, trabalhava no Conselho Europeu para a Pesquisa Nuclear (CERN), no final dos anos 1980. Tim lidava com alguns problemas quando utilizava a rede internet. Insatisfeito com esses obstáculos, ele se propôs a solucionar esses problemas que eram: primeiro, a lentidão; e, segundo, a linguagem técnica da rede que era dominante e que, de certa forma, dificultava a compreensão e a incorporação de novos usuários.[17] Tim incumbiu-se de uma missão: tornar a rede clara, com uma visualização "limpa" e manuseio rápido. Ele retomou um antigo projeto de software desenvolvido no começo da década de 1980, arregaçou as mangas e pôs-se a trabalhar. O resultado de seu trabalho foi a construção de todo um sistema que hoje conhecemos como *World Wide Web*. Seus esforços deram resultado!

[17] FILHO, 2010, p. 6.

A importância do trabalho de Tim se deve ao fato de ele ter "definido e implementado o software[18] que permite obter e acrescentar informação 'de' e 'para' qualquer computador conectado através da internet. Traduzindo de forma simples: o software criado por Tim Berners-Lee, em dezembro de 1990, era um composto de 'navegador' e 'editor', e esse sistema de hipertexto[19] foi chamado de *World Wide Web*, a 'teia' mundial. O software do navegador da web foi lançado pelo CERN em agosto de 1991."[20]

O que Tim basicamente fez foi estabelecer uma conexão entre um computador-cliente (que utilizava o *Hypertext Transfer Protocol*,[21] ou Protocolo de Transferência de Hipertextos [Figura 7.3]), e um computador-servidor utilizando a rede internet.

---

18 Programa de computador.

19 Links.

20 CASTELLS, 2003, p. 18.

21 Mas a internet não utilizava um protocolo chamado TCP/IP? Sim, porém convém lembrar que esse era o protocolo padrão de transmissão de dados entre as máquinas. Ou seja, era o conjunto de regras que determinava de que forma acontecia o envio e o recebimento de dados, qual linguagem era utilizada e compreendida pelas máquinas que faziam parte da rede. O TCP/IP não é o único protocolo utilizado na internet. Existem protocolos com as mais diversas utilidades. Por exemplo, o protocolo para a transferência de arquivos na rede é chamado de FTP, *File Transfer Protocol*. Esse é conjunto de regras e convenções que as máquinas devem obedecer para transferir um determinado arquivo pela rede. Outro protocolo, por exemplo, é o IRC, abreviação de *Internet Relay Chat*. O IRC é um protocolo de comunicação via texto utilizado na internet que permite a comunicação instantânea na forma de texto, denominada chat (o mIRC foi, muito provavelmente, o mais notório cliente para Windows do protocolo IRC). Sendo assim, o *Hypertext Transfer Protocol*, conhecido como protocolo HTTP, determina o conjunto de regras a seguir para que seja possível, a partir de um texto em destaque, obter uma transferência de dados em forma de texto — ou seja, clicar em um texto e ir para outra página. A internet é feita de muitos protocolos que formam conexões específicas e que, em comum, utilizam o mesmo protocolo de transmissão de dados.

FIGURA 7.3: O PROTOCOLO HTTP PERMITE AO COMPUTADOR DO USUÁRIO TROCAR INFORMAÇÕES COM UM SERVIDOR QUE ABRIGA UM SITE.

Trocando em miúdos, Tim foi capaz de criar um sistema em que os usuários poderiam *navegar* na rede por meio de *páginas virtuais*, utilizando, para isso, um "navegador" — que nada mais era do que um software capaz de ler e interpretar os códigos de linguagem (HTML, por exemplo) e apresentá-los de forma visualmente interessante para o usuário. Além disso, era possível saltar de página em página através de hiperlinks, ou hipertextos: bastava o clique do cursor sobre uma palavra destacada e o usuário era transferido para outra página previamente endereçada. Era possível também obter e acrescentar informações em uma página que se tornava disponível para os demais usuários, bastava "entrarem" no site ou local em que a página se encontrava. O endereço era fixo, bastava o conhecimento de sua localização para que qualquer usuário o pudesse visitar. A esse sistema Tim deu o nome de *World Wide Web*, alterando a forma como os usuários passaram a enxergar boa parte da internet para sempre.

Tim criou o primeiro website, ou sítio da web em agosto de 1991, de dentro do próprio CERN. Com endereço fixo, esse website dispunha de textos que explicavam o que era a *World Wide Web*, como os usuários poderiam criar os softwares navegadores, dentre outras coisas. Esse aspecto revolucionou a internet, pois fez a rede "saltar à vista", ser compreendida de forma mais didática e simples, além de facilitar enormemente a busca, a coleta e o acréscimo de informações em forma de "páginas" digitais na rede.

A Internet se Comercializa

Nesse momento da História, a ARPANET estava sendo bem menos utilizada que a NSFNET e seu robusto backbone. De acordo com John Levine e Carol Baroudi: "depois de quase 20 anos, a ARPANET perdeu sua utilidade e foi desativada".[22] Mas cabe notar que o uso da NSFNET se distanciava cada vez mais de seu propósito para fins educacionais. Muitas redes comerciais afloraram na década de 1990, e elas se conectavam a redes maiores, de envergadura regional. Essas, por sua vez, se conectavam à NSFNET e utilizavam seu backbone. Eventualmente, inúmeras redes comerciais desabrocharam ao redor do mundo e, cedo ou tarde, direta ou indiretamente, se ligavam ao backbone da NSFNET. Dá para se ter uma ideia do que isso significa: para ter acesso à rede mundial de computadores, os dados e informações de regiões longínquas, de pequenos vilarejos, de grandes cidades, ou incríveis metrópoles dos mais diversos continentes, invariavelmente utilizavam-se da estrutura física principal da rede mundial de computadores — localizada nos Estados Unidos da América. Os contornos das discussões atuais sobre vigilância virtual e privacidade de usuários têm sua origem aqui.

22 LEVINE; BAROUDI, 2013, p. 13.

A internet, finalmente, ganhou seu jeitão comercial no ano de 1995 e invadiu muitos lares pelo mundo (Figura 7.4). As restrições impostas pela NSA, como a proibição de propagandas na rede, a proibição do uso prolongado para assuntos pessoais ou negócios privados, entre outros critérios, serviam como um guia de uso da rede. É necessário lembrar que, enquanto a rede estava sob sua responsabilidade, a NSA tinha o propósito de a utilizar como um canal de educação, pesquisa e ciência; veicular propagandas fugia do propósito.

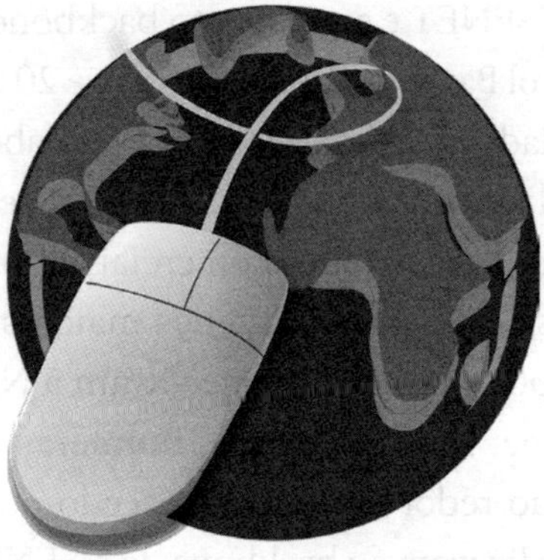

FIGURA 7.4: EM MEADOS DA DÉCADA DE 1990 A INTERNET INICIOU SEU PROCESSO DE GLOBALIZAÇÃO, EXPANDINDO-SE ALÉM DOS CÍRCULOS ACADÊMICOS E MILITARES.

Quando a internet foi finalmente aberta ao mercado, as restrições caíram, de vez, por terra.[23] Apresentando-se como uma rede aberta e democrática, seu uso serviu para explorar as relações entre os usuários da rede. É só pensar sobre o que isso significa: antes os meios de comunicação serviam como, principalmente, a extensão da voz de um indivíduo (ou organização, corporação) para os ouvidos de milhares, senão milhões, de indivíduos que

[23] CERUZZI, 2003, p. 321.

formavam a "massa". Agora, a internet se mostrava como um canal de comunicação utilizado por indivíduos da massa para a própria massa. A percepção hierárquica comum aos outros canais parecia inexistir no ambiente da internet! Qualquer ponto da rede poderia comunicar-se com outro, e também desenvolver informação ou, se fosse o caso, apenas consumi-la. E não necessariamente apenas consumir a informação propagada de um alto posto sem a chance de uma comunicação de retorno.

Nesse contexto, em meados da década de 1990, surgem elementos conhecidos dos usuários da rede atual: navegadores (Figura 7.5) — o Netscape Navigator foi pioneiro, seguido pelo Internet Explorer do Windows, que passou a incluí-lo como item obrigatório do sistema operacional de mesmo nome; portais de busca — como Yahoo!, Altavista, Google —, no Brasil, o Cadê?; e, claro, o e-mail — a forma mais utilizada de comunicação na internet —, dessa vez sob a forma também do webmail; dentre outros elementos.

Figura 7.5: Os primeiros navegadores surgiram na década de 1990. Na figura estão dispostos ícones de navegadores populares da atualidade: Internet Explorer, Safari, Mozilla Firefox e Google Chrome.

Então, podemos afirmar que, em 1995, a internet ganhou a forma como a conhecemos atualmente. Ela adquiriu a "cara" da internet que qualquer pessoa que tenha entrado em contato, navegado em suas águas, reconheceria. Claro que um pouco "antiquada", mas os elementos estavam ali presentes. A comercialização da internet foi possível, principalmente, graças à queda das imposições da NSA que, por um período limitado, teve intenções de fazer uso educacional e de pesquisa com a rede mundial de computadores. Um dos pontos fortes de barganha da NSA era o domínio que detinha sobre o backbone, sobre a "espinha dorsal" pela qual as outras redes se conectavam e que, por fim, se interligavam ao redor de todo o globo.

Mas, ao mesmo tempo em que a rede hoje nos parece bastante familiar, temos de ter em mente que os usuários fora dos meios acadêmicos ainda tinham dificuldade em a utilizar. Daí surgiram livros que eram de grande importância para aquele usuário que detinha um computador pessoal em casa e gostaria de utilizar a rede para determinados fins, mas não sabia como! Livros como *Internet For Dummies* (publicado no Brasil como *Internet Para Leigos*, pela Editora Alta Books), de John R. Levine e Carol Baroudi, datado de 1994, e *Using the Internet*, também de 1994, do autor Bill Eager, tornaram-se verdadeiros "manuais" de navegação para uma geração que desconhecia a relevância e as facilidades que a internet poderia oferecer. Eram os primeiros usuários médios que navegavam por essas águas!

Mas não apenas eles detinham dificuldades na compreensão da internet. Dentro do meio acadêmico, havia aqueles que detinham algum conhecimento por conta de sua área de pesquisa e atuação na Academia (áreas tecnológicas), e também aqueles outros acadêmicos que não tinham o conhecimento de uso da rede. Certamente, ninguém poderia prever o que a internet viria a ser em termos de impacto cultural e social. Paul Ceruzzi conta em seu livro *A History of Modern Computing* como se deu conta do quão grande era essa "tal de internet". Foi em novembro de 1997, e realizo a minha própria tradução. Ele diz:

> A internet foi uma coisa que poucos professores na academia, ou engenheiros da indústria da computação, sabiam. Muitos de nós conseguem se lembrar do dia em que percebemos que iria ser algo muito grande. Isso aconteceu comigo em uma tarde de novembro, em 1997, pouco depois de eu ter completado o manuscrito da primeira edição desse livro. Eu estava em uma limusine com chofer, a caminho para dar uma palestra para um grupo de executivos de alto nível da indústria. O tópico era a história da computação e quais epifanias, se é que havia alguma, o estudo da História poderia oferecer para traçar o futuro. Eu havia preparado algumas anotações sobre a história da internet, e sobre como iria facilitar a colaboração entre cientistas, humanistas, e outros dentre os intelectuais e profissionais de elite no país. A caminho do hotel, a limusine passou por um *outdoor* aceso, no qual estava estampada uma grande imagem de Shaquille O'Neal, quem eu, vagamente, sabia que era um jogador de basquete. Partes do *outdoor* estavam com faixas estendidas de forma a acomodar seus braços e pernas desengonçados que apontavam em todas as direções. O texto do anúncio consistia em uma frase: 'www.shaq.com'. Assim que eu cheguei ao hotel, percebi como a minha fala tinha se tornado obsoleta. Até aquela noite, eu havia compreendido a internet de uma forma muito estreita no contexto histórico: da tentativa de acessar computadores remotos, para construir redes reservadas de defesa aérea e de linhas aéreas, passando por macrocomputadores em tempo partilhado, e o compartilhamento de recursos. Agora a internet era outra coisa. Não era mais apenas uma das facetas da tecnologia da computação; agora era parte do entretenimento, do gasto do consumi-

> dor e da cultura popular. A internet tinha fundido a computação com a corrente principal da vida social na América (CERUZZI, 1997, p. 319).

De fato, a internet havia selado para sempre sua posição na cultura do ser humano e sua abertura comercial foi um marco nas relações sociais. Na virada do milênio, a internet ainda aprofundaria uma de suas faces com mais vigor ao consolidar a liberdade advinda das "profundezas" do oceano, como é vista a web. Esta iria se "desdobrar" em duas: a *Surface Web*, ou "web superficial", região da *World Wide Web* em que a grande maioria dos usuários navega — é a seção que é filtrada pelos mecanismos de busca como o Google, ou o Yahoo!, por exemplo; e a *Deep Web*, a porção da *World Wide Web* que não aparece nos navegadores usuais por não se encaixar nos pré-requisitos dos mecanismos de busca e, portanto, não aparece listada no resultado de uma busca. Mesmo que o usuário digite o termo correto e as demais informações, por uma questão de escolha, os mecanismos de busca não apresentam determinadas páginas em sua listagem de resultados.

Para o usuário médio, esse seria o fim de uma busca por determinado conteúdo: não saberia como transpor esse obstáculo imposto. Para o usuário com algum conhecimento, esse é precisamente o ponto que divide os dois mundos da mesma rede mundial de computadores. É nesta porção que estão acontecendo as maiores ações políticas, livres, e também criminosas, da rede. Para compreender como isso acontece, é necessário que façamos uma pequena investigação técnica sobre o funcionamento da rede. Abordaremos esta questão de forma simples e pouco técnica para que o entendimento seja o mais facilitado possível.

CAPÍTULO 8:
O ASPECTO TÉCNICO

Apesar de já termos realizado um apanhado histórico sobre a internet, algumas questões técnicas ainda não foram abordadas de forma que nos deem um panorama sobre o funcionamento da internet e, em especial, da *web*. Sabemos, agora, o que é um *backbone*, de onde surgiu o ancestral da internet, mas ainda nos restam algumas explicações mais sólidas sobre, por exemplo, qual a diferença entre internet e web? A internet se resume, então, a navegadores e páginas? Como ocorre a vigilância nesse campo digital? Meus dados estão protegidos? E onde a *Deep Web* se encaixa nisso tudo? Por que ela é diferente da *Surface Web*? Se eu desejar acessar essa porção da web, basta então que eu encontre páginas que o Google, Bing ou Yahoo! não me providenciam? É *só* isso? A resposta mais breve seria "não, não é apenas isso".

A verdade é que não há como escapar de uma conversa um pouco técnica demais para explicar como funciona a rede. Essa conversa serve de base para compreendermos o complexo mundo da internet. Nosso objetivo aqui não é atentar aos detalhes e aos pormenores do funcionamento da rede — mas devemos inserir um panorama da internet para que você possa, minimamente, enfim compreender de que modo tantas operações criminosas, ativismos digitais, vigilâncias e atividades jornalísticas profissionais podem ocorrer na rede.

As Regras do Jogo: Os Protocolos

O mundo é grande e composto de vários Estados, com diferentes culturas e idiomas. Mesmo assim, todos os países *conseguiram* ter acesso à rede mundial de computadores. Como isso foi possível? A resposta está no conjunto de regras utilizadas pela rede: ele é o mesmo utilizado por todos que desejam se conectar à rede mundial de computadores.

No início, apenas computadores poderiam acessar a rede, e por isso seu nome foi dado como "a rede mundial de computadores". Sabemos que isso, atualmente, não é mais verdade. Temos celulares que se conectam à internet, automóveis que já trazem embutidos em seus sistemas o acesso à rede, as webcams, os notebooks, os tablets, os videogames, os sistemas de segurança e, inclusive, os aparelhos eletrodomésticos. É indiscutível a forma como a internet se inseriu em nossa sociedade. Para um melhor entendimento, chamaremos de "dispositivo final" qualquer aparelho que, de alguma forma, tenha acesso à internet.

Quando um dispositivo final estabelece uma conexão com outro dispositivo final e eles realizam uma comunicação entre si, estes dispositivos utilizam uma rede. Esta rede pode estar conectada à internet, e pode não estar conectada à internet. Os dois casos são possíveis. No entanto, no primeiro caso, os dispositivos finais estão próximos um do outro poucos metros, enquanto que, no segundo caso, pela distância, eles utilizam a infraestrutura da internet para realizar essa conexão. Lembre-se que a internet é uma rede de redes, ou seja, é o conjunto de várias redes ao redor do mundo que estabeleceram uma conexão entre si. Para realizar isso, tiveram de estabelecer regras comuns para que todas as redes falassem a mesma "língua". A rede mundial de computadores também faz uso de infraestruturas com grande potência; conhecemos elas como *backbones* — que são as grandes rotas, as superestradas pelas quais trafega uma enorme quantidade de dados. São as "espinhas dorsais" que sustentam boa parte do tráfego da internet.

Suponhamos que temos dois dispositivos finais que desejam comunicar-se utilizando a internet. Se desejo enviar uma informação qualquer do dispositivo final A para o dispositivo final B, é preciso que entre eles se estabeleça uma conexão, que eles "falem" o mesmo "idioma". Dito de outra forma, é preciso que eles utilizem o mesmo *procotolo*[1] para que uma determinada tarefa seja realizada — neste caso, a tarefa é o transporte da informação. Vale lembrar que existem diferentes tipos de protocolos que versam sobre os mais diferentes assuntos, desde transporte, passando por condução de pacotes, a endereços na rede. A internet é gerida por diferentes protocolos, porque realiza diferentes tarefas. O protocolo de transporte é *um* dos protocolos utilizados, mas existem outros.

Agora que sabemos que os dispositivos finais utilizam o mesmo protocolo de transporte, chamado de *Transfer Control Protocol* (TCP), podemos inserir a informação no dispositivo final A. A informação inserida neste dispositivo é então desmembrada em múltiplas partes menores chamadas de *dados*, que trafegam até o dispositivo final B dentro de "pacotes". O dispositivo final B recebe esses pacotes e traduz os dados contidos na informação original. Essa é a base do entendimento principal por trás da internet.

Mas como os pacotes sabem seu destino? Como a informação chega ao dispositivo final B, e não em outro dispositivo conectado à rede? Isso é possível porque cada pacote que trafega pela rede

---

[1] Conjunto de regras.

possui um endereço de destino. Ele *sabe* aonde chegar, ele sabe o destino final — mesmo que para isso tenha de utilizar diferentes caminhos, não importa. A forma como esse endereço é colocado no pacote obedece um conjunto de regras. Podemos dizer que os pacotes que trafegam pela internet utilizam o mesmo protocolo sobre o endereçamento: é o que conhecemos como *Internet Protocol* (IP). Cada dispositivo conectado a essa rede possui um endereço único, e é utilizando esse endereço que os pacotes sabem a qual dispositivo final se dirigir. Esse endereço fica em uma espécie de "cabeçalho". Juntos, o protocolo de transporte e o protocolo de endereço compõem o protocolo mais utilizado pela internet: o protocolo TCP/IP.[2]

Em resumo, qualquer dado que trafegue na internet tem de obedecer ao conjunto de regras TCP/IP para que tenha êxito na comunicação entre os dispositivos finais. Essa ideia principal está por trás da origem da internet.

Oferecendo Acesso à Rede: O Provedor de Internet

Tendo essa base em mente, podemos prosseguir e responder às demais questões. Como faço para ter acesso à internet? Bem, o dispositivo final deverá ter *acesso* à internet por meio de um

[2] Vamos nos aprofundar um pouco mais. Na realidade, o protocolo TCP/IP é o nome de uma *família* de protocolos. Existem mais protocolos que compõem essa família. A internet é composta por uma variedade de protocolos que atendem a diferentes necessidades a fim de que se estabeleça uma conexão. Essa variedade de protocolos está dividida em cinco camadas: a camada física (contém os protocolos necessários à atuação física da rede como, por exemplo, o modem, Bluetooth, USB, RDIS etc.), a camada de enlace (contém os protocolos necessários ao enlace dos dados, *grosso modo*, realiza a "ponte" entre o físico e o digital — o Wi-Fi é um dos protocolos), a camada de rede (aqui está inserido, por exemplo, o protocolo IP — existem outros), a camada de transporte (em que se localiza o protocolo TCP, também existem outros) e a camada de aplicação (contém os protocolos cujas atividades resultantes somos capazes de observar na tela do dispositivo — como, por exemplo, os protocolos *HyperText Transfer Protocol* [HTTP]; *Simple Mail Transfer Protocol* [SMTP]; *File Transfer Protocol* [FTP], que permite a troca de arquivos entre dispositivos utilizando a rede; *Domain Name Service* [DNS], um protocolo que permite atribuir a um número IP uma nomenclatura; *BitTorrent*, protocolo conhecido pela transferência direta de arquivos entre usuários etc.).

provedor de internet. Uma empresa que provê o acesso à rede mundial de computadores. Este provedor pode lhe fornecer acesso à internet através de muitos meios, como, por exemplo, através do uso da linha telefônica (*dial-up*, ou internet discada, e DSL, sigla de *Digital Subscriber Line*), da internet a cabo (faz uso do cabo da empresa de TV a cabo), do FTTH (sigla para *Fiber-To-The-Home*, conhecida como fibra ótica), Ethernet, Wi-Fi, WiMAX e muitos outros (Figura 8.1). O importante aqui é saber que o provedor nos fornece o acesso à internet.

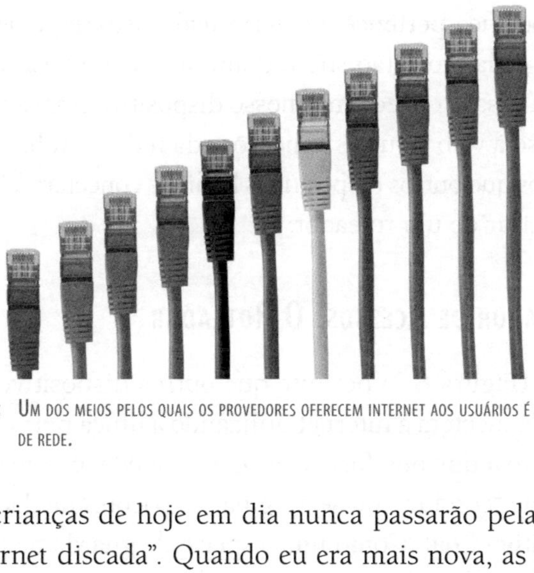

FIGURA 8.1: UM DOS MEIOS PELOS QUAIS OS PROVEDORES OFERECEM INTERNET AOS USUÁRIOS É ATRAVÉS DOS CABOS DE REDE.

As crianças de hoje em dia nunca passarão pela famigerada "internet discada". Quando eu era mais nova, as pessoas se conectavam à internet através do próprio cabo do telefone. Ao utilizar a internet, as pessoas ocupavam o telefone. Ninguém conseguia telefonar. Você colocava o telefone no ouvido e ouvia um chiado terrível. Me recordo que, aqui no Brasil, custava mais barato se conectar depois da meia-noite e antes das 6h da manhã. Nos finais de semana também era mais barato. Lá em casa, meu pai nos permitia utilizar a internet apenas por algumas horas no final de semana. Ele temia que nós fôssemos nos "viciar nessa tal de internet". Mal ele sabia que a sociedade inteira, anos depois, estaria completamente integrada à internet. Os tempos mudaram.

Quando contratamos um provedor de internet, preenchemos um cadastro de clientes e realizamos o pagamento do serviço oferecido, o *acesso* à internet. Assim, fornecemos ao provedor informações sobre nós, como nome, endereço, número de telefone, entre outros dados informativos, além do pagamento mensal. O provedor nos fornece, então, uma espécie de "porta" que nos dá acesso à internet. É importante saber que fica registrado que essa "porta" específica pertence a determinado usuário, cujas informações de cadastro estão sob o domínio da empresa. Quando chegamos a casa, e conectamos nosso dispositivo final à internet, temos acesso à web e outras aplicações da rede mundial. Porém, se desejamos que outros dispositivos finais se conectem à internet, vamos precisar de um roteador.

Multiplicador de Acessos: O Roteador

O *roteador* (Figura 8.2) permite que outros dispositivos finais também se conectem à internet utilizando a única porta de acesso que o provedor nos forneceu. *Grosso modo*, o roteador é o aparelho que "conduz", ou seja, "guia" os pacotes de dados para um dispositivo final. Como uma espécie de guarda de trânsito, o roteador faz a condução dos pacotes, por meio de rotas, que serão entregues ao destino final correto. Então, se desejamos que três dispositivos finais, ou mais, em nossa casa, acessem a internet, não precisamos fazer três assinaturas de acesso com o provedor. Precisamos de um roteador ao qual os dispositivos finais se conectem. Assim, o aparelho abre mais algumas rotas de caminho aos pacotes para que estes saibam à qual dispositivo final se encaminhar.

FIGURA 8.2: UM ROTEADOR É UM EQUIPAMENTO UTILIZADO PARA FAZER A LIGAÇÃO DE PROTOCOLOS, PERMITINDO A COMUNICAÇÃO ENTRE COMPUTADORES DISTANTES ENTRE SI.

Vamos fazer algumas importantes observações sobre o que foi mencionado até aqui. A primeira observação é em relação ao engajamento dessas redes entre si. Como mencionado anteriormente, a internet é uma rede formada por outras redes. Existe uma hierarquia nesse aspecto. Uma rede, estabelecida entre dispositivos finais em um município, se conecta a uma rede maior, como, por exemplo, de uma região. Esta, por sua vez, se conecta à rede nacional que, novamente, se conecta à rede internacional. Em outras palavras, as redes de "nível mais baixo" se conectam às redes de "nível mais alto".[3] A diferença entre essas redes é a velocidade em que os dados trafegam, e isso é determinado segundo o tipo de infraestrutura utilizado. Redes de altíssimo nível possuem uma excelente infraestrutura que permite o tráfego em alta velocidade, pois utilizam, por exemplo, fibras óticas, cabos e outros elementos essenciais que operam por terra, pelo fundo dos mares ou via satélite. Esse conjunto de infraestrutura de grande

[3] KUROSE; ROSS, 2006, p. 3.

potência e velocidade é o que chamamos de *backbone*, que foi comentado anteriormente. Façamos uma pequena observação com relação aos backbones.

Os backbones são tidos como redes de nível 1, por constituírem a infraestrutura de maior velocidade e abrangência, ao passo que uma rede nacional, por exemplo, é conhecida como sendo de nível 2[4] — inferior ao nível 1. Existem outros níveis além desses mencionados, redes de nível 3 e nível 4. Veja bem, apesar de existir uma hierarquia, isso não significa dizer que as redes de nível 2 *necessitam* se conectar *diretamente* com a rede de nível 1 para ter acesso à internet. Duas redes de nível 2 podem realizar uma conexão entre si, porém, se quiserem ter acesso à internet, uma dessas redes terá de se conectar à rede de nível 1 — ou seja, terá de fazer uso de um backbone. Segundo Kurose e Ross (2006), cabe lembrar que quando duas redes de nível 2 realizam uma conexão direta entre si, elas são denominadas de pares uma da outra, ou *peers*.[5]

Nesse sentido, é importantíssimo o conceito principal da internet: ela é uma *rede de redes*. As redes vão se constituindo em níveis mais baixos (como quando temos uma rede local em nossa casa) e, eventualmente, ao se conectarem a outras redes de hierarquia superior (o provedor de internet nos fornece uma "porta" a essas redes superiores), irão se interligar com um backbone e farão parte da internet.

De forma resumida, podemos afirmar, *grosso modo*, que, ao nos conectarmos à internet, nossos dados são trafegados segundo rotas que utilizam vários níveis da rede, do mais baixo ao mais alto. A internet utiliza diversos backbones localizados em diver-

---

4 KUROSE; ROSS, 2006, p. 27.

5 KUROSE; ROSS, 2006, p. 27.

sos países ao redor do mundo. Sabemos também que o primeiro backbone da internet foi fundado nos Estados Unidos, sob a NSF-NET, com a ligação dos cinco supercomputadores localizados no meio acadêmico das universidades norte-americanas. Atualmente, backbones são mantidos por governos e empresas privadas.

Desvendando a Localização: O *Internet Protocol* (IP)

Vamos retornar ao acesso à internet de nossa casa. Discutíamos sobre o provedor de internet. É preciso que lembremos que quando assinamos um provedor de internet — e ele nos fornece uma "porta" de acesso — fica registrado nos servidores da empresa provedora que esta "porta" pertence a determinado cliente, cujas informações são identificadas. Esta "porta" possui um endereço específico, um IP que, mesmo que seja trocado, ainda constará nos registros da empresa essa troca e o novo IP atrelado ao usuário.

O *Internet Protocol* (IP) constitui-se de uma sequência de números separados por pontos. Este é nosso endereço único. É como se o provedor abrisse mais um "ponto" na rede mundial de computadores, identificasse esse "ponto" por um número bem específico e nos outorgasse a posse desse "ponto" de acesso à rede mundial de computadores por um determinado período. O "ponto" é fixo, ao passo que o número de identificação pode se alterar — se necessário for. Contudo, isso não altera o fato de que o "ponto" de acesso continua existindo mesmo que sua "identidade" mude. Resumidamente, é assim que fazemos *parte* da internet. Este "ponto" é nosso acesso, e qualquer informação trocada na rede — ou seja, qualquer dado que trafegue na internet — pode nos ser dirigida se esta souber nosso endereço específico na rede. Quando optamos por estabelecer uma conexão com a internet, necessariamente temos de obedecer a seu conjunto de regras TCP/IP: os dados são trafegados de acordo com um determinado padrão, e o endereçamento é feito de acordo com outro determinado padrão.

Mais recentemente, temos escutado notícias sobre um novo tipo de comportamento das LAN Houses. As *LAN Houses* são casas comerciais que disponibilizam estações de computadores conectados à internet para utilização dos usuários, mediante a compra da *hora-internet*, ou frações de hora. Antigamente, as LAN Houses ofereciam seus serviços sem realizar cadastro dos clientes. O que isso significa? Significa que o usuário poderia navegar na internet, fazer uso de jogos online, ou realizar qualquer atividade utilizando a rede, podendo até mesmo cometer um crime *virtual* prejudicial a outra pessoa, que não poderia ser identificado se a LAN House não dispusesse de nenhum outro meio de verificação. Vamos supor que o caso seguisse ao tribunal e o juiz ordenasse verificar o responsável por determinado número IP no horário entre as 14h e as 15h, do dia 18 de abril de 2014. O provedor da internet buscaria em seu sistema à qual linha telefônica determinado IP, no dia e hora, estaria atrelado. De posse do número de telefone, tanto o provedor da internet quanto o juiz poderiam ter acesso aos dados cadastrais do dono da linha telefônica e chegariam à conclusão que foi a LAN House mencionada anteriormente. Neste exemplo, seria praticamente impossível encontrar o usuário que utilizou o computador, no dia e hora determinados, e cometeu o crime digital. Isso só seria possível caso a LAN House dispusesse de um meio de cadastrar cada um dos usuários que utilizasse um computador. É precisamente este o motivo pelo qual muitas LAN Houses atualmente exigem um cadastro prévio do usuário ao utilizar um de seus terminais de acesso à internet. É uma das formas de encontrar o responsável por determinadas ações na rede mundial de computadores.

Diferentes Objetivos, Diferentes Protocolos

Certo, então eu tenho acesso à internet. Quais usos eu posso fazer dessa rede de redes? Existem vários usos. Um deles é a capacidade de estabelecer uma conexão com outro dispositivo final localizado, por exemplo, na Austrália, e trocar mensagens de voz em tempo real. Veja bem, eu não *necessito* abrir um navegador (como o Chrome, por exemplo) para que isso aconteça. Eu posso estabelecer essa conexão e trocar mensagens de voz *independentemente* de um navegador. Como isso é possível? Isso é possível porque os dois dispositivos finais utilizam o mesmo protocolo *para troca de mensagens por voz*, conhecido como VoIP, sigla de *Voice Over Internet Protocol*. Como utilizam a internet para realizar essa troca, os dispositivos finais também utilizam a família do protocolo TCP/IP para realizar isso, porque todo dispositivo que utiliza a internet também deve aceitar o conjunto de regras para efetuar a comunicação.

Outro uso para a internet é, por exemplo, a troca de mensagens instantâneas, os famosos *chats* (Figura 8.3).. Quando dois dispositivos finais estabelecem uma conexão a fim de realizar a troca instantânea de mensagens entre si, eles podem utilizar um protocolo *específico* para isso, o *Internet Relay Chat* (IRC). Outra vez, também não é *necessário* utilizar um navegador para realizar essa atividade. Talvez o mais famoso uso do IRC tenha sido com o *mIRC*, um programa de computador que, uma vez instalado e executado, permitia a troca de mensagens instantâneas entre os usuários.

FIGURA 8.3: AO LONGO DO TEMPO, SURGIRAM NA INTERNET DIVERSAS PLATAFORMAS QUE PERMITIRAM A TROCA DE MENSAGENS INSTANTÂNEAS. UM DOS SERVIÇOS DE CHAT MAIS UTILIZADOS FOI O MSN MESSENGER, DESCONTINUADO EM 2013, MAS BASTANTE POPULAR EM MEADOS DOS ANOS 2000. ATUALMENTE, É POSSÍVEL UTILIZAR CHATS ATRAVÉS DE REDES SOCIAIS (FACEBOOK, TWITTER, INSTAGRAM) E APLICATIVOS COMO O WHATSAPP.

Outra atividade comum na internet é o envio de um arquivo a um outro dispositivo final. O envio desse arquivo é realizado através do uso do protocolo FTP, sigla de *File Transfer Protocol*. Assim, conseguimos transferir um arquivo a outra máquina de forma bem-sucedida.

Mas ainda existem outras utilidades para a internet. Talvez a aplicação mais *comum* seja a troca de e-mails (Figura 8-4). Fazemos uso do e-mail o tempo todo, seja para enviar um lembrete a um parente, seja no cotidiano do trabalho. O envio e o recebimento de e-mails pela internet são realizados através do uso de protocolos específicos para este fim, qual seja o envio de mensagens eletrônicas. Um dos protocolos que realizam esta atividade é o STMP, sigla de *Simple Mail Transfer Protocol*. Mas ainda existem outros, como o POP3, sigla para *Post Office Protocol*.

FIGURA 8.4: ATRAVÉS DO E-MAIL, TAMBÉM CHAMADO DE CORREIO ELETRÔNICO, É POSSÍVEL ENVIAR E RECEBER MENSAGENS. TRATA-SE DE UMA GRANDE FACILIDADE, POR QUESTÕES DE TEMPO E CUSTO, OFERECIDA PELA INTERNET.

Dentre vários protocolos que compõem a família de protocolos TCP/IP, existe um em especial na camada de aplicação (podemos visualizar na tela) que, muitas vezes, é confundido com a própria internet e com a *World Wide Web*. Este protocolo já foi mencionado anteriormente, porém é interessante que voltemos a ele para "o encaixar" no quadro geral da internet. Este protocolo se chama *HyperText Transfer Protocol*, conhecido especialmente por sua sigla, HTTP. Ele serve de *base* para a comunicação de dados na *World Wide Web*, desenvolvida por Tim Berners-Lee, como dito anteriormente. Mas como ele funciona? Como assim "base" para a *World Wide Web*?

Bem, para responder a esta pergunta, precisamos ainda mencionar o conceito de servidor e cliente.

A Mágica dos Servidores e Clientes

No mundo tecnológico, podemos dizer, *grosso modo*, que existem três tipos de dispositivos finais: alguns operam como *servidores*, porque oferecem um determinado tipo de serviço em rede; outros operam como *clientes*, porque consomem os serviços de outros dispositivos em rede; e outros ainda operam, ao mesmo tempo, como *servidores* e *clientes*. Um dispositivo final que opera como servidor pode, por exemplo, oferecer o serviço de armazenar fotos, textos, arquivos de multimídia, entre outras coisas. O dispositivo final que opera como cliente estabelece uma conexão com o servidor, utilizando a internet, e consome os recursos oferecidos por ele. Muitas empresas mantêm grandes computadores conectados à internet que servem como servidores e raramente são desligados. Neles, estão disponíveis arquivos em diferentes formatos que a empresa fornece a outros dispositivos que os acessem.

A *World Wide Web* utiliza o protocolo HTTP para estabelecer uma conexão entre clientes e servidores por meio de páginas, ou sites, que são possíveis de visualizar por meio de um navegador. Essas páginas ainda oferecem, em seu corpo, textos destacados onde é possível *clicar* e ser direcionado a outra página. Existe uma ligação lógica entre essas páginas. Elas podem ainda conter outras estruturas como vídeos, sons, arquivos de multimídia. Como ocorre esse fenômeno?

Um dispositivo cliente, a fim de acessar um determinado servidor, primeiramente deve saber o *endereço* desse servidor na internet. Assim, ele pode estabelecer uma conexão com o destino certo. Sabemos que a localização de qualquer ponto na rede é conhecida por meio de seu número IP e, portanto, localizamos o servidor utilizando este número de IP. Quando abrimos o navegador (suponhamos aqui que seja o Chrome), podemos digitar na *barra de endereço* o número IP do servidor que desejamos encontrar, por exemplo, o servidor do jornal "Jornaleco". Ora, certamente guardar um nome seria muito mais cômodo e fácil de lembrar do que guardar uma sequência numérica.[6] Portanto, digitamos, por exemplo: "http://www.jornaleco.com" na barra de endereço. O servidor, nesse momento, reconhece o número IP do dispositivo cliente que o acessa e envia a este endereço IP um texto em linguagem HTML.[7] Se abríssemos o documento de texto enviado[8] pelo servidor ao cliente, notaríamos que o documento é composto de textos e de elementos estranhos a nós que desconhecemos a linguagem HTML. Esses elementos estranhos são os códigos próprios dessa linguagem. Não veríamos nada no texto além de palavras e códigos. Nenhuma foto, nenhum arquivo, nenhum vídeo, nada além do mencionado. É exatamente aqui que inserimos o navegador. É ele quem "traduz" essa linguagem e nos apresenta, na tela, um website composto de textos em diversas fontes e tamanhos, fotos estruturadas em determinados locais da página, possivelmente vídeos, imagens animadas, links, e outros elementos que usualmente compõem uma página da web. Para muitas pessoas, isto é o que conhecem como "internet" — porém sabemos que a internet é um sistema complexo que abrange outros elementos além de páginas da web e navegadores.

Certo. Então já compreendemos que quando acessamos determinada página na web, na verdade estamos enviando uma requisição a um número de IP. Este número de IP identifica um dispositivo servidor que nos oferece algum serviço. Este serviço pode ser um arquivo, um texto, uma foto, um vídeo, ou pode ser um código-fonte. O servidor responde a nossa requisição enviando

---

6 E existe um protocolo específico que faz isso, o *Domain Name Service* (DNS). Este protocolo substitui na *barra de endereços* o número IP por uma nomenclatura.

7 É a sigla de *HyperText Markup Language*, ou Linguagem de Marcação de Hipertexto. A HTML é uma linguagem utilizada para produzir páginas da web utilizando códigos próprios.

8 Também conhecido como *código-fonte*.

um código-fonte que é recebido pelo cliente. Este, por sua vez, utiliza um navegador cuja função é interpretar o código-fonte, de modo que o usuário observe uma página da web que contém textos, fotos, vídeos, links etc. Porém, digitar um endereço na barra de endereços do navegador é a única forma de encontrar uma página na web? A resposta é um sonoro "não".

MECANISMOS DE BUSCA

Quando pretendemos visitar uma determinada página da web, a primeira coisa que fazemos é digitar o endereço na barra de endereços do navegador. O endereço, composto por letras que formam palavras e, em alguns casos, frases, seguido por ".com", ".com.br", e outras formas, surge para nos auxiliar a processar e guardar melhor a localização de uma página na vasta rede. Sabemos que é muito mais fácil guardar uma palavra do que uma sequência numérica de um IP. No entanto, se desejamos encontrar alguma informação na rede, disponibilizada em alguma página da web, mas não sabemos o endereço para visitar, o mecanismo de busca é um de nossos maiores auxílios (Figura 8.5).

FIGURA 8.5: OS MECANISMOS DE BUSCA SÃO BASTANTE ÚTEIS PARA ENCONTRARMOS INFORMAÇÕES NA REDE. O GOOGLE É UM DOS MAIS UTILIZADOS.

Um *mecanismo de busca* é uma página na web que, mediante a solicitação de procura pelo usuário em um campo de digitação, lista uma ordem de endereços na web que possam ter relação com a busca desejada. Os endereços são listados seguindo um índice. Mas como um mecanismo de busca faz isso? Ele contém todas essas páginas? Na verdade, não. O mecanismo de busca faz uma pesquisa em seu próprio banco de dados e encontra endereços que tenham relevância com os termos pesquisados. O que é listado como resultado são cópias dos endereços que estão no banco de dados do mecanismo de busca. Ou seja, o que vemos efetivamente não é a web em si, mas uma exposição de parte do banco de dados segundo uma determinada ordem.[9]

Esse banco de dados pode ser construído de duas formas: automática ou manualmente. O primeiro método consiste no uso de um software que sonda a web em busca de páginas. Esses softwares recebem variadas nomeações, mas talvez a mais comum seja *crawler* ("rastejador", em tradução livre). Quando encontra uma página nova, este software faz uma cópia que comporá o banco de dados. Sua função é *rastrear* a web em busca de novos conteúdos, novos endereços que farão parte da sua base de dados no servidor do mecanismo de busca. O segundo método não utiliza programas de computador. O banco de dados é construído pela inserção de endereços por seus responsáveis, e recebe endereços novos dos próprios autores das páginas. Seguindo determinados critérios, os responsáveis têm a opção de inserir ou não determinado endereço em seu banco de dados. Tecnicamente falando, este último método é largamente utilizado por diretórios.[10]

9 DZIEKANIAK, 2002, p. 174.

10 DZIEKANIAK, 2002, p. 178.

Os mecanismos de busca são conhecidos como os "portais" da web. São utilizados pelos usuários que pretendem acessar páginas que lhe são desconhecidas, a fim de obter sucesso em uma pesquisa. O Google atualmente é o soberano dos sistemas de busca na web, muito popular e conhecido dos usuários.

Um conceito muito importante neste tópico é sobre a criação de bancos de dados. Os mecanismos de busca são apenas uma das páginas que mediante informações e dados constroem um acervo de informações para seu uso. Outras empresas na web realizam a mesma tarefa de modos diferentes. Algumas constroem o acervo de informações baseado nos dados inseridos pelos próprios usuários, como em um webmail, ou páginas de relacionamentos e mídias sociais, como o Facebook. O serviço de e-mail ainda é a aplicação mais utilizada pela internet pela comodidade e facilidade de uso — seja pelo uso de programas específicos como o Outlook do Microsoft Windows, ou do Thunderbird do Mozilla Firefox, seja pelo uso através da web, como o Hotmail e o Gmail. As informações trafegam quase que instantaneamente, e o custo certamente é bem inferior ao de serviços postais.

Se torna importantíssimo lembrarmos de um ponto crucial em relação a essa gama de serviços oferecidos. Apesar de muitas empresas, aparentemente, oferecerem serviços gratuitos, na realidade existe um custo para se ter acesso. Este custo é traduzido na coleta de informações inseridas pelos usuários. Como assim? Bem, sabemos que para ter acesso a determinados serviços, os usuários oferecem em troca suas informações em campos de preenchimento. Temos de inserir nomes, sobrenomes, data de nascimento e outras informações que são coletadas pelas empresas e passam a compor seus acervos na forma de bancos de dados. O Facebook, por exemplo, é gratuito mas você, em troca do seu serviço, fornece uma vasta quantidade de informações pessoais.

Todas essas informações são passíveis de coleta por programas de computador específicos que as registram. Essas informações passam, então, a fazer parte do domínio de terceiros.

O "Conforto" de um Cookie: Os Cookies

Os *cookies* são tão antigos quanto os próprios navegadores. Os *cookies* são uma forma de coletar informações sobre a navegação de usuários. Eles são capazes de registrar, por exemplo, os hábitos e as preferências dos usuários em páginas da web. De posse dessas informações, os servidores são capazes de distinguir usuários e assim fornecer páginas personalizadas, de acordo com os gostos do usuário específico. Além disso, também são capazes de rastrear as páginas navegadas, e em alguns casos até mesmo registrar o histórico da navegação. Mas o que são os *cookies*?

Geralmente, os *cookies* são dados transferidos de um servidor para um dispositivo final cliente e armazenados neste último. Os dados em formato de texto são os mais utilizados. Esses arquivos são instalados em uma parte do dispositivo final que chamamos de disco rígido ou *hard disk* (HD). O tamanho de um *cookie* é característico por ser bem pequeno, em torno de 4KB. Quando o servidor transmite um *cookie* para um navegador, essa transmissão é automática — não pede a autorização do usuário — e muitas vezes fica invisível a ele. Uma grande porção das páginas não oferece a possibilidade de consentimento por meio de formulários de aceitação de *cookies*. Seu armazenamento é feito por um tempo determinado. Esse tempo determinado pode durar uma única sessão (apenas durante a navegação do usuário em uma determinada página da rede) ou ser indefinido. No caso de o tempo ser indefinido, o usuário é quem deve manualmente remover os *cookies* instalados no disco rígido. Os navegadores usualmente oferecem opções em relação ao armazenamento e o aviso quanto a esses ficheiros automáticos, mas é preciso que a ação de "filtragem" inicie a partir do usuário. Também é possível configurar os motores de busca na web para enviar notificações sobre ficheiros presentes em sítios na rede.

No entanto, quantas pessoas conhecem efetivamente informações relativas aos *cookies* e sua atuação no campo digital? A preocupação gira em torno, inclusive, do fato de que alguns usuários sequer sabem o que são e quais suas funções — e, no entanto, eles continuam fazendo parte de procedimentos automáticos. Esta brecha se configura em uma tremenda oportunidade de atuação invisível para coleta de informações.

Uma vez instalados no disco rígido, os *cookies* adquirem algumas funções. Uma dessas funções diz respeito ao armazenamento de informações em sítios da rede, para um "melhoramento" da navegação. Assim, da próxima vez que o usuário navegar no sítio determinado, alguns campos estarão personalizados de acordo com preferências do usuário e seus hábitos de navegação. Um dos exemplos se refere ao armazenamento de logins e senhas em páginas da rede. As páginas de comércio digital, em que o usuário dispõe no navegador de um carrinho de compras, e navega entre as seções da loja virtual, são conhecidas por manter listas de preferências de compras. Assim, quando o usuário posteriormente retornar às compras, seus gostos estarão salvos. Isto poderia encurtar o tempo, já que resumiria ações repetitivas do usuário.

Um *cookie* também é capaz de fornecer estatísticas quanto aos acessos em uma página, inclusive informações sobre a permanência de um usuário específico em determinada página, retorno de usuários antigos, registro de usuários novos etc.[11] Essa forma

[11] MARTINS; MADUREIRA, 2012, p. 4.

de rastreamento possibilita a construção de análises estatísticas que, uma vez formuladas, auxiliarão o responsável da página a tomar decisões baseadas nos hábitos e preferências dos usuários que visitam sua página. Essa é uma forma de otimizar vendas, coletar dados e informações e construir bancos de dados de uma determinada audiência. Os *cookies* podem ir além disso: uma vez armazenados, mesmo que o usuário tenha trocado de página na web e navegue em outra, eles poderão acompanhar toda a navegação do usuário e registrar suas ações, além de poderem, inclusive, registrar o histórico de navegação presente nos navegadores. Nota-se como um arquivo tão pequeno pode auxiliar na coleta de perfis detalhados de usuários e modos de navegação por parte do responsável por uma página na rede.[12]

É interessante notar que, apesar de ser possível desarmar um navegador quanto ao recebimento automático desses ficheiros digitais, alguns sítios têm seus serviços limitados quando são impossibilitados de transmitir *cookies* aos dispositivos finais. A experiência de navegação em algumas páginas fica comprometida e muitos recursos disponíveis são desligados ou impossibilitados de ser utilizados em sua forma original. Eis aí uma boa chantagem!

Existem ainda outras preocupações em relação aos *cookies*. Eles são divididos em duas categorias: a primeira categoria diz respeito aos *cookies primários*, que são os ficheiros transmitidos ao navegador pelo próprio servidor do site. A segunda categoria diz respeito aos *cookies de terceiros*, que são ficheiros transmitidos ao navegador por *outro* servidor "infiltrado" na página. Como assim? Isso é possível de acontecer quando uma determinada página na web utiliza um arquivo, como uma foto ou vídeo, localizado em outro servidor. Em vez de ter esse arquivo em seu próprio

12 ALDEIAS, 2012 p. 6, 8–10.

servidor, a página busca o arquivo em um *segundo* servidor que não está sob seu domínio, e o aloca em seu sítio. Desse modo, o arquivo é possível de ser visualizado enquanto o *outro* servidor o disponibiliza. Logicamente, quando o usuário visita uma página, ele desconhece se *todo* o conteúdo mostrado no navegador pertence ao servidor original da página ou se parte do conteúdo está alocado em um segundo servidor, pelo qual o servidor original não possui nenhuma responsabilidade ou domínio. Quando a página é visualizada no navegador, *cookies* de servidores terceiros podem se alocar no disco rígido, evidenciando mais uma brecha de segurança sobre esta ferramenta largamente utilizada na rede.

Os *cookies* são o tema central de uma diretiva da União Europeia sobre consentimento e privacidade na rede, datada de 2009. Essa diretiva afirma que os *cookies* devem pedir autorização do usuário para serem armazenados no disco rígido, bem como para terem acesso a informações previamente armazenadas. Sem o expresso consentimento do usuário, o *cookie* não pode ser instalado. Existem algumas exceções.[13] Essa diretiva tem como função resguardar a privacidade e os dados pessoais dos usuários nos âmbitos digitais dos meios de comunicação eletrônicos. A diretiva é uma lembrança constante e encontra-se disponível no site do Parlamento da União Europeia.

Os Anúncios do Gigante Google: Google AdSense

O *cookie* é um dos elementos que compõem um sistema de anúncios digitais oferecido pelo Google ao realizarmos pesquisas por

---

[13] Se o propósito do *cookie* for para efetivar a transmissão de uma comunicação, ou for estritamente necessário para o provedor de um serviço da sociedade de informação, explicitamente requisitado pelo usuário, prover um serviço determinado. Disponível em: <http://ec.europa.eu/ipg/basics/legal/cookies/index_en.htm>. Acesso em: 20 ago. 2015.

termos no mecanismo de busca da companhia. O *Google AdSense*, segundo Martins e Madureira,[14] é uma poderosa ferramenta de publicidade segmentada e funciona da seguinte forma: por meio de *cookies* instalados no disco rígido do dispositivo final utilizado pelo usuário, a companhia constrói um banco de dados detalhados que contém informações específicas quanto às preferências e hábitos de navegação do usuário. Essas informações registradas são resgatadas e utilizadas para personalizar buscas e inserir anúncios específicos relacionados às preferências e pesquisas efetivadas pelo usuário do motor de busca e do webmail. A empresa trabalha diretamente com o anunciante, sem a necessidade de intermediários, e funciona da seguinte forma:

> Quando o internauta digita uma palavra-chave (termo de busca), junto com os resultados aparecem *links* patrocinados, comprados por anunciantes. Esses *links* aparecem em *boxes* indicados com a expressão *Ads by Google* ou em produtos da empresa, como o *Gmail* e o buscador. [...] Teoricamente, quem faz a busca por certas palavras está interessado naquele produto ou serviço. Exemplo: ao digitar a palavra *tênis* e efetuar a busca, vários anúncios de sapatarias são associados e exibidos. O anunciante só é cobrado quando a pessoa clica no anúncio e é direcionada para a página da empresa. [...] É possível segmentar os anúncios conforme idioma e regiões geográficas específicas, seja por país ou região. O endereço da empresa também pode ser *linkado* no *Google Maps* para facilitar a localização pelo usuário. [...] Para garantir uma palavra, o anunciante participa do leilão do *Google AdWords*. É preciso fazer um lance por cada palavra-chave. Quem pagar mais por uma determinada palavra-chave tem o site *linkado* com destaque publicitário no *Google*.

[14] MARTINS; MADUREIRA, 2012, p.10.

> Quanto mais caro o valor do lance, mais visível a empresa fica para internautas que fazem a busca (MARTINS E MADUREIRA, 2012, p. 10).

O banco de dados do Google contém uma maior quantidade de dados e detalhes se o usuário dispõe de uma conta registrada em seu sistema, a fim de utilizar seus serviços disponíveis. Sabemos que a variedade de serviços oferecidos pela gigante da tecnologia é maciça: desde serviços de troca de mensagens eletrônicas via webmail (Gmail), passando por troca de mensagens instantâneas (Google Hangout), serviços de navegação na web (Google Chrome), localização precisa e informações de mapeamento (Google Maps), estados de saúde (Google Health), serviços de vídeo (YouTube) e outras finalidades. Sendo assim, a quantidade de informações transmitidas aos servidores é igualmente maciça, e elas passam a fazer parte de um rico e detalhado banco de dados disponível para uso da própria empresa.

O Sistema DNS

A importância do DNS é imensa. Ele mantém as regras de funcionamento da internet entre os dispositivos finais. Sem esse sistema a rede mundial de computadores entraria em colapso, uma vez que os dispositivos finais não obedeceriam certas regras quanto à ordenação de suas ações. A sigla *DNS* significa *Domain Name System*, que pode ser traduzida para algo próximo de "Sistema de Nomeação de Domínios".

Como vimos anteriormente, qualquer dispositivo final que se conecta à internet recebe uma numeração dividida entre pontos — este é o IP. Este número identifica a localização de um dispositivo na rede de modo que possam partir dele pacotes de dados e possa receber também pacotes de dados. É a partir dele que enxergamos seu "endereço" na rede de redes. Ainda quando a internet estava engatinhando e havia poucas máquinas conectadas, identificar os números de IP não era um problema — afinal, havia poucas máquinas ligadas à rede. Portanto, se a máquina localizada, por exemplo, em Harvard, detinha o número de IP 42.153.4.99, bastava que eu apelidasse esse número de "HarvardPC" para que minha máquina pudesse lembrar qual o endereço IP do computador de Harvard. Logo se pensou em criar um arquivo de texto contendo todas as nomenclaturas correspondentes aos IPs na rede, para facilitar o processo. Esse arquivo de texto ficou conhecido como *hostname*. Deste modo, quando se pensasse em enviar uma determinada informação a um dispositivo final de destino, bastaria que a própria máquina primeiro desse uma "checada" no documento para saber qual o número correspondente de IP. Eu não precisaria mais anotar ou lembrar um número de IP para enviar uma informação a meu destino, pois, no momento em que eu digitasse o nome correspondente ao endereço, a máquina, antes de tudo, buscaria no hostname o endereço de IP correspondente. Em outras palavras, a máquina consultaria uma tabela de correspondência entre nomes e números de IP.[15]

Este documento de texto foi compartilhado na rede, e em pouco tempo adotado por todos que utilizavam a internet. Todos tinham acesso aos "nomes" dos IPs dos dispositivos da rede e poderiam resolver o problema de encontrar um endereço de forma

[15] Os dispositivos atuais ainda utilizam o mecanismo de hostname para buscar endereços IP, em um primeiro momento. Existem programas de computador maliciosos que, propositalmente, alteram a correspondência entre números de IP e nomenclaturas para enganar o usuário. Assim, quando ele digitasse, por exemplo, a nomenclatura do endereço de um banco na barra de endereços do navegador, seria dirigido a uma outra página web — que muitas vezes se assemelha grandemente com a página web oficial do banco. O usuário, desconhecendo a confusão entre páginas, usufrui da página maliciosa como se estivesse utilizando o canal oficial. Muitas informações, então, são roubadas do usuário, bem como transações bancárias podem ser realizadas para contas criminosas.

prática e fácil. Esta é a origem inicial da ideia por trás do DNS. O sistema de nomeação de domínios, em realidade, só surgiria mais de uma década depois.

Entretanto, a solução de instalar arquivos de texto que pudessem ser rapidamente checados pela máquina em um procedimento automático sanaria o problema com a pouca quantidade de dispositivos interligados, e também caso não houvesse necessidade de atualizar o documento — seja por inserir novos endereços, seja por atualizar endereços antigos. Mas o número de dispositivos aumentou, e aumentou de forma espantosa. A conveniência de inserir novos endereços e de atualizar os antigos passou a ser frequente e muito importante. Seria inviável que, a cada atualização, um novo arquivo de texto fosse compartilhado na rede e instalado em cada máquina. Logo se percebeu que o problema era um pouco maior do que o esperado, e não poderia ser resolvido mediante esse compartilhamento de arquivo — uma vez que seria inviável a atualização constante. Uma nova solução, que envolvesse a criação de um verdadeiro sistema que pudesse lidar com a complexidade do problema, deveria ser encontrada.[16]

O DNS veio para solucionar este problema mais de dez anos após a primeira construção de documento de texto com essa finalidade. A construção de um sistema que pudesse automaticamente "traduzir" as nomenclaturas em seus números de IP correspondentes alcançaria a vasta rede — desde redes menores às mais abrangentes — e, o melhor de tudo, de forma *instantânea*.

---

16 Atualmente, ainda é utilizado o documento de texto contendo o número de IP e a nomenclatura correspondente. Cada dispositivo final conectado à rede automaticamente gera um pequeno arquivo de texto que é utilizado pela máquina. Neste arquivo, uma determinada nomenclatura é assimilada a um número IP. Quando o usuário digita no navegador, por exemplo, a palavra "quadrado", o dispositivo primeiramente procura neste documento de texto o número de IP correspondente à palavra "quadrado". Se ele não encontra, o próximo passo é perguntar aos servidores DNS do provedor de internet qual IP corresponde à palavra "quadrado". Utilizando os servidores DNS, ele é capaz de encontrar uma resposta que é mostrada no navegador.

O serviço DNS traduzia automaticamente os números de IP em nomes mais fáceis de lembrar pelo usuário (e vice-versa) e, além disso, informaria uma rota para se chegar ao destino final — tudo isso baseado em uma ordenação hierárquica. Este sistema utiliza um banco de dados distribuído em servidores que permite que cada máquina possa, rapidamente, consultar listas de endereços pela rede. Essas listas contêm, inclusive, endereços de outros servidores — caso a máquina do usuário não encontre o IP correspondente a uma nomenclatura, o servidor o direciona a outro servidor que possa informá-lo. Sendo assim, se torna um pouco lógico que o DNS possua servidores próprios para armazenar as tabelas de IPs e suas respectivas nomenclaturas. Os servidores DNS obedecem uma *hierarquia* para funcionar e são compostos por *zone files*, ou "zonas de arquivos". Cada zona de arquivo é um domínio diferente.

Mas quem são os servidores DNS? Bem, um provedor de serviços da internet possui um ou mais servidores DNS locais. Os provedores de serviços de internet são proprietários de um conjunto de serviços oferecidos ao consumidor — desde oferecer uma "porta" de acesso à internet, mediante um número de IP, até oferecer um servidor DNS para que o dispositivo do usuário faça sua "consulta" ao banco de dados nele inserido e encontre, assim, o endereço IP pelo qual esteja buscando.

Essa conversa pode ir além. E, para fazer isso, é importante que saibamos algumas coisas. Já sabemos que a estrutura DNS opera segundo a *hierarquização* do sistema de nomes. Uma hierarquia é composta de diferentes níveis — um nível ao alto, outros níveis intermediários em posições distintas e, finalmente, um nível abaixo dos demais. Veja bem, o DNS é um sistema hierarquizado de nomeação de domínios.[17] Dizendo de outro modo, podemos afirmar que o DNS é um sistema hierarquizado de zonas de arquivos. Se pudéssemos enxergar a estrutura visual dentro de um servidor DNS, em muito se assemelharia à navegação por pastas do Windows Explorer, do Microsoft Windows. Cada zona de arquivo seria uma pasta, e cada pasta é um domínio.

Teixeira Junior (1996) traz uma boa explicação resumida sobre o funcionamento do sistema DNS. Ele diz o seguinte:

> O rápido crescimento da internet levou à introdução de domínios e subdomínios DNS. Os domínios compõem a estrutura do DNS e podem ser comparados a diretórios em um sistema de arquivos, com cada domínio aparecendo como subárvores de informações no espaço de nomes de domínios. [...] Os domínios são implementados como hierarquias, e podem ser vistos como uma árvore invertida começando no *domínio-raiz*. [...] O domínio-raiz é atendido por um grupo de servidores de nomes chamados servidores-raízes. Os servidores-raízes só possuem informações completas a respeito dos *domínios de topo*, que são aqueles domínios que vêm imediatamente abaixo do domínio-raiz na árvore de hierarquia de domínios. Estes domínios de topo, por sua vez, têm apontadores para os servidores em subdomínios de níveis inferiores. Nenhum servidor, nem mesmo os servidores-raízes, possuem informações completas sobre todos os domínios, mas os apontadores podem indicar-lhes que servidores fornecem a informação desejada. Assim, os servidores-raízes podem até não saber a resposta para uma determinada consulta, mas certamente saberão para que outro servidor direcioná-la (TEIXEIRA JUNIOR, 1996, p. 5).

---

17 O banco de dados nos servidores DNS é composto por *zone files*, ou "zonas de arquivos". A zona de arquivo é um subconjunto da estrutura hierárquica de nomeação de domínios. Uma zona de arquivo pode conter um único domínio, mas pode conter também mais de um domínio.

É importantíssimo salientar o aspecto de segurança do sistema DNS. Quando um dispositivo realiza uma busca nos servidores DNS, para descobrir o número de IP de uma determinada nomenclatura da barra de endereços de um navegador, ele consulta um banco de dados em que pode constar a identificação daquela nomenclatura a um número IP. Caso não saiba, irá, pelo menos, saber indicar a qual servidor o dispositivo do usuário deve ir.

Essa consulta é feita de modo automático, em pouquíssimos segundos e o usuário não testemunha os passos desse procedimento. Se, acaso, maliciosamente, fosse alterado o número de IP correspondente a uma nomenclatura, o usuário seria dirigido a uma *outra* página *sem consciência* do fato (a não ser que ele já houvesse visitado determinada página web antes e percebesse as diferenças visuais, caso houvesse alguma). Essa é uma das importâncias em adquirir conhecimento de uma estrutura tão inerente à rede internet.

Mas vamos retornar aos procedimentos realizados pelo dispositivo em busca de um número de IP que deseja. Estamos utilizando um navegador e desejamos acessar a página web de um site pela primeira vez. O dispositivo acessa, primeiramente, o arquivo hostname dentro de si próprio, buscando o endereço. Quando ele percebe que não possui, seu próximo passo é perguntar ao servidor DNS do provedor de internet. O servidor DNS busca dentro do seu banco de dados, nas zonas de arquivos (conhecidas também como domínios), o IP correspondente à nomenclatura. Se este não dispuser, vamos subindo de nível até encontrar um servidor DNS que possa nos oferecer o número IP correspondente. Todas essas operações acontecem de forma rápida, ágil e praticamente instantânea.

Como é possível notar, a estrutura DNS funciona em camadas, ou níveis. O servidor DNS mais alto dentro da estrutura é chamado de *root server*, ou "servidor-raiz", e é designado por um ponto ("."). Ele está no topo da *cadeia* da estrutura DNS. A segunda camada da estrutura DNS é composta pelos servidores *Top Level Domains* (TLD), ou "servidores de domínio do nível superior". Fazem parte desta camada as designações de domínio do tipo ".com", ".org", ".ed" etc. Em seguida, na próxima camada, estão os *Domain Servers*, ou "servidores de domínios". Uma empresa como o Google, por exemplo, tem seu próprio servidor de domínio, assim como a empresa Yahoo!. As designações de domínio dessas duas empresas são, portanto, "Yahoo!" e "Google",[18] por exemplo. A próxima camada é conhecida como *forwarders*, ou "encaminhadores". Essa camada se comporta como uma espécie de "atalho", de forma que torne o processo ainda mais veloz. É composta, *grosso modo*, pelo servidor DNS do provedor de internet. Este servidor DNS é atualizado segundo um período de tempo e contém zonas de arquivos com informações de domínios já visitados por usuários daquele provedor de internet.

O que é importante saber é que, pela hierarquização, cada camada conhece a si mesma e às demais camadas inferiores — mas não a camada superior. Assim, cada servidor de uma determinada camada é capaz de identificar qualquer endereço de IP que conste em sua própria camada, ou nas camadas inferiores abaixo de si. Se a máquina realiza uma busca nos servidores DNS de uma determinada camada e não encontra o número IP correspondente, a busca é, em seguida, realizada na camada superior àquela pesquisada. E assim sucessivamente.

---

[18] Muitas pessoas desconhecem esse fato, mas quando digitamos, por exemplo, www.google.com, essa nomenclatura é finalizada por um ponto (".") que não aparece — mas está lá. Identificamos, portanto, três domínios: ".", ".com" e "Google".

Vamos dar um exemplo final de como a estrutura DNS funciona. Vamos supor que a usuária Maria deseja visitar a página "www.msn.com.br". Maria dispõe de um computador de mesa cujo navegador é o Mozilla Firefox. Ela digita na barra de endereços do navegador o endereço que deseja navegar. Seu computador realiza uma série de procedimentos bem rápidos, quase instantâneos, e não leva mais de dois segundos para acessar o servidor web do MSN para realizar o download da página no navegador — permitindo que Maria navegue conforme queira no site. O computador faz os seguintes procedimentos: primeiramente, ele acessa o arquivo de texto hostname em busca do endereço IP correspondente a "www.msn.com.br". O computador não encontra o endereço de IP. Em seguida, ele se dirige ao servidor DNS do provedor de internet de Maria. Dentro do servidor DNS, existe um banco de dados dividido em "zonas de arquivos". Ele pode encontrar o endereço de IP correspondente em uma dessas zonas de arquivo. Caso ele não saiba responder, por onde começar? O computador sabe que, apesar de Maria ter digitado "www.msn.com.br", existe, na realidade, no final da nomenclatura um ponto-final (".") que indica o servidor-raiz. Este está no topo da estrutura DNS. O computador de Maria, então, pergunta ao servidor-raiz qual é o número de IP correspondente à nomenclatura. O servidor-raiz não sabe exatamente qual é o número IP correspondente, mas ele conhece o servidor ".com" — que está em uma camada abaixo da sua. Assim, o computador de Maria sabe que não se deve dirigir a outros domínios como ".net" ou ".org" e realizar uma busca dentro dessas zonas de arquivos. Elas estão excluídas da busca, encurtando o tempo de pesquisa. O computador de Maria pergunta ao servidor DNS ".com" qual é o endereço de IP correspondente. O domínio ".com" desconhece o endereço de IP, mas conhece o domínio ".br", porque está em uma camada abaixo da sua — e assim direciona o computador de Maria para que realize uma busca pelo número de IP dentro dessa zona de arquivos, ou servidor ".br". O computador de Maria, então, parte para a próxima camada. A próxima zona de arquivo, ou domínio ".br", conhece o domínio "msn", porque está em uma camada abaixo de sua própria. O domínio ".br" fornece ao computador de Maria a localização do domínio "msn" e o guia até esta zona de arquivos. Está cada vez mais próximo de encontrar o IP correspondente à solicitação de Maria. Na zona de arquivos do domínio "msn", existem muitos servidores. Um desses servidores é o servidor web da empresa MSN, ou seja, é o servidor que transmite conteúdo para navegadores por meio da *World Wide Web*.[19] Bem, a máquina de Maria sabe que precisa procurar neste servidor web a página web, porque Maria digitou "www", que é a designação do servidor específico para *World Wide Web*. O computador da Maria sabe, afinal, identificar o número de IP atribuído ao servidor web da empresa MSN. O computador de Maria faz o download da página web do servidor web do MSN — e o conteúdo é traduzido em formas visuais de texto, arquivos de fotos, multimídia e demais informações através do navegador. Maria está pronta para navegar no domínio que tanto desejava. Toda a operação acontece em menos de dois segundos e o caminho utilizado para esses procedimentos é a internet, por meio do protocolo TCP/IP.

Agora vamos verificar uma outra situação. Suponhamos que Maria queira registrar um nome de domínio para sua página web. Ela quer registrar a nomenclatura "www.diariodamaria.com" como sendo sua, para que todas as vezes que um usuário digitar este endereço no navegador ele consiga acessar sua página web, que contém

[19] Certamente, a empresa MSN não possui apenas um servidor web, mas centenas deles. A esse conjunto de servidores, dá-se o nome de *labels*, ou "rótulos". O termo "www" é um *label* que designa um grupo de servidores específicos.

textos, fotos, vídeos, entre outros elementos. Primeiramente, Maria deve ter um servidor web para oferecer o serviço de download da página web aos navegadores dos usuários que queiram visitar o endereço. Neste servidor web, portanto, se encontram os textos, as fotos, vídeos, arquivos multimídias necessários à composição da página web. Em um segundo momento, Maria deve também dispor de um servidor DNS. Este servidor DNS, como sabemos, é dividido em *zone files*, as zonas de arquivos — que são os domínios. Por se tratar de um endereço ".com", Maria deve registrar sua página web na camada em que se encontra o domínio ".com" — esta camada, como vimos, é chamada de TLD, *Top Level Domains*. É a camada abaixo da camada de nível mais alto, root server. Certo. Existem alguns sites específicos que oferecem o serviço de registro de nomes de domínio; dessa forma, Maria deve pesquisar se alguém já possui este endereço registrado. Caso não tenha ninguém, o endereço de domínio se encontra disponível e Maria poderá tê-lo para si. Sendo assim, Maria contrata o serviço de registro de nome de domínio ".com", e atribui a nomenclatura "www.diariodamaria.com" para o número de IP de seu servidor web. O que isso quer dizer? Isso quer dizer que, a partir de agora, o nome de domínio "www.diariodamaria.com" levará os usuários a seu servidor web — e eles serão capazes de navegar em sua página web. Maria contrata o serviço por, suponhamos, cinco dólares ao ano. Ela paga cinco dólares para ter este endereço atribuído a seu servidor web pelo período de um ano. E para que serve o servidor DNS da Maria? Este servidor DNS começa a fazer parte da estrutura do sistema DNS, de forma automática. Todas as vezes que o banco de dados é atualizado, este servidor também se atualiza. Quando o dispositivo de um usuário busca o endereço de IP do servidor web da Maria (para navegar em sua página "www.diariodamaria.com"), este dispositivo perguntará ao servidor DNS de seu provedor de internet qual é o número de IP necessário para navegar na página web da Maria. Talvez não saiba por ainda não ter sido atualizado, afinal, o registro é recente. Então ele começará pelo servidor-raiz (root server), que o encaminhará ao domínio ".com". Este domínio informará o servidor DNS de Maria — já que este servidor foi registrado —, que, por sua vez, possui em suas zonas de arquivo o endereço IP correspondente à nomenclatura requerida pelo navegador do usuário. Dizendo de outra forma, isso significa que o dispositivo do usuário perguntará ao domínio ".com" qual é o número de IP correspondente. Por estar registrado sob o domínio ".com", este saberá encaminhar ao servidor DNS de Maria, que informará com precisão qual é o número de IP que o usuário busca. Ou seja, qual o número de IP do servidor web que contém a página web para download.

Dois detalhes são importantes aqui. O primeiro é em relação à memória cache de um dispositivo final. O segundo é sobre a frequência com que servidores DNS das mais altas camadas são acessados. A *memória cache* é uma memória do computador muito útil quando se fala em redes. Esta memória *recorda* de informações que são *frequentemente* usadas, para que o acesso a elas seja mais fácil e rápido. Se, por exemplo, eu tenho o costume de frequentar o endereço "www.diariodamaria.com" de uma mesma máquina, esta máquina não percorre toda a trajetória descrita para acessar a página web — ela já *gravou* o caminho percorrido, e, portanto, ela própria possui a informação do número IP correspondente. Não há necessidade de sair do nível local para buscar a resposta. O que nos leva ao segundo detalhe. Através dos recursos oferecidos pela memória cache e pelos forwarders, é com alguma raridade que a máquina de um usuário tem de recorrer aos servidores DNS das camadas mais altas. Isto porque a solução para a busca de números IPs pode estar presente nos níveis mais baixos — justamente através desses dois recursos.

Os servidores DNS, como podemos perceber, funcionam como guardas de trânsito que orientam os pedidos e respostas e os encaminham aos destinos finais — tudo isso segundo uma lógica ordenada baseada em hierarquias. É desta forma que funciona, *grosso modo*, o sistema DNS.[20] [21]

Já parou para pensar como toda essa estrutura é viável? Quem são as pessoas que mantêm a estrutura funcionando? Existe alguém responsável pelo sistema? Quem? Essas perguntas são bastante pertinentes, afinal, vimos que o sistema DNS é inerente ao funcionamento da internet. Sem este sistema, a internet da forma que conhecemos entraria em colapso. E não apenas isso, mas pudemos observar que, realizando algumas alterações nos bancos de dados, é possível que se alcance fins ilícitos sem que o usuário médio da *World Wide Web* sequer note. Ações criminosas no mundo digital poderiam passar completamente despercebidas com relativa facilidade.

Existem três grupos responsáveis pelo sistema DNS: a corporação, sem fins lucrativos, *Internet Corporation for Assigned Names and Numbers* (ICANN), responsável por políticas importantes do sistema como, por exemplo, a alocação de espaço para endereços IP, o gerenciamento do sistema de nomeação TLD, as atribuições do protocolo de identificações do sistema, e as funções de gerenciamento do sistema de root servers, decidindo sobre quem pode ou não ser provedor de domínios de alto nível — ou seja, são os gerentes de maior nível; a organização *Internet Assigned Numbers Authority* (IANA), que detém um grande papel no sistema DNS, porém está sob o controle da primeira

---

20 É necessário que o número de IP seja fixo e, além disso, público. Assim, o servidor DNS pode disponibilizar a informação para qualquer requerente.

21 As informações sobre o sistema DNS foram obtidas através de uma aula universitária no YouTube, disponível em: <https://www.youtube.com/watch?v=HkOFjTlxSrI>. Acesso em: 29 mai. 2016.

organização, e trabalha em um nível mais intermediário, porém *prático*; e os *Root Operators*, que são os 12 operadores de raízes que gerenciam diretamente os servidores-raízes do sistema DNS — são 13.[22] Estes últimos são os servidores que publicam o conteúdo de um pequeno arquivo de texto chamado *root zone file*.[23] Este arquivo de texto está no topo do sistema DNS que, como vimos, é composto por um banco de dados distribuído de forma hierárquica. Basicamente, a função desse arquivo é trazer uma listagem de nomes e números de IPs correspondentes aos servidores DNS para todos os TLD (*Top Level Domains*), como os domínios ".com", ".net" etc., discutidos anteriormente.

Os três grupos são compostos por atores não governamentais e sem fins lucrativos. Esta dinâmica é capaz, dentro de suas limitações, de manter uma espécie de relacionamento baseado em pesos e contrapesos. Logicamente, há um grande embate político envolvendo a responsabilidade sobre o sistema DNS, uma vez que outros atores — incluindo governos e empresas privadas — possuem o interesse em compartilhar a autoridade sobre o sistema. Segundo a Internet Society, a autoridade da ICANN sobre coordenações e gerenciamento técnico sobre o sistema DNS deriva de acordos com o Departamento de Comércio dos Estados Unidos, USDoC — o que evidencia a potencialidade de um papel maior sendo exercido por este departamento no que diz respeito às raízes do sistema e elementos-chave. Muitas or-

---

[22] Os 13 root servers do sistema DNS são designados por letras do alfabeto em ordem sequencial partindo da "A". São eles: *Verisign Global Registry Services* (A); *Information Sciences Institute* (B); *Cogent Communications* (C); *University of Maryland* (D); *NASA Ames Research Center* (E); *Internet Systems Consortium, Inc.* (F); *U.S. DOD Network Information Center* (G), a antiga ARPANET; *U.S. Army Research Lab* (H); *Autonomica/NORDUNET* (I); *VeriSign Global Registry Services* (J); *RIPE NCC* (K); *ICANN* (L); *WIDE Project* (M). As máquinas que compõem os root servers estão fisicamente localizadas não apenas nos Estados Unidos, mas também no exterior. A localização exata das máquinas é desconhecida por uma questão de segurança.

[23] KARRENBERG, 2006.

ganizações que cumprem um papel de ativismo sobre os rumos da internet e seus elementos têm-se mostrado defensoras de um modelo autorregulador para a internet, ou seja, sem a intervenção de governos e/ou empresas privadas.

CAPÍTULO 9:

COMPREENDENDO A WEB

Muitos de nós confundem a internet com a *World Wide Web*. Sabemos que apesar de estarem intimamente relacionadas, esses dois conceitos são distintos. A internet é a infraestrutura que obedece um protocolo específico capaz de permitir que todos os dispositivos a ela conectados consigam compartilhar dados e informações entre si. A *World Wide Web*, ou simplesmente web, é o sistema composto de páginas, navegador e *elos* — ou links — que, ao obedecer um conjunto de regras próprias, permite ao usuário "navegar" pela internet de modo visual, utilizando para tanto seu mouse, teclado e interface gráfica. Essas regras próprias estão estabelecidas pelo protocolo *HyperText Markup Language*, que conhecemos simplesmente pela sigla HTML.

Se pudéssemos fazer uma representação gráfica simples, ilustraríamos essa relação da seguinte forma (Figura 9.1):

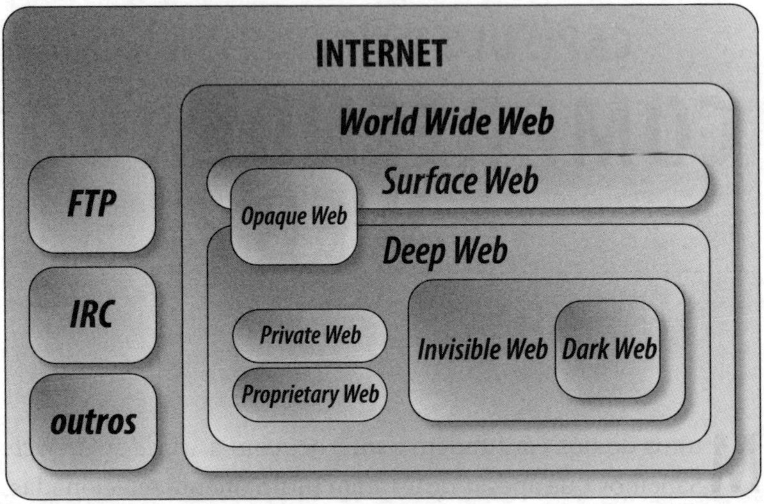

Figura 9.1: Esquema simplificado da internet.

Na internet, existem diversos protocolos compatíveis com o protocolo TCP/IP — que é o conjunto de regras que permite a comunicação entre os diversos dispositivos finais. Esses protocolos incluem, por exemplo, o *File Transfer Protocol* (FTP), para envio/recebimento de arquivos pela internet, o *Internet Relay Chat Protocol* (IRC), para troca de mensagens instantâneas pela internet, entre outros. Esses protocolos já existiam antes da invenção da *World Wide Web* — porém seu uso estava restrito a um grupo de pesquisadores, cientistas da computação e aficionados pela linguagem computacional. Saber utilizar a internet antes da web aparecer requeria um conjunto de conhecimentos técnicos.

A web surge para preencher esse espaço, afinal, muitas pessoas que não conheciam as linguagens computacionais necessárias se beneficiaram desse sistema visualmente agradável — que obedece um conjunto de regras próprias definido como *HTML Protocol* —, capaz de as fazer navegar e utilizar a internet de forma que não fosse necessário conhecimento técnico. Nascia, portanto, uma nova linguagem a ser falada no reino da internet, altamente popular e bem-sucedida. A fórmula era simples: você não precisava conhecer os bastidores para compreender a peça que se desenrolava no teatro — tudo já estava pronto, bastava apenas o uso.

A Web Superficial (Surface Web)

Superfície é "a parte superior e visível do corpo".[1] Dentro do cenário da *World Wide Web* é possível identificar dois grandes grupos: a *web superficial* e a *web profunda*.

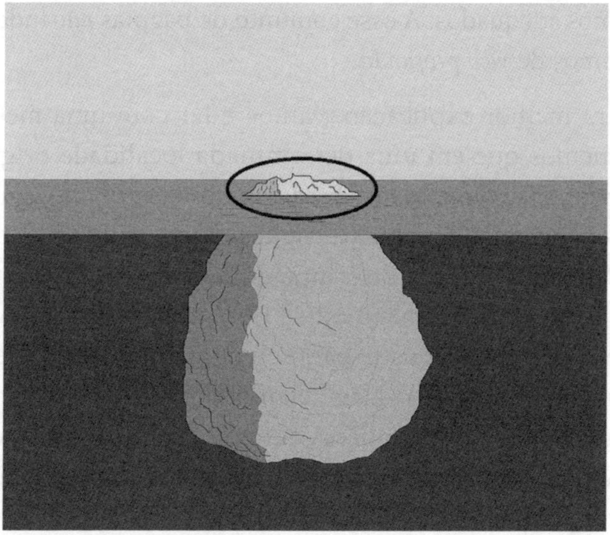

Figura 9.2: A metáfora do iceberg é comumente utilizada para distinguir tamanho e visibilidade da web superficial (Surface Web, circulada na imagem) e da web profunda.

---

1 De acordo com o Dicionário Online de Português. Disponível em: <www.dicio.com.br/superficie>. Acesso em: 29 mai. 2016.

A *web superficial* (Figura 9.2) é formada por todas as páginas que são indexadas pelos mecanismos de busca convencionais, como o Google, Yahoo!, Bing etc. É o conjunto de páginas que estão no *acervo* do mecanismo de busca, ou seja, são páginas que são *reconhecidas* pelo motor e posteriormente *guardadas* em um banco de dados próprio. Esse ato que descrevemos como "indexar" significa que o dado é coletado e armazenado de modo que seja possível recuperá-lo para consulta. Todas as vezes que o usuário realiza uma pesquisa por esse mecanismo, ele trará como resposta uma listagem de páginas *previamente* guardadas. As páginas que são indexadas podem ser recolhidas futuramente e apresentadas como resultado. Quando as páginas não são indexadas, elas não aparecerão no resultado da pesquisa — mesmo que contenham os termos adequados. A esse conjunto de páginas *não* indexadas chamamos de *web profunda*.

Para melhor explicação, vamos lidar com uma metáfora. Imaginemos que em uma determinada localidade origina-se uma pequena comunidade. Essa comunidade divide água, luz, trabalhos manuais e, além de muitas outras atividades, produz conhecimento. Em um determinado momento do crescimento dessa comunidade, imaginou-se que seria muito importante manter um local adequado para se guardar *registros* dos conhecimentos produzidos — além, claro, do próprio conhecimento. É natural que, no início dessa comunidade, todos pensassem em guardar uma gaveta específica para isso. Cada indivíduo que produzisse um determinado conhecimento poderia ele próprio inserir o registro desse conhecimento na gaveta. Assim, todos compartilhariam do conhecimento de variados assuntos e saberiam exatamente onde encontrar cada documento, afinal, todos caberiam em uma gaveta.

Com o passar do tempo, talvez uma gaveta não fosse mais suficiente para guardar tantos documentos e eles tivessem que comprar um móvel. A primeira estante pública da comunidade. Certamente, por um tempo, essa estante seria o suficiente... mas com o passar das semanas e dos meses, também não seria viável mantê-la. Os registros cada vez mais aumentam em número! É perfeitamente lógico que a comunidade opte por, então, comprar uma casa somente para esse fim: guardar o conhecimento escrito e manter um registro próprio.

Imaginemos agora que nossa comunidade principiante desenvolve-se, tornando-se uma vila e, posteriormente, uma cidade. Ela cresce a cada dia mais! São agora milhares de moradores que, possivelmente, em um futuro próximo, se desenvolverão para um milhão, dois milhões, três milhões — e assim por diante. A verdade é que uma casinha pequena, modesta, talvez também não seja suficiente. A cidade resolve construir um prédio contendo alguns andares para estocar os documentos, livros e registros de todo o conhecimento produzido e compartilhado entre os membros. Quando alguém precisasse ler um livro sobre, por exemplo, como instalar telhas de cerâmica, seria necessário ir até o prédio e buscar o livro correto que conteria essa informação. Mas como saber em que prateleira se encontra esse livro? De qual estante? Em qual andar?

Bem, para responder essas perguntas, temos de caminhar por alguns passos. Assim teremos certeza se encontraremos o que desejamos buscar. Primeiro, temos de saber se todos os livros e documentos sobre como instalar telhas de cerâmica foram catalogados em nossa "biblioteca". Se a resposta for sim, então todos os documentos escritos sobre o tema foram catalogados, ou indexados, e existem dentro do ambiente que descrevemos — no caso, o prédio o qual chamamos de biblioteca. Caso a resposta seja negativa, então somente alguns documentos sobre o assunto foram colocados no estabelecimento, o que significa que alguns itens ficaram de fora e se encontram em algum outro local que, a princípio, não sabemos onde está e não dispomos dos recursos necessários à sua localização. Segundo, precisamos saber se temos acesso a toda a biblioteca. Se acaso tivermos acesso, então certamente encontraremos o documento que buscamos, mesmo que ele seja específico. É claro que nos poderia levar um longo tempo até observar todos e decidirmos qual é o melhor que atende nossos objetivos. Em teoria, é possível. Mas se não temos acesso a toda a biblioteca, então isso significa que, *apesar* dos itens serem indexados, nós temos um limite de busca imposto. Pode ser que encontremos exatamente o documento que buscamos, porém não serão todos que passarão por nossas mãos — independentemente se temos tempo ou não.

Um mecanismo de busca funciona *similarmente* à biblioteca de nossa comunidade. Em meados da década de 1990, a *World Wide Web* se comercializou e, com isso, o número de páginas espalhadas pela rede se multiplicou em grande velocidade. Encontrar um determinado endereço não era tarefa fácil. Nesse cenário surgiram os mecanismos de busca![2] Seu objetivo básico era encontrar informações na web e trazer resultados aos usuários. O mecanismo, ou motor de busca, contém um banco de dados com informações *previamente* indexadas, ou catalogadas. Mas nem todo o conteúdo disponível na *World Wide Web* faz parte desse banco de dados: ou seja, nem todo o conteúdo está *indexado*. Na verdade, a maior parte do conteúdo disponível na web está fora do conjunto de resultados possíveis. Eles sequer entram como opção, não importa se os termos digitados foram corretos ou com elevada precisão.

---

2 Também conhecidos como "motores de busca".

Cada motor de busca tem seus critérios para indexar uma página — as que não atendem esse critério ficam de fora e não farão parte dos resultados. Por exemplo, uma boa parte dos motores de busca se propõe a buscar por documentos de texto, ou melhor, documentos de *HyperText Markup Language* (HTML). Esses documentos nada mais são que documentos de texto que contêm o código, ou linguagem, que permite que o navegador interprete e nos mostre visualmente a página. Esses documentos de texto estão alocados nos servidores e todas as vezes que existe uma solicitação pelo documento, o servidor envia o arquivo de texto que será lido pelo navegador. É dessa forma que visualizamos as páginas — mas sequer precisamos saber disso para navegar e aproveitar o "mundo da internet": eis a beleza do sistema *World Wide Web*; ele não requer que saibamos dos bastidores que existem por trás de todos esses recursos.

Além disso, mesmo que uma grande parte das páginas da web seja indexada, o motor de busca detém um número limite de resultados a mostrar ao usuário. Por esse motivo, apesar de alguns sites serem indexados, eles não conseguem estar ao alcance do usuário.

Em resumo, agora sabemos a diferença básica entre a web superficial (Surface Web) e a web profunda (Deep Web). Um usuário médio da web está bem familiarizado com a web superficial. Na verdade, é possível que ele saiba apenas da existência dessa esfera da *World Wide Web* e não imagine que a porção majoritária exista para além dos mecanismos de busca. A web superficial é a "internet de todos os dias": através dela acessamos nossos webmails, fazemos compras, realizamos pesquisas acadêmicas, buscamos termos, encontramos fotos e vídeos, lemos o noticiário, encontramos variadas fontes de entretenimento, compartilhamos nossa vida por meio das redes sociais e muitas outras coisas. No entanto, o que a maioria de nós não sabe é que ela é cerca de 550 vezes *menor* do que a web profunda[3] e, além disso, é apenas *uma* dentre as cinco webs classificadas.[4]

As Aranhas que Percorrem a Rede

Sabemos que os mecanismos de busca são os grandes "portais" da web: eles oferecem a possibilidade de encontrarmos, virtualmente, qualquer assunto que desejemos; qualquer página está a nosso alcance. Ou, pelo menos, uma boa parte está. Utilizamos os mecanismos de busca quando desejamos saber o endereço de um site que ensine sobre cozinha tailandesa, ou sabemos previamente qual site visitar porque temos o endereço; nesses tipos de ocasiões realizamos uma busca no Google, Bing, Yahoo!, ou em outro motor de busca qualquer. Eles são nossa entrada para a "navegação na internet". São ferramentas valiosas! E, por isso, ser listado como um resultado é bastante importante se nosso desejo é divulgar nosso site, a fim de compartilhar nossa experiência, serviço ou produto.

A realidade, no entanto, é que somente alguns sites são listados, porque somente alguns sites são indexados pelos mecanismos de buscas. Quem os indexa? Como isso acontece? Quais são os critérios? Essas são algumas das perguntas que pretendo responder nesta seção. Entender como os mecanismos de busca indexam uma página ajuda a compreender como a web se subdivide em seções diferentes.

---

[3] BERGMAN, 2001.

[4] SHERMAN; PRICE, 2001. Na realidade, os autores classificaram a web em duas categorias: *Surface Web* e *Deep Web*. Esta última, no entanto, se desdobra em quatro webs — *Opaque Web*, *Private Web*, *Proprietary Web*, *Invisible Web*. Posteriormente, autores e pesquisadores do assunto incluíram mais um grupo, chamado de *Dark Web*, que detém características próprias e difere das demais por sua peculiaridade.

De forma simples, é como se cada mecanismo de busca tivesse uma enorme planilha de dados, com milhares de linhas e colunas. Esse é seu banco de dados. Conforme o motor de busca vai encontrando novas páginas, ele vai inserindo seus endereços (as *Universal Resource Locator*, URLs) em novas linhas — juntamente com uma cópia da página (o arquivo de texto com o código HTML a ser interpretado pelo navegador — ele nos gera a página pronta) — e outras informações. Assim, quando nós desejamos realizar uma busca, o motor de busca pesquisa *dentro de seu banco de dados* e nos dá o resultado em forma de uma lista com múltiplos links de páginas. Tudo de modo automático graças aos *crawlers*, também conhecidos como *spiders* ou robôs, que encontram as páginas e as *inserem* no banco de dados do motor de busca — ou seja, *indexam* as páginas.[5]

Literalmente, *crawlers* e *spiders* significam "rastejadores" e "aranhas" na língua inglesa (Figura 9.3). Esses termos se referem aos programas automatizados que têm a função de percorrer a web[6] a fim de indexar as páginas que atendem a seus critérios. O motor de busca lança na web múltiplos crawlers que *rastejam* na web à procura de páginas. Eles realizam esse "caminhar" através dos elos entre as páginas, conhecidos por nós como links. Quando um crawler encontra uma página que atende a seus critérios, ele a indexa e rasteja para a página seguinte. Ele encontra o link para a página seguinte a partir da página que acabou de indexar. Em outras palavras, os programas rastejadores caminham na teia da internet se utilizando dos links entre os sites. É assim que eles seguem adiante.

---

5 Os *crawlers* constituem um dos métodos de indexação de páginas, porém não são os únicos.

6 Do inglês, *web* significa "teia". Portanto, o termo *spider* faz referência a esse significado.

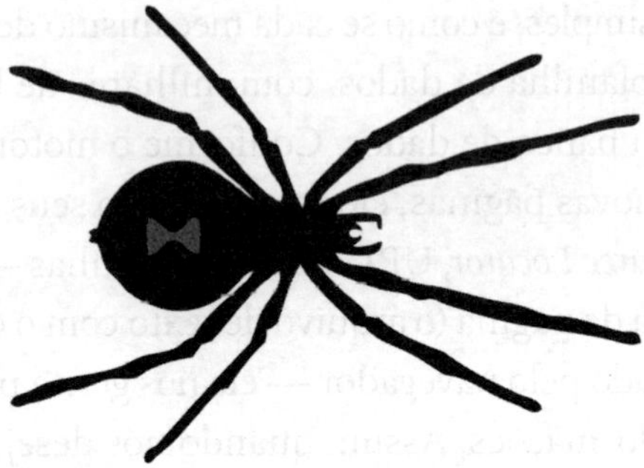

FIGURA 9.3: CRAWLERS E SPIDERS SÃO PROGRAMAS DE COMPUTADOR QUE NAVEGAM PELA WEB DE FORMA METÓDICA E AUTOMATIZADA.

Quando clicamos em um link, ele nos leva a um servidor que hospeda um código HTML (lembrando que este código está no formato de documento de texto). Nosso dispositivo solicita o código, que nos é enviado pelo servidor, e o interpreta por meio do navegador. Este último faz a interpretação de forma automática e imediatamente nos mostra a página web como seu criador pretendeu que a mesma fosse apresentada. Aliás, muitos de nós sequer vimos um código HTML. Como usuários, não temos a necessidade de ver os códigos, porque eles são interpretados de forma automática. Nunca passam a nossos olhos. O servidor não faz diferença em relação a *quem* solicitou o código HTML: se dispositivos de usuários, crawlers, ou até mesmo programas maliciosos. Ele envia o código mediante solicitação. Quando o robô tem acesso à página, ele realiza a indexação da mesma e a insere dentro do banco de dados do motor de busca.

Vale lembrar duas coisas: primeiro, uma página não indexada não será encontrada por esse motor de busca; segundo, leva meses para que uma parte significativa da web seja alvo de um sistema de indexação através de crawlers.

Critérios

A indexação das páginas obedece alguns *critérios* dos motores de busca. Diferentes motores de busca optam por diferentes critérios, embora alguns desses critérios sejam comuns a todos. Estes critérios podem ser de duas naturezas: técnicos e políticos.

Os primeiros estão relacionados com razões técnicas para excluir páginas da indexação, que podem ser: a inclusão de uma senha para acessar a página; o criador da página insere uma instrução de "no index" em seu código; ou a página utiliza-se de um protocolo chamado de *robot exclusion protocol* (conhecido por "robot.txt"). Evidentemente, podem existir outros critérios — no entanto, esses são os mais comuns.

Em relação à razão política, ela se dá pelo fato de que, apesar de o motor de busca *poder* incluir uma determinada página da web, ele opta por não incluí-la. Os motivos variam. Por exemplo: algumas páginas são criadas por um *script* (programa automático), que tem a função de gerar a página de forma especializada.[7] Acontece que o script é um programa, e os crawlers não têm como distinguir o que é um programa benéfico e um programa malicioso. Eles não fazem essa diferenciação, apenas entendem que é um programa. E um programa pode realizar inúmeras opções de tarefas — só depende de quem o criou. Portanto, é mais fácil ignorar páginas com scripts do que as aceitar. O potencial para dor de cabeça é grande demais para correr o risco.

[7] Podemos inserir nesta categoria as páginas dinâmicas da web: estas são geradas por programas a partir de cada solicitação feita. Inclusive seu endereço não é estático, ele muda de acordo com cada pedido, visita, atualização. Consequentemente, as páginas indexadas têm caráter estático e, em sua maioria, correspondem a documentos de texto que contêm o código HTML a ser interpretado pelo navegador do usuário.

Web Profunda (Deep Web)

Agora que vimos o que é a web superficial, a compreensão sobre a web profunda se torna muito mais clara. Como consequência, ela é toda a região da web não indexada pelos motores de busca. Seu nome mais comum é cunhado na língua inglesa: *Deep Web*. A *web profunda* (Figura 9.4) compreende a maior parte de toda a *World Wide Web* e, apesar deste fato, é muito pouco conhecida pelo público em geral. As pessoas, normalmente, só conhecem a web superficial e acreditam que ela abriga toda a web disponível. Aliás, como já dito anteriormente, é muito comum o usuário médio fazer confusão entre os termos *web*, *internet* e sequer saber da existência da *Deep Web*. Curiosamente, a web profunda já foi tratada em alguns filmes, séries e documentários, como *House of Cards*[8] e *Deep Web*[9] — sempre como uma porção da internet que abriga os *hackers* e *crackers* da computação, sendo bastante perigosa e misteriosa.

Quando a *World Wide Web* nasceu, procurar um conteúdo em suas páginas era relativamente fácil, afinal, todas as páginas eram estáticas e poderiam ser encontradas em diretórios.[10] Assim como nossa comunidade fictícia adotou uma estante para alocar registros e conteúdos de acesso público e geral. Aliás, o criador da web, Tim Berners-Lee, foi o fundador do diretório da web mais

---

[8] No segundo episódio da segunda temporada de *House of Cards*, "Chapter 15", informações básicas sobre a *Deep Web* são reveladas. Essa esfera da web acaba por ter um papel significativo no desenrolar da trama. Essa temporada foi lançada pela Netflix em fevereiro de 2014.

[9] Dirigido por Alex Winter e lançado em 2015, o documentário *Deep Web* narra a história de um dos mais conhecidos sites dessa porção da web, o Silk Road, e seu suposto criador, Ross Ulbricht — preso em 2013 por ações derivadas de seu envolvimento com o maior comércio de produtos ilícitos da esfera profunda.

[10] Diretórios eram bastante populares no princípio da *World Wide Web*. Eles consistiam em um registro hierárquico de sites ligados por categorias. Antes de 1995, eram bastante comuns.

antigo: *The World Wide Web Virtual Library*,[11] iniciado em 1991. No entanto, após 1995, a web se tornou grande demais para que os diretórios pudessem ser atualizados com uma frequência mínima. Com a explosão dos motores de busca, grandes portais dos conteúdos da rede mundial, eles acabaram por cair em desuso.

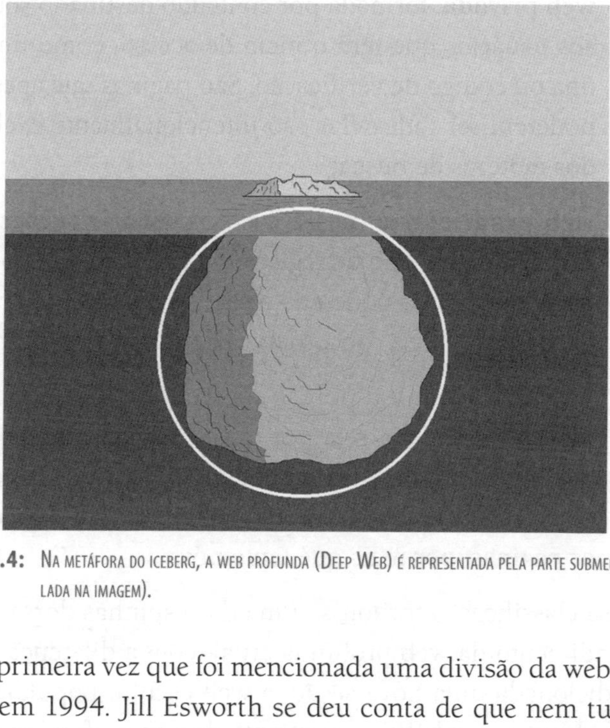

Figura 9.4: Na metáfora do iceberg, a web profunda (Deep Web) é representada pela parte submersa (circulada na imagem).

A primeira vez que foi mencionada uma divisão da web aconteceu em 1994. Jill Esworth se deu conta de que nem tudo na jovem web estava disponível aos usuários e logo chamou esta porção "escondida" de *web invisível*.

Em 2001, surgiram dois importantes trabalhos: Michael Bergman, da empresa Bright Planet, conduziu a maior pesquisa estatística sobre essa esfera da web; e Chris Sherman e Gary Price

---

11 Tradução própria: "A Biblioteca Virtual da *World Wide Web*".

realizaram uma nova leitura sobre a web invisível e a seccionaram em quatro partes:

a) **web opaca**: formada por conteúdos que podem ser indexados, porém não o são — eles transitam entre a web superficial e a web profunda;

b) **web privada**: formada por conteúdo destinado somente aos usuários que têm o meio de acesso, como uma senha ou código de verificação. São páginas que apesar de poderem ser indexadas são intencionalmente excluídas dos motores de busca;

c) **web proprietária**: nesse caso os usuários necessitam realizar algum tipo de registro ou cadastro que pode ser pago, bem como pode não o ser. O conteúdo só é visualizado mediante a concordância de algum termo especial;

d) **web invisível**: é a porção da web que fica alheia aos motores de busca, seja por razões técnicas ou deliberadas. Aqui, independentemente de digitarmos os termos corretos em nossa busca, não conseguiremos encontrar as páginas, por mais que tentemos.

Essa classificação tornou-se uma das espinhas dorsais para o entendimento da web profunda atual, com a diferença de ter sido adicionada uma nova seção: a web escura, popularmente conhecida como *Dark Web*: o segmento da web profunda que por motivos intencionais não deseja ser encontrado pelos motores de busca tradicionais e *navegadores convencionais*. A Dark Web utiliza-se de tecnologias específicas para prover anonimato como, por exemplo, a criptografia e a dinamização das páginas, para se manter oculta intencionalmente. Mas veremos cada um desses segmentos em mais detalhes adiante. Por ora, vamos conhecer um pouco mais sobre a web profunda.

O que é considerado parte da web profunda? Todo o conteúdo não indexado por motores de busca. Este conteúdo pode ser configurado como um dentre os seguintes elementos:

a) **páginas dinâmicas e com scripts**: essas páginas são geradas por um programa a partir de uma solicitação prévia — a maioria dos robôs apenas indexa conteúdos em formato de documentos de texto;

b) **bancos de dados**: a informação requerida deve ser buscada dentro de um banco de dados — que tem mecanismos próprios para buscar o conteúdo;

c) **conteúdos limitados e privados**: são conteúdos que necessitam de um *login*, cadastro, senha ou algum tipo de restrição para ser acessíveis — o que não permite a indexação automática pelos crawlers;

d) **conteúdo em formato diferente do HTML**: como já dito anteriormente, a maioria dos crawlers indexa apenas conteúdos em formatos de documentos de texto;

e) **conteúdos "sem elos de ligação" (links)**: estes não possuem uma forma de ser encontrados pelos robôs. A web profunda é feita de elementos que os crawlers não "capturam" para indexar nos bancos de dados dos próprios motores de busca.

Os Números da Web Profunda

A natureza da web profunda a torna essencialmente difícil de moldar em números estatísticos, afinal, como saber a grandeza de uma área se ela está... escondida? Por isso, quando tratamos desse assunto, é muito comum a utilização de dados estatísticos extraídos em 2001 de artigos e trabalhos científicos — com ligeiras correções e contribuições novas em número. Um dos trabalhos de maior contribuição é o de Michael Bergman, realizado pela empresa Bright Planet, que contém informações e dados estatísticos a respeito da web profunda. Para termos um panorama de seus números é preciso compará-los com a web superficial.

Segundo Bergman, no ano de 2001, a web profunda era entre 450 a 550 vezes maior que a web superficial, ou uma média de 500 vezes maior — sendo o componente da web que mais cresce. Naquele ano, cerca de 60 sites da web profunda, juntos, ultrapassavam o tamanho total da web superficial em 40 vezes. Quando falamos de qualidade,[12] esta é maior na web profunda cerca de mil vezes. Além disso, cerca de 94,7% dos sites da web profunda são abertos ao acesso público, o que significa que não há restrições de qualquer tipo. Ainda segundo Bergman, apesar dessa porção da web ser pouco conhecida pelo público em geral, sites conhecidos da web profunda são bastante populares entre os usuários que mantêm contato com essa região da web. Isso acontece porque as páginas mais populares têm um número muito maior de links direcionando o usuário a elas, ao contrário das páginas mais populares da web superficial, que possuem metade dos números de links direcionada a si.

Em 2001, a web superficial detinha cerca de 19 terabytes de informação, com cerca de 1 bilhão de documentos. Atualmente,

[12] Qualidade, neste caso, está relacionada com a obtenção de resultados efetivos em relação ao que se propôs buscar. Portanto, se um usuário decide buscar conteúdos relativos a "carros azuis de pneus brancos para venda" na web profunda, ele tem mil vezes mais chances de obter resultados efetivos em relação a essa busca — o que significa dizer que a qualidade da web superficial é mil vezes menor.

o trabalho de Maurice Kunder[13] nos dá outro número: são cerca de 30 bilhões de documentos. Mesmo assim, ela é substancialmente menor do que a web profunda de 2001: 7.500 terabytes de informação e 550 bilhões de documentos. Essa enorme quantidade de documentos já superava todo o conteúdo impresso na história do planeta.

Podemos estimar o tamanho atual da web profunda de três formas. Primeiro, temos a informação de que a web superficial possuía 30 bilhões de documentos em 2015. Se é verdade que a web profunda seja, em média, 500 vezes maior que a superficial, então podemos calcular que seu tamanho, em número de documentos, seja de aproximadamente 15 trilhões de documentos. Segundo, Michael Bergman afirmava, em 2001, que a taxa de crescimento da web profunda estava na velocidade de 7,5 milhões de documentos por dia — o que equivaleria, na data de hoje,[14] a pouco mais de 38 trilhões de documentos. Terceiro, podemos realizar uma média entre os valores previamente encontrados, o que nos resultaria o número de 26,5 trilhões de documentos que compõem a web profunda. Vale lembrar que por volta de 95% de todo esse conteúdo disponível é acessível ao público e não requer registros ou pagamentos.[15]

Se pensarmos sobre o que isso significa, teremos a percepção clara de que os motores de busca, ainda em 2001, indexavam somente cerca de 0,03% de todo o conteúdo na web. Isso porque

---

[13] Maurice Kunder é autor de um website que trabalha com dados sobre o tamanho da web superficial. Segundo Kunder: "O tamanho mínimo estimado da *World Wide Web* é baseado nas estimativas do número de páginas indexadas pelo Google, Yahoo! e Bing. Da soma dessas estimativas, uma sobreposição é subtraída. Essa sobreposição é uma superestimação; consequentemente, o tamanho da *World Wide Web* é uma subestimação." Disponível em: <http://www.worldwidewebsize.com>. Acesso em: 29 mai. 2016.

[14] 15 de setembro de 2015. São 5.104 dias percorridos entre as duas datas (24 de setembro de 2001).

[15] BERGMAN, 2001.

falamos dos grandes portais de acesso ao conteúdo disponível! A maior fatia permanece alheia ao público e aos métodos tradicionais de coleta de informação. Esses números mostram, por si sós, o valor da web profunda: vivemos a era da informação e do progresso tecnológico e, no entanto, apenas a *menor parte* dos conhecimentos e registros produzidos está ao alcance do usuário médio. Nossos tradicionais navegadores e motores de busca simplesmente não conseguem penetrar nessa camada cinzenta que separa a web em duas irmãs distintas, embora seja possível que no futuro esse processo se intensifique — lentamente, porém com avanços devido à descoberta de novas tecnologias.

A importância da web profunda é inestimável: é como se, durante toda nossa vida, tivéssemos disposta a nosso alcance uma biblioteca do tamanho de um quarteirão e, de pronto, descobríssemos que existe uma concentração de registros e documentos do tamanho de uma metrópole debaixo de nossos pés! É claro que achamos incrível nossa biblioteca e com razão! Salas, estantes, prateleiras e anfiteatros dispostos à curiosidade de nossas mentes, nos trazendo respostas diárias às nossas dúvidas, se inserindo como um elemento presente em nossas vidas e parte de nossa bagagem cultural — apesar de ser um ambiente controlado e vigiado. No entanto, a incrível descoberta de um sistema de bibliotecas integradas do tamanho de uma capital, com inúmeros becos, corredores e andares, tudo debaixo de nossos pés!, nos deixaria — com toda certeza — estupefatos, excitados e incrivelmente surpresos!

Conhecer a web profunda e saber navegar em suas águas se torna não apenas um desafio, mas uma jornada que pode nos trazer inigualáveis experiências advindas do componente da web que mais cresce. Ela é importante tanto por ser a maior parte da web, como por ser um ambiente em que a maior parte dos conteúdos está sendo alocada.

Web Opaca (Opaque Web)

Como dito anteriormente, a *World Wide Web* pode ser dividida em duas categorias: *web superficial* e *web profunda*. A *web opaca* é uma das esferas que compõem a *web profunda*. Ela tem esse nome, inicialmente dado por Sherman e Price (2001), por ser uma porção da web que navega entre as duas categorias. A web opaca é uma região "acinzentada": nem totalmente clara, nem totalmente escura; nem totalmente alheia aos motores de busca, nem totalmente indexada por eles. É certo que, em determinados momentos, alguns conteúdos que habitualmente estão inseridos na esfera da web profunda sobem à superfície. E vice-versa.

Por esse motivo, a web opaca dispõe de páginas que *podem* ser indexadas, mas que *não* são. Os motores de busca têm meios de indexar essas páginas, mas escolhem não o fazer. Os motivos são variados e caminham entre as linhas do técnico e do político. Algumas razões técnicas, por exemplo, são: frequência do crawler e URLs desconectadas. Já as razões políticas variam: profundidade ou alcance do crawler e número de resultados. Vamos explicar esses quatro pontos.

Quando um crawler percorre a teia da *World Wide Web*, ele caminha por meio dos links e indexa as páginas que encontra e que atendem seus requisitos. Essa ação custa bastantes recursos do motor de busca, inclusive financeiros. Por isso, essa operação de rastejar pela teia e indexar páginas pode ter sua profundidade previamente limitada para reduzir custos e recursos que podem ser gastos em outros segmentos. Além disso, é possível que muitas páginas lançadas na web alterem seu conteúdo original, seu endereço, ou mesmo que não existam mais. Por isso se faz necessário que o banco de dados seja atualizado com alguma frequência, a fim de que suas informações estejam atuais e disponíveis aos usuários.

Outro importante fator é o número limitado de resultados disponíveis ao usuário. Este número é significativamente menor do que o número de páginas sobre o assunto pesquisado em toda a web.

Finalmente, existem os casos de URLs desconectadas. Você já deve ter compreendido que um crawler tem acesso a uma página por meio de um link, ou seja, um elo. Sem este elo, o crawler fica impossibilitado de chegar até determinada página. Assim, por mais que uma página exista na vasta imensidão da rede, ela não conseguirá ser encontrada pelo robô do motor de busca sem que haja uma porta, ou direção para ela — neste caso, o link. É claro que este caso possui maneiras de ser contornado. Uma delas é por meio do próprio criador da página: ele pode enviar ao motor de busca o endereço da página para que seja computado no banco de dados. O criador dá a direção da página de forma manual.

Convém ressaltar algumas observações acerca da web opaca. O conteúdo da web superficial é encontrado porque as páginas indexadas são de natureza *estática*. Elas não são geradas a partir de um pedido. Elas existem independentemente do pedido e seus endereços são também estáticos. O que isso quer dizer? Isso significa que suas alterações são de baixíssima frequência, o que torna possível o crawler encontrá-las. Já o conteúdo da web profunda é dinâmico: ele é apresentado a partir de um pedido específico. É a partir desse pedido que a página será gerada e estará atrelada a uma URL também específica. As páginas aqui são de natureza *dinâmica*. Elas não estão estáticas no oceano da web; elas existem a partir de pedidos e suas URLs são diferentes em cada um desses pedidos. Mas uma coisa interessante acontece aqui: se a URL dessa página dinâmica for colocada em uma página estática, digamos, por exemplo, em um blog, os crawlers ganham um meio de encontrar essa página e indexá-la.[16] Eis uma forma de trazer alguns dos conteúdos da web profunda "de volta" à superfície.

Web Privada (Private Web)

A chamada *web privada* faz alusão às páginas que, intencionalmente, são excluídas dos motores de busca. Essa exclusão é feita pelo criador da página que, por algum motivo, solicita que ela não adentre o banco de dados e, portanto, não esteja ao alcance dos usuários da web.

Uma dessas razões é para evitar programas maliciosos. Nesse caso, algumas páginas adotam o uso de *CAPTCHAs*:[17] para seguir adiante, o usuário deve inserir a informação contida em uma figura dentro de um campo para ter acesso à página seguinte. O que pode ser definido como sendo um tipo de senha para se ter acesso. Em outros casos, somente os usuários que possuem uma senha específica conseguem visualizar as páginas.

Além disso, o criador da página também pode solicitar aos motores de busca que sua página não seja indexada. Isso é feito através do uso de conhecimentos técnicos: no conteúdo do código HTML (um documento de texto) enviado ao servidor, o criador da página pode utilizar uma expressão da linguagem HTML, conhecida como "meta tag no índex", que informa ao crawler que a página não deve ser indexada por ele. Outra forma seria por

---

16 Apesar de possível, nem todo o conteúdo da web profunda pode ser trazido à web superficial dessa forma.

17 É um acrônimo em inglês que significa *Completely Automated Public Turing test to tell Computers and Humans Apart*. Em português, utilizando tradução própria, seria algo próximo de "Teste Público de Turing Completamente Automático para Distinguir Computadores e Humanos".

meio do uso do documento "robots.txt", que informa ao crawler sobre a retirada da permissão para acessar a página.

Como o próprio nome diz, essa parte da web é de acesso privado — restrito somente àqueles que possuem as ferramentas ou a permissão para a acessar. Mas como o usuário chega a essas páginas? Que caminho ele percorre para se colocar diante de um site como esse? Um desses caminhos é partir da web superficial. Ela pode fornecer o canal para a entrada do site sem, verdadeiramente, dar acesso ao conteúdo, uma vez que o mesmo é destinado a um grupo selecionado — e não ao público em geral.

Web Proprietária (Proprietary Web)

A princípio, pode ser um pouco complicado de distinguir entre a *web privada* e a *web proprietária* já que ambas são destinadas a uma parte do público com acesso. Mas a *web proprietária* é diferente porque ela necessita que o usuário realize um cadastro, inscrição ou pague para ter acesso a uma determinada página ou a um conjunto de páginas. O usuário aqui expõe capital financeiro, informações pessoais ou se compromete a informar um e-mail, por exemplo, para se inscrever. Em outras palavras, essas páginas só podem ser visualizadas após alguma condição especial que nem sempre será mediante pagamento, já que o cadastro pode ser gratuito. Mas uma coisa temos de lembrar aqui: apesar de não cobrar taxa, um cadastro *recolhe* informações pessoais do usuário que, certamente, comporão informações de um banco de dados próprio.

Os robôs podem até indexar as páginas de entrada para o conteúdo, mas não conseguem penetrar a camada de segurança. E existe um motivo para que não consigam indexar essas páginas posteriores ao bloqueio de segurança: por serem programas automáticos, eles não conseguem atender aos requisitos básicos de preenchimento de cadastros. Eles não possuem essa habilidade, eles são *programas* com objetivos específicos — preencher formulários, cadastros e registros não é um deles.

Web Invisível (Invisible Web)

Apesar do nome, o conteúdo da *web invisível* pode ser visualizado... mas não através dos mecanismos tradicionais. A web invisível faz alusão à porção da web que, tanto por restrições devidas à tecnologia, quanto por razões de precaução, os motores de busca não indexam. No caso de restrições tecnológicas, mesmo que queiram muito indexar as páginas, eles simplesmente não conseguem. Todos sabem que a tecnologia do momento nada mais é do que um ponto no progresso tecnológico. A tecnologia de amanhã terá uma camada a mais de novidade que a tecnologia de hoje. E assim sucessivamente. Acontece que, no caso da web invisível, os mecanismos de busca não conseguem indexar essas páginas porque ainda não detêm a tecnologia necessária para a realização dessa operação — o que não significa que futuramente também não consigam.

Um desses pontos se refere às páginas de bancos de dados. O conteúdo desses bancos não pode ser facilmente extraído, porque, para tal, é necessário realizar uma requisição específica ao banco — e cada banco possui uma linguagem própria, ferramentas próprias, características próprias a ele conferidas pelo criador do banco. Em contrapartida, a tecnologia dos crawlers — que nada mais são do que programas — não permite que compreendam a magnitude e as diferenças intrínsecas entre os numerosos bancos de dados existentes na web, muito menos a linguagem específica de cada banco para realizar a comunicação necessária com ele. São milhões de bancos de dados, cada um com linguagem, magnitude e características próprias! Os crawlers atuais não possuem a habilidade tecnológica para extrair o conteúdo de cada banco para consultas futuras. Indexá-los se torna uma tarefa bastante árdua e, frente aos milhões de bancos de dados disponíveis, praticamente impossível. Isso faz com que os bancos de dados sejam virtualmente inacessíveis aos crawlers e, portanto, invisíveis à web superficial. O que não significa dizer que são invisíveis a outras formas de acesso.

Fazem parte da web invisível as páginas dinâmicas, as páginas de teor *flash, shockwave*, de conteúdo comprimido (alguém se lembra do formato WinZip?), páginas com arquivos executáveis, entre outras. Mas, nestes casos, o que acontece aqui é um pouco diferente. Essas páginas ou não têm textos em seus corpos, ou têm muito pouco texto embutido. Sabemos que a linguagem da *World Wide Web* é o HTML, que nada mais é do que um código criado em documento de texto. Quando as páginas têm pouco ou nenhum texto, isto se torna um problema: os crawlers indexam documentos de texto (códigos HTML). Alguns motores de busca, como o Google, atualmente conseguem indexar algumas páginas de conteúdo no formato de documento portátil, mais conhecido como PDF. No entanto, essa é mais uma exceção do que regra quando falamos sobre a tecnologia atual.

Outro problema advindo de páginas com conteúdos diferentes de texto é saber sobre suas intenções. Por exemplo, páginas com conteúdo de programas executáveis — podem ser tanto programas maliciosos quanto programas inocentes. Então, se você é um robô e está em busca de indexar páginas da web, como distinguir uma página contendo um programa executável malicioso e um programa executável inocente? A menos que você execute o programa, você não conseguirá. E aí está o problema: em um mundo em que *existem* programas maliciosos, como confiar em todas as páginas com esse tipo de formato? A resposta é que não dá para confiar e, portanto, uma escolha tem de ser feita: indexá-las ou não indexá-las? Os motores de busca acreditam que não indexar tira o fator de risco, o que é verdade.

Nessa ideia também se inserem as páginas dinâmicas. Mas o que elas vêm a ser? As páginas dinâmicas, na verdade, são páginas web geradas a partir de uma solicitação específica. Antes dessa solicitação, elas não existem estaticamente na web esperando para ser "encontradas". O que existe é o *script*, que é um tipo de programa. Quando o usuário faz uma solicitação para visualizar o conteúdo da página, o script faz a leitura da solicitação e, a partir dela, gera uma página com URL também dinâmica. É como se o script fosse o segurança de uma personalidade que desejamos encontrar. Primeiro, temos de fazer o pedido ao segurança. Este é encarregado de nos fornecer o encontro com a personalidade que desejamos conhecer; por exemplo, o presidente de um país, bastante conhecido e famoso. Para que o encontro aconteça, o segurança escolhe um local específico para ele, e depois nos dá acesso ao presidente. Uma vez realizada a entrevista, tanto o acesso ao presidente como o local são desligados. Um próximo jornalista que solicitar um encontro com o mesmo presidente solicitará acesso ao segurança que, mais uma vez, arranjará um *outro local* de encontro e garantirá o acesso. De forma análoga: a cada solicitação, a página é gerada com uma URL diferente. Essa é a ideia por trás das páginas dinâmicas.

No entanto, também existem *scripts* maliciosos que podem gerar algum tipo de armadilha para o *crawler*, como um *loop*[18] ou a criação automática de milhões de páginas exatamente iguais, propositalmente. Para evitar toda essa sorte de possíveis problemas, os motores de busca tomam a decisão de não indexar esses tipos de páginas e conteúdos. Na lógica dos mecanismos de busca, é melhor prevenir do que remediar. Agora que você sabe de tudo isso, podemos tratar propriamente da Dark Web no próximo capítulo.

[18] *Loop* é um termo técnico que designa o caminho em círculos que um determinado objeto percorre, sem encontrar o seu início ou fim.

CAPÍTULO 10:
A WEB ESCURA

A *web escura*, ou *Dark Web*, não veio a ser classificada por Chris Sherman e Gary Price em 2001, como aconteceu com a web opaca, privada, proprietária e invisível. Mas isso não quer dizer que ela também não faça parte da web profunda, afinal, ela não pode ser encontrada pelos usuários utilizando mecanismos tradicionais de busca. Ela sequer pode ser encontrada utilizando navegadores convencionais — são necessários navegadores especializados. A web escura é a fronteira da web profunda mais conhecida e mistificada.

A web escura é frequentemente chamada de web profunda, o que seria um erro. A web profunda *abrange* a web escura, elas não são sinônimas. E o que vem a ser a web escura? A *web escura* é a porção da web que não consegue ser indexada pelos motores de busca tradicionais e cuja *intenção* é permanecer alheia a eles. Seus usuários têm a intenção de permanecer anônimos a fim de garantir privacidade em suas operações, e se utilizam de redes para atingir tais objetivos. A web escura é um segmento da web profunda largamente ignorado pela mídia e conhecido, principalmente, por entusiastas da computação e profissionais da área de segurança. A existência das páginas e conteúdos que fluem nessa região é propositalmente escondida do usuário comum, e eles só podem ser acessados por quem conhece a informação, seja sobre o modo de acesso, ou sobre *onde* encontrar o que se busca.

Muito provavelmente, se o leitor já escutou falar sobre a *Deep Web*, é possível que tenha, na realidade, conhecido fatos e curiosidades sobre a *Dark Web*. Em relação às cinco categorias abrangidas pela web profunda, a web escura é a que mais ganha conhecimento entre o público geral, afinal, ela é fonte de histórias sórdidas e atemorizantes, capazes de mexer com nossa imaginação de forma peculiar. São comuns, entre aqueles que já ouviram falar sobre a web profunda, histórias sobre tráfico humano, tráfico de entorpecentes, comércio de armas, assassinos de aluguel, terra sem lei, recanto de *hackers* e *crackers*, pedofilia, *reality shows* executados de forma violenta, enfim, todo o tipo de história capaz de nos enrijecer a coluna e arrepiar os pelos dos braços! Diante de tantos relatos, e algumas lendas urbanas, é natural que o público faça confusão entre as duas esferas — ou, na verdade, que sequer tenha uma preocupação em as distinguir. Tudo fica na Deep Web! Mas sabemos que a distinção é necessária para nos auxiliar sobre as diferenças e nos situar no tecido tecnológico do qual a web é feita.

A Dark Web é Realmente Anônima?

A web superficial é enorme e, para muitos, trata-se da maior invenção das últimas três décadas. Uma boa parte da população mundial está acostumada a navegar por suas páginas para procurar soluções de problemas, manter contatos pessoais com familiares e amigos, fazer parte de redes profissionais, manter registro de fotos e vídeos, ler o noticiário e trocar mensagens de e-mail com outras pessoas. Essas são algumas das atividades disponíveis na web superficial. Existem centenas de outras. O que muitas pessoas parecem desconhecer é o grau de vigilância mantido nessa camada superficial da *World Wide Web* — especialmente após os ataques terroristas de 11 de setembro, em Nova York, Estados Unidos, e do gigantismo das corporações tecnológicas.

Quando surfamos na web superficial, temos a ilusão de liberdade e controle sobre nossas atividades. Temos ilusão de privacidade ao adentrarmos nessa esfera cibernética. No início do desenvolvimento da web, isto talvez fosse possível, afinal, a cultura da liberdade arraigada em sua história e a parte ideológica daqueles que pavimentaram o caminho dessa nova estrutura da comunicação mundial regiam as regras que moldavam esses novos sistemas. Acreditava-se na boa índole do usuário e isso é explicável: no início da internet, a camaradagem era um elemento comum entre os acadêmicos e entusiastas que se atreviam a participar da fabricação desse novo tecido. Os *bulletin boards* eram, basicamente, um sistema de apoio para aqueles que detinham dúvidas que poderiam ser sanadas de forma amigável entre membros de um mesmo grupo — o grupo da tecnologia. Quem poderia imaginar que a internet cresceria de forma tão exponencial capaz de abranger os cinco continentes? Não se previram mecanismos de proteção e privacidade em seu princípio. A própria web, quando desenvolvida por Tim Berners-Lee, em 1991, foi uma forma de juntar as peças isoladas da internet, conhecidas por um conjunto pequeno de pessoas se comparado ao restante da população norte-americana. Era um sistema que simplificava e tornava-a visualmente disponível, costurando as peças soltas através de *hipertextos*.

A comercialização da *World Wide Web* abriu novas e enriquecedoras possibilidades. Seu criador, no entanto, abriu mão do enriquecimento que sua criação poderia lhe dar. Com a explosão da web, o crescente número de páginas e de usuários abriu caminhos para o desejo de conhecer as pessoas que navegam por essas águas.

As formas de vigiar direta ou indiretamente são grandes e podemos listar algumas: desde a simples *realização de cadastros* em sites que, apesar de gratuitos, coletam informações pessoais tais como nome, país, gênero, idade, endereço, dentre outras; passando pelo uso de *cookies* capazes de realizar cálculos estatísticos sobre tempo de permanência na página, se o usuário é recorrente, se é um usuário inédito, e por aí vai; *registros* mantidos nos provedores de internet capazes de identificar as páginas percorridas e visualizadas pelos usuários, além de manter um cadastro com informações pessoais do cliente; o reconhecimento do *número IP* de nossos dispositivos finais, que informa nossa posição na rede mundial de computadores; o uso dos *celulares smartphones* atuais que solicitam o cadastramento de uma conta para a utilização eficiente de seu sistema têm sistemas de rastreamento e identificação do dispositivo; o uso de *conexão Wi-Fi pública*, que permite a interceptação de dados e informações dos dispositivos móveis; *ataques cibernéticos* de grupos e indivíduos crackers com intenções maliciosas sobre os dados do usuário; entre outros problemas referentes à segurança das informações, rastreamento e interceptação de dados de pessoas físicas e jurídicas na rede mundial de computadores.

Como se pode concluir, a web superficial passa por constantes vigilâncias e monitoramentos por parte de terceiros. Nós frequentemente deixamos nossas marcas pela web todas as vezes que surfamos nas páginas da rede. Entregamos informações e dados pessoais muitas vezes sem nos dar conta disso, sem querer. Por isso, cada vez mais pessoas estão dispostas a utilizar a web de uma forma que garanta o direito à privacidade — que pode ser encontrada na *navegação anônima*.[1] Seria possível navegar na web de forma anônima? Veremos mais adiante que sim. No entanto, isso não confere a garantia da permanência do anonimato, uma vez que cada vez mais empresas e agências governamentais investem em pesquisas que produzam novos adventos tecnológicos capazes de combater o anonimato na rede.

Existem muitas razões para o *anonimato* em rede (Figura 10.1). Como comentado anteriormente, muitos indivíduos podem desejar o anonimato por uma questão de crença no direito pessoal de privacidade. Não é que estejam realizando atividades ilegais, mas gostam de saber que, mesmo navegando na rede, estão envoltos em uma coberta de segurança e percepção sobre o que é, ou não, enviado como informação pessoal a partir de seus dispositivos finais. Esse grupo recorre ao anonimato por uma questão de princípios ideológicos, morais ou filosóficos. Preferem ter o controle de saber que tipo de informação parte de seus computadores para a web, gostam de saber que nenhuma informação a seu respeito está sendo capturada sem seu consentimento. Esse grupo é, em sua maioria, formado por setores da sociedade civil que têm o desejo de proteção da privacidade de suas comunicações, o desejo de manter a segurança das crianças relativa ao uso da internet, de realizar buscas sobre assuntos sensíveis e delicados à sociedade, combater qualquer tipo de censura, entre outros aspectos.[2]

---

[1] Não confundir com a opção de "modo anônimo" nos navegadores convencionais como Google e Mozilla Firefox. Esta opção de modo anônimo não garante a privacidade da navegação, apenas previne o estabelecimento do registro histórico do navegador no computador em uso, naquela sessão.

[2] CHERTOFF, 2015.

FIGURA 10.1: USUÁRIOS DA DARK WEB DESEJAM O ANONIMATO POR DIFERENTES MOTIVOS.

Outra razão para o desejo de anonimato parte do grupo formado por jornalistas e profissionais de imprensa. Os jornalistas são profissionais que, em muitos países, possuem uma legislação especial para a condução de seu ofício, já que necessitam da garantia contra a censura, da proteção de informações e fontes sigilosas, e outras atividades. Os jornalistas podem se beneficiar grandemente da web escura, assim como muitos já o fazem. Eles são um dos grupos-alvo de governos autoritários contrários à imprensa livre, além de constantemente receberem tentativas de influência por parte das grandes corporações capitalistas, inclusive midiáticas. Os jornalistas independentes costumam ser os alvos mais frágeis, mas não são os únicos.

Em uma sociedade que cada vez mais borra a linha divisória entre o plano real e o plano digital, a grande maioria das mensagens trocadas entre os indivíduos passa por canais de comunicação digitalizados controlados por grupos empresariais. Eis a preocupação de grande parte dos jornalistas: como garantir a privacidade e o sigilo de que a profissão necessita para ser livre, independente e, consequentemente, verdadeira e legítima? O caráter democrático da internet se torna bastante atraente a esses profissionais, e nada mais natural que optar pelo uso do segmento da internet mais capaz de oferecer a privacidade da comunicação e anonimato em rede.

Outro grupo bastante notório é o dos dissidentes políticos e denunciantes de crimes.[3] Os dissidentes são indivíduos que, por razões políticas, divergem da opinião da maioria ou de quem está no controle. Não é incomum a perseguição aos dissidentes. Alguns necessitam fugir de seus países por falta de segurança e ameaças à liberdade. Já os denunciantes são pessoas que, devido a sua posição vulnerável e poderosa — afinal, possuem o conhecimento de informações sobre atividades ilícitas com grande potencial de reverberação no tecido social —, se tornam alvos fáceis para seus ameaçadores. Todos esses grupos veem vantagens na obtenção de privacidade que esta porção da web oferece.

Infelizmente, muitos ainda observam o anonimato como um canal para realizar operações ilícitas e participar de atividades criminosas sob o manto do sigilo. São indivíduos e grupos que formam verdadeiras redes criminosas, e são capazes das maiores atrocidades: pedofilia, venda de animais exóticos, assassinos por encomenda, roubos, pornografia, venda de produtos roubados, jogos de azar, comércio de armamentos, narcotráfico, tráfico humano, exploração sexual, e inclusive modalidades de vídeo que, mediante pagamento, o usuário pode ver o conteúdo ilícito praticado por criminosos. O número de possibilidades é enorme. Tal qual uma moeda, o anonimato tem sempre duas faces.

---

3 Mais conhecidos por sua alcunha na língua inglesa, *whistleblowers*.

Criptografia

A *criptografia* talvez seja o elemento mais fundamental por trás do anonimato e vem sendo utilizada com relativa frequência por redes digitais que prezam pela segurança da troca de informações entre os dispositivos. Ela se combina com o dinamismo comum das páginas da web profunda para criar um conjunto de características que confere o sigilo das informações, do remetente e do destinatário.

A origem da palavra criptografia é grega[4] e significa algo próximo de "escrita secreta". A criptografia abrange qualquer informação ou dado que esteja escondido em uma determinada mensagem, e que seja apenas compreendida por quem detém o meio de a decifrar. Ela é um meio seguro de proteger uma informação qualquer, porque, sendo ela uma arte ou ciência que prevê a escrita em códigos ou cifras, gera um texto aparentemente incompreensível por quem desconhece o método utilizado (FIgura 10.2). Sendo assim, somente o destinatário é quem consegue decifrar e ler a mensagem com clareza e assimilação da informação contida no código.

[4] Do grego *kryptós* (escondido) e *graphé* (escrita). Disponível em: <http://origemdapalavra.com.br/site/palavras/criptografia/>. Acesso em: 29 mai. 2016.

Figura 10.2: A criptografia é utilizada como um mecanismo de segurança em redes.

Talvez o caso, atualmente, mais famoso de criptografia seja o da máquina alemã Enigma, utilizada na Segunda Guerra Mundial. A Enigma (Figura 10.3) foi decifrada por Alan Turing e sua equipe, feito relatado no filme *O Jogo da Imitação* (2014) dirigido por Morten Tyldum. Na realidade, a construção das primeiras versões da máquina foi anterior à Segunda Guerra, e recebeu aperfeiçoamentos após ser decifrada por matemáticos poloneses ainda em 1933. A marinha alemã, interessada na máquina eletromecânica capaz de criptografar as informações, comprou algumas versões disponíveis. Pouco depois, o exército alemão elaborou uma versão própria da máquina e, assim, as forças militares da Alemanha adotaram a Enigma como peça essencial na troca de comunicações — principalmente via rádio. Sua função era criptografar suas mensagens e, assim, evitar o conhecimento de suas estratégias e planos de guerra por parte dos Aliados. Alan Turing, liderando uma equipe de matemáticos e munido da experiência de matemáticos poloneses, foi capaz de decifrar a linguagem utilizada pela Enigma à época, e assim obteve acesso às informações repassadas entre os alemães.

FIGURA 10.3: A MÁQUINA ENIGMA.

De modo resumido, podemos dizer que existem dois métodos criptográficos: por meio de códigos ou cifras. São as duas formas que podemos utilizar para criptografar uma mensagem. O método com uso de códigos é o mais simples: ele tem a capacidade de esconder a mensagem original pelo uso de códigos estabelecidos previamente entre as partes envolvidas. Por exemplo, suponhamos que dois irmãos estejam em um jantar familiar, mas, na verdade, desejam muito jogar videogame. Eles combinam entre si que, para saírem juntos da mesa, os dois devem levantar o saleiro — um código que poderia ser traduzido como "vamos sair agora". Caso ainda não seja o momento, um deles sinaliza este sentimento ao erguer a colher — código que pode ser compreendido como "ainda não podemos sair". Estes códigos foram elaborados e estabelecidos por ambos *antes* de a comunicação acontecer. São códigos simples, mas que apenas os dois sabem a mensagem por trás de cada uma das ações. Quem está de fora não consegue visualizar as mensagens que estão sendo passadas entre eles. Convém lembrar que, devido à simplicidade que os códigos oferecem, eles estão sujeitos a serem decifrados com o tempo.

As cifras são mais complexas que os códigos. Elas são um método de criptografar a mensagem ao embaralhar, misturar, substituir letras ou grupos de letras, da mensagem original — tudo isso seguindo uma lógica. O ato de cifrar uma mensagem é mais complexo, porque o número de mensagens pode ser maior, ilimitado, e por isso mesmo são mais seguras que os códigos. Suponhamos que dois amigos estejam em sala de aula e tenham substituído o alfabeto normal ao avançar uma casa para cada letra. Portanto, a letra "A", na mensagem cifrada, será designada como "B". A letra "B", na mensagem cifrada, será conhecida como "C". A letra "C", também na mensagem cifrada, será conhecida como "D", e assim por diante. A última letra do alfabeto, "Z", será substituída pela primeira, "A", na mensagem cifrada. Essa regra é conhecida pelos dois amigos. Um deles arranca um pedacinho da folha de seu caderno e escreve a seguinte mensagem: "FV HPTUFJ EFTTB BVMB". O outro amigo puxa o lápis e escreve embaixo da primeira mensagem e a devolve ao amigo. Ele escreve: "FV OBP". Você consegue compreender a mensagem que foi trocada? Esse é um exemplo de mensagem cifrada.

A criptografia é uma das soluções para quem deseja privacidade e sigilo ao se conectar a uma rede de computadores, sendo bastante eficaz na prevenção de monitoramentos indesejados por terceiros. Precisamos lembrar que, quando foi criada, a internet foi desenhada de forma que seu acesso fosse possível a qualquer indivíduo em posse de um computador e uma conexão estável.

A internet é uma rede aberta. Assim, munido desses elementos, qualquer dispositivo entraria em contato com muitos, senão milhões, de outros computadores — o que revela a qualidade democrática da rede mundial. Mas isso gera um efeito colateral bastante negativo: a internet se torna um espaço bastante inseguro, uma vez que inúmeras intenções se escondem por trás daqueles que detêm o acesso — e estas intenções nem sempre são boas. Indivíduos mal-intencionados andam livremente pela rede e, de certa forma, bem escondidos. Estar conectado à internet é também assumir o risco de ataques. Os principais alvos são os clientes de sites de *e-commerce* e *home-banking*, que são ambientes com dados e informações valiosas e lucrativas: cartões de crédito, dados pessoais, contas de banco etc. Mas não apenas isso, quem nunca teve a caixa de entrada do e-mail invadida por spams, ou já não "pegou" vírus no computador? Algumas pessoas perdem o acesso ao e-mail pessoal ou às mídias sociais por terem suas senhas capturadas por programas para esses fins. Por isso, recomenda-se que o usuário tenha instalado em seu dispositivo programas *firewall*, antivírus e anti-spam.[5] Apesar de oferecerem uma camada de proteção, esses programas não tornam o computador infalível contra ataques, afinal, as ameaças da rede estão por toda parte e cada vez mais utilizam-se de novas tecnologias. Tudo isso faz com que a segurança seja o elemento mais valioso quando falamos de internet.

A ciência da criptografia prevê quatro conceitos fundamentais para garantir o sigilo de uma informação: *disponibilidade*, *confidencialidade*, *autenticidade* e *integridade*. A primeira está relacionada com a acessibilidade da informação protegida. Se uma mensagem criptografada não está disponível, por mais que o destinatário

[5] Recomendação do Comitê Gestor da Internet no Brasil. Disponível em: <www.cgi.br>. Acesso em: 29 mai. 2016.

seja capaz de a decifrar, ele não terá acesso a ela para realizar tal operação. A confidencialidade está relacionada com a indisponibilidade de a informação ser revelada para terceiros. Uma mensagem está bem criptografada quando ela é compreendida apenas por quem a deve compreender. Autenticidade é a garantia sobre a identidade do remetente e do destinatário; por isso é desdobrada em "autenticação de origem" e "autenticação de destino". Tanto a pessoa que envia a mensagem quanto a pessoa que recebe a mensagem devem estar seguras sobre a identidade de quem enviou e recebeu a mensagem. Isto serve para evitar que terceiros se passem pelos remetentes e receptores originais. E, finalmente, integridade está relacionada com a segurança de que a mensagem ou informação criptografada não foi alterada, ou mesmo destruída.

Esses valores visam garantir que somente os indivíduos que deveriam ter acesso à mensagem realmente tenham acesso a ela e possam compreendê-la em seu estado original, sem alterações. Assim, a ciência da criptografia provê técnicas para que os dados possam ser transmitidos, armazenados ou recuperados, sem que haja nenhuma modificação ou brecha que permita sua exposição a pessoas não autorizadas.

Além disso, a região da web profunda prevê programas que realizam a alteração constante do número de IP do dispositivo. Esses programas têm o intuito de "mascarar" o número de IP original que, como vimos anteriormente, é o responsável por dar nossa "localização" na rede mundial. Quando terceiros não têm acesso a nosso número de IP real, eles não têm como saber nossa posição na rede mundial de computadores e, assim, mantemos um poderoso grau de sigilo.

Vamos voltar ao exemplo de um jornalista que deseja marcar um encontro e se comunicar com o presidente. Como vimos anteriormente, ele necessitaria, inicialmente, consultar a equipe de proteção do presidente, que proporia um esquema de segurança que funcionaria da seguinte forma: o encontro seria realizado no interior de um veículo em movimento. A fim de não levantar suspeitas, a equipe de segurança planejaria que 20 carros, de mesmo modelo e cor, percorressem as ruas da cidade simultaneamente — mas apenas um deles levaria o presidente e o jornalista que, enfim, poderiam ter a desejada reunião para discutir assuntos pertinentes. Sem saber a localidade do encontro, ou muito menos ter consciência de que este esquema estava sendo colocado em prática — as chances de que encontrassem os dois indivíduos seriam quase nulas. Primeiro, teriam de saber que eles não se encontrariam em uma das salas nos numerosos prédios da cidade. Segundo, precisariam saber que a reunião aconteceria dentro de um veículo, dentre os milhares espalhados pelas ruas. Terceiro, seria preciso saber cor e modelo. Quarto, além disso, seria necessário saber a placa do carro que o diferenciaria dos demais. Quinto, compreender o teor da conversa — esta poderia estar criptografada, o que seria mais uma camada de proteção além das mencionadas.

Imaginemos que o presidente e o jornalista tivessem a troca de suas mensagens blindada pela criptografia. Ao contrário de todas as probabilidades, vamos supor que fosse encontrada a localização do encontro. Se os terceiros interessados na conversa, que não tivessem autorização para participar e saber do conteúdo, não soubessem como decifrar as mensagens trocadas, elas se tornariam inúteis — o conteúdo só poderia ser compreendido por quem dispusesse da autorização (neste caso, somente o jornalista e o presidente). Por mais que conseguissem saber a localização, a hora marcada, através de qual meio transmitiriam as mensagens, além de terem garantias sobre as identidades do jornalista e do presidente, e de que a interceptação da mensagem fosse bem-sucedida, os "bisbilhoteiros" não teriam acesso ao conteúdo claro da mensagem e a compreensão seria inexistente. Eles não deteriam os meios necessários para decifrar a mensagem — isto porque não teriam autorização.

Eis o motivo para "mascarar" o número de IP e utilizar-se da criptografia no ambiente das redes. Ela oferece um grau de segurança muito alto ao permitir o sigilo das comunicações. Seu valor é inestimável e, não coincidentemente, muitas empresas e instituições governamentais investem pesado no desenvolvimento de tecnologias capazes de "desanonimar" usuários na web profunda. Convém lembrar que nem todos que por suas águas navegam são possuidores de boas intenções.

A Rede Livre: Freenet

A intencionalidade do anonimato, inaugurando a era da web escura, teve seu início com o software Freenet,[6] desenvolvido por Ian Clarke em 2000. Curiosamente, o estopim aconteceu por meio de uma tese que, colocada em prática, deu início ao projeto que conhecemos como *Freenet*. Este software, uma vez instalado, permite que seus usuários armazenem e compartilhem entre si informações em modo anônimo, formando uma rede da qual o nome deriva. Com ele, é possível a criação de *freesites*, que são páginas web acessíveis somente aos usuários dessa rede.[7] Não

---

[6] Do inglês, *Freenet* significa "rede livre".

[7] Disponível em: <https://freenetproject.org/about.html>. Acesso em: 29 mai. 2016.

é possível acessar essas páginas a partir de outros navegadores, por exemplo.

A rede Freenet funciona da seguinte forma: cada usuário da rede oferece a ela duas coisas — largura de banda e uma parte de seu disco rígido. Essa parte do disco rígido fica disponível aos demais usuários para inserir e armazenar informações. Ou seja, na rede Freenet, não existe um dispositivo central de armazenamento. Isso é fundamental para a rede, porque elimina a vulnerabilidade de expor os dados somente em um dispositivo, o que é bastante indesejado pelo risco de ataques. Afinal, se colocamos nossas informações em apenas uma casa, e ela é destruída, estamos com um problema bem grande. Mas se tomamos a decisão de distribuir as informações em inúmeras casas, certamente nossa segurança em relação aos ataques e à perda de dados aumenta. É por esse motivo que a Freenet é uma rede descentralizada: cada usuário é um nó que pode servir de ponto de armazenamento de informações e provê a recuperação dessas informações de forma sigilosa. Além disso, quem oferece parte de seu disco rígido não possui *acesso* às informações que foram ali armazenadas — ou, pelo menos, é bastante difícil ter seu acesso. Essa parte é "doada" à rede e um de seus pilares fundamentais: o proprietário do disco rígido desconhece o conteúdo presente no dispositivo.

As comunicações realizadas através da Freenet são criptografadas e utilizam-se de um algoritmo engenhoso de roteamento dos dados para que se torne impossível de descobrir a origem e o destino deles. Como assim? Bem, sabemos que um dado, ao percorrer a rede, deve sair de seu ponto de partida e chegar ao ponto de destino. Na internet, o dado só precisa saber desses dois "endereços" na rede e, assim, independentemente da rota que ele seguir, encontrará seu destino. Além do mais, esses dois "endereços" são expostos. Na rede Freenet, cada nódulo da rede pode servir para armazenamento.[8] O algoritmo da rota criado permite que a informação seja armazenada no nódulo que for prover maior eficiência, dentre as opções disponíveis, para toda a rede. Assim, a informação "A" é armazenada em um determinado nó, digamos "nó 44"; no passo seguinte, a informação "B" é armazenada em um nó diferente, por exemplo, "nó 276" — isto porque o algoritmo fez a leitura e julgou que, no momento posterior, a informação seria melhor armazenada no "nó 276", oferecendo equilíbrio para toda a rede.

A rede Freenet trabalha com o "princípio do mundo pequeno".[9] Vamos a uma explicação simples. O acesso às informações acontece pela rede através de uma rota de nódulos, cujo monitoramento é impossibilitado pelos seguintes fatores: cada nódulo da rede apenas reconhece o nódulo imediatamente anterior e posterior a si mesmo — e não os nódulos iniciais e finais. Dito de outra forma, não há como rastrear o destino, nem a origem, da rota percorrida pela informação, porque cada nódulo tem um conhecimento bastante reduzido de toda a rota percorrida, afinal, apenas conhecem quem está à frente e quem está atrás de si próprios no caminho percorrido pela informação. Para passar a informação adiante, cada nódulo da rota toma uma decisão sobre qual será o próximo lugar a enviar a informação. Ele tem à sua disposição muitos outros nódulos *seguintes*, muitos outros caminhos, mas escolherá apenas um. Dependendo de qual nódulo *seguinte* o nódulo *atual* escolher, o número de rotas possíveis variará.

Essa utilização de nódulos que cooperam entre si, elencados em computadores espalhados pelo sistema, somada ao algoritmo capaz

8 CLARKE et al., 2000.

9 CIANCAGLINI, 2013.

de adaptar a rota para melhor eficiência da rede, torna a Freenet uma candidata segura à manutenção do anonimato da informação.

Segundo os criadores da rede,[10] ela possui cinco objetivos:

a) **descentralização de todas as funções da rede**: esse ponto diminui significativamente os riscos concernentes ao armazenamento das funções e informações retidas em uma única localidade. É como esconder o ouro em mais de um lugar — você pode até perder uma parte, caso sofra um ataque, mas não perderá tudo;

b) **anonimato para quem consome e quem produz a informação**: o sigilo é concedido àqueles que inserem informações nos discos rígidos distribuídos pela rede e também àqueles que consomem os conteúdos;

c) **acessibilidade negada aos armazenadores da informação no disco rígido**: quem armazena o conteúdo em seu disco rígido não tem informações sobre do que ele trata;

d) **resistência às tentativas por parte de terceiros de negar o acesso à informação**: existe um esforço no sistema para que o acesso à informação não sofra obstáculos;

e) **armazenamento e roteamento dinâmico e eficiente das informações.**

Finalmente, vamos fazer algumas considerações. A rede Freenet é destinada àqueles usuários que buscam privacidade e não desejam o rastreamento de suas informações por parte de terceiros. É uma rede que opera de forma descentralizada e que, devido à sua estrutura, garante a liberdade de expressão e o fluxo da informação livre.

---

10 CLARKE et al., 2000, p. 2.

Essas características dão margem para que ela seja um meio aliado tanto de usuários bem-intencionados quanto de usuários mal-intencionados. Como dissemos algumas vezes, o anonimato é o que você faz dele.

Além disso, ao solicitar o compartilhamento de parte do disco rígido dos dispositivos de seus usuários e não permitir o conhecimento do conteúdo armazenado nele, a rede abre espaço para que esses proprietários sofram as possíveis consequências do armazenamento ilegal de informações e dados criminosos.

O Projeto Internet Invisível: I2P

A rede *I2P* foi desenvolvida em 2003, como um dos resultados possíveis da evolução da *Freenet*. Inicialmente, essa rede se desenvolveu a partir de um protocolo de transporte e, assim como a anterior, seu objetivo também era prover uma camada de "invisibilidade" para os usuários da rede que desejassem hospedar algum serviço ou realizar a comunicação entre aplicações. Para tanto, toda a comunicação é criptografada, desde os pontos extremos até o meio. A rede I2P faz uso de quatro camadas de criptografia.[11] Vale lembrar que anonimato é uma das características do I2P, cujo nome se espelha nessa ideia: *The Invisible Internet Project* (I2P) ("O Projeto Internet Invisível"; tradução própria).

Mas como essa rede se diferencia da Freenet? Bem, primeiro, pela forma. A rede I2P opera por meio da criação de "túneis". Esses "túneis" são temporários[12] e unidirecionais: são caminhos que

[11] CIANCAGLINI, 2013, e Projeto Internet Invisível (I2P), disponíveis em: <https://geti2p.net/pt-br/about/intro>. Acesso em: 29 mai. 2016.

[12] A média de vida de um túnel de rede I2P é de dez minutos. Após esse prazo, eles são descartados. Isso acontece para que todos os túneis tenham uma grande semelhança, o que dificulta a identificação de algum túnel em específico. A consequência disso é o aumento do sigilo da rede. SCHIMMER, 2009.

passam por uma sequência de roteadores. Cada nódulo na rede I2P funciona como sendo um roteador.[13] Vamos a um exemplo.

Suponhamos que eu tenha um computador A ligado a alguns túneis de saída e a outros túneis de entrada. Suponhamos também que exista um computador B, também ligado a alguns túneis de saída e a outros túneis de entrada. Se eu desejo enviar uma mensagem do computador A ao computador B, eu necessito que essa mensagem navegue por um dos "túneis de saída" ligados ao computador A e, em seguida, seja "roteado" a um dos "túneis de entrada" ligados ao computador B. Dessa forma, se dois computadores estão em duas redes diferentes[14] e têm a intenção de trocar dados entre si, eles necessitarão de um roteador (que é um dos nódulos do túnel) que faça o encaminhamento dos pacotes de dados entre as duas redes. Ou seja, a mensagem é passada de nódulo em nódulo (pelo "túnel de saída" conectado ao computador A) até que chegue ao último nódulo desse "túnel de saída" e seja enviada dessa rede a outra rede, formada pelo "túnel de entrada" conectado ao computador B. A mensagem é passada do último nódulo do "túnel de saída" para o primeiro nódulo do "túnel de entrada" e segue adiante — até encontrar o computador B.[15]

O interessante é que o usuário da rede I2P tem o poder de escolher o comprimento desses túneis — o que reflete diretamente nas características de "anonimato", "latência" e "taxa de transferência" — dependendo somente de suas necessidades.[16]

---

[13] Dispositivo que encaminha pacote de dados entre redes de computadores. CAMPOS, Iberê. *Entendendo os roteadores*. Disponível em: <http://www.thecnica.com/artigos/PnP_13_06.pdf>. Acesso em: 29 set. 2014.

[14] Formadas por túneis temporários e unidirecionais preexistentes.

[15] Projeto Internet Invisível (I2P). Disponível em: <https://geti2p.net/pt-br/about/intro>. Acesso em: 29 mai. 2016.

[16] Projeto Internet Invisível (I2P). Disponível em: <https://geti2p.net/pt-br/about/intro>. Acesso em: 29 mai. 2016.

A página da rede I2P na web traz um comparativo entre as vantagens e desvantagens da rede em relação às redes Freenet e The Onion Router, mais conhecida como Tor.[17]

O Roteador Cebola: The Onion Router (Tor)

Entre todas as redes, a rede *The Onion Router (Tor)* é a mais conhecida entre os usuários da web escura. Essa é a rede que a grande maioria dos usuários utiliza para se proteger da vigilância constante que impera na web superficial. A grande verdade é que muitos ainda fazem bastante confusão entre os termos *Deep Web*, *Tor* e *internet profunda* — que, não raramente, são tratados como sinônimos. Já sabemos que isso não é verdade! A *Deep Web* concentra a porção da web que não é indexada pelos mecanismos de busca convencionais; sabemos que a *Tor* é, na verdade, uma rede que protege informações de seus usuários e oferece um bom grau de anonimato; e, claro, *internet profunda* é como muitas pessoas se referem aos dois conceitos mencionados — não se dando conta de que *internet* e *web* são conceitos diferentes. A internet engloba a web, mas o contrário não é verdade.

Pois bem, e o que mais se sabe sobre a Tor? Bem, algumas pessoas parecem ter uma ideia de que a parte *underground* e fora da lei, pela qual a Deep Web é conhecida, acontece, principalmente, nesta rede — e o motivo é bem simples: ela é a rede mais popular entre os usuários. A rede Tor é o recanto mais "famoso" entre usuários e aqueles que já escutaram "lendas" sobre essa região obscura da rede: aqui encontramos histórias macabras sobre assassinos de aluguel, pedofilia e tráfico de drogas. Mas vale lembrar que nem só de coisas ruins se faz a rede Tor; nela

---

17 Comparação entre o Projeto I2P e outros projetos. Disponível em: <https://geti2p.net/pt-br/comparison>. Acesso em: 29 mai. 2016.

encontramos uma boa aliada de ativistas e jornalistas ao redor do mundo que necessitam do anonimato e da privacidade de suas comunicações, para realizar reportagens e trocar informações sem o risco de vigilância e alteração de conteúdo.

Laboratório de Pesquisa Naval dos Estados Unidos

Em meados da década de 1990, a web deu um salto comercial que possibilitou que milhares de casas e escritórios nos Estados Unidos, e ao redor do mundo, pudessem ter um computador conectado à internet. Não só centros acadêmicos poderiam desfrutar da conexão entre um número grandioso de máquinas prontas para enviar e receber informações e dados a um clique do mouse. Foi uma era em que começaram a proliferar os provedores de internet, companhias que se preocupavam em levar a internet para o indivíduo médio. Esse *boom* foi extraordinário e ocorreu em uma velocidade inigualável! Os "internautas" navegavam em inúmeras páginas e podiam checar o clima, manter conversas instantâneas (*chat rooms*), enviar e receber e-mails, pesquisar preços de produtos e serviços, ler jornais e notícias, enfim, manter-se atualizados. Era uma grande época para se estar vivo e ver a história sendo escrita diante dos olhos! Tratava-se de uma questão de tempo até que alguém pudesse encontrar um jeito de "furar" parte do otimismo da década com planos de vigilância e coleta de dados e informações dos usuários: afinal, que modo *melhor* de conhecer um cliente em potencial do que bisbilhotar sua vida virtual e coletar informações valiosas? Eis o início do fim da privacidade do internauta,[18] com grandes consequências para o comportamento de empresas, governos e usuários ao redor de todo o mundo.

[18] Usuário comum da rede internet e, mais especificamente, da *World Wide Web*.

Em meio a essa atmosfera, um grupo de matemáticos e cientistas da computação do Laboratório de Pesquisa Naval dos Estados Unidos[19] interessou-se em pesquisar e criar um mecanismo seguro de privacidade para as comunicações do setor de inteligência do governo norte-americano. É fácil deduzir o motivo: serviços de inteligência provêm informações sensíveis do Estado — então nada mais natural que proteger suas comunicações de interceptação de dados e ataques de terceiros. Naquela época, o mundo descobria como enviar e receber um e-mail, criar e gerenciar um website, ou trocar informações por meio do computador de casa ou do escritório. Era um ambiente relativamente desprotegido quanto aos ataques — principalmente porque a internet se moldou e se criou dentro de uma cultura de liberdade e camaradagem; não era previsto que a internet atingiria estrondosamente milhões de lares nos cinco continentes! Proteger arquivos, mensagens e comunicações nessa rede comercial que engatinhava tornava-se imperativo para os serviços de inteligência que a utilizavam.

A proteção criada envolvia um sistema que hoje é conhecido como "roteamento cebola". Esse sistema confere camadas, tal qual uma cebola, de proteção criptográfica — o que protege o sigilo e a alteração do conteúdo enviado e recebido por quem o utiliza. Em 2002, esse grupo de cientistas da computação e matemáticos lançou o projeto Tor (sigla para The Onion Router), que é mantido até os dias atuais por financiadores do governo dos Estados Unidos e doações de grupos e usuários da rede, como a *National Science Foundation* (NSA), o *Federal Foreign Office of Germany*, o *US Department of State Bureau of Democracy*, a *Human Rights and Labor*, e mais de 4.300 doações de indivíduos,[20] entre

[19] *The United States Naval Research Laboratory.*

[20] Disponível em: <https://www.torproject.org/about/sponsors.html.en>. Acesso em: 29 mai. 2016.

outros financiadores. O projeto, além de manter o software Tor, sustenta um website na web superficial que orienta curiosos e usuários sobre o que é o projeto, contendo vídeos educativos, manuais, e ainda uma listagem com as dúvidas mais frequentes, ou *Frequently Asked Questions* (FAQs),[21] além de informações gerais sobre o funcionamento e o projeto em si. Recomenda-se realizar o download do software Tor apenas a partir da página oficial do projeto, já que fontes não seguras podem, juntamente com o programa, enviar arquivos prejudiciais à máquina como vírus e demais programas maliciosos. O website oficial do projeto é <https://www.torproject.org/>.

Programa e Funcionamento

Certo, então agora você já navegou pela página do projeto Tor, deu uma olhadinha nas explicações e informações sobre o programa, tornou-se consciente da vigilância embutida na web superficial e realizou o download do software em seu dispositivo final — um computador de mesa, por exemplo. O que é esse programa e como ele me fornecerá o grau de segurança que desejo enquanto navego? Para responder a esses questionamentos, nada melhor que uma simplificada explicação sobre o "mundo Tor" e o funcionamento do programa. Então, vamos lá.

Quando o usuário realiza o download e instala o programa Tor em sua máquina, ele está, na realidade, concordando com um tipo de "navegador" muito especial. Assim como o Chrome, Firefox, Safari, Opera, e demais navegadores convencionais, o Tor serve para criar a experiência de navegação da web para o usuário — com sistemas de hiperlinks e uma barra de endereços, por

[21] Disponível em: <https://www.torproject.org/docs/documentation.html.en>. Acesso em: 29 mai. 2016.

exemplo. Até aí, tudo normal. A diferença é que esse "navegador" não é utilizado para entrar em páginas da web superficial como, por exemplo, o site do Google ou um noticiário do tipo ".com" ou ".com.br", como são utilizados aqui no Brasil. Ele é destinado a realizar a leitura de páginas da rede Tor que, por natureza, são páginas que não são indexadas pelos mecanismos de busca convencionais e que *desejam* permanecer alheias a eles. A partir da criação do projeto, convencionou-se utilizar o sufixo ".onion" nas páginas criadas por usuários que desejavam que elas fossem lidas apenas pelo navegador Tor — e não pelos navegadores comuns aos internautas de superfície!

Portanto, é por isso que muitos websites da web escura possuem o sufixo ".onion" (em português, *onion* significa "cebola" — uma clara alusão ao nome do software) em seus endereços. Essas páginas são exclusivas da rede Tor e não podem ser lidas e visualizadas por nenhum outro navegador que não seja ele próprio. Uma coisa diferente acontece com essas páginas. Elas não são estáticas como na web superficial. Elas são páginas *dinâmicas*. Seus endereços mudam *constantemente*! Essas nomenclaturas se alteram para adicionar uma camada a mais de proteção. Digamos que o usuário tenha encontrado uma página de seu interesse e que sua nomenclatura, durante aquela sessão, seja "oijewouhgirehiuhtgnyb.onion". Se o usuário atualizar a página, ou se ele tentar retornar a essa mesma página digitando este endereço na barra de endereços do navegador Tor, ele não conseguirá ter acesso. A página terá mudado de nomenclatura e, por exemplo, será agora conhecida como "poktpruiudryerehwhiuht.onion". Esse dinamismo acrescenta mais um desafio, e pode-se perceber quão diferente é dos websites da web superficial — todos estáticos.

E como é o funcionamento desse "navegador" nada convencional? De uma forma simples, o software Tor protege a conexão com a internet realizando duas ações principais: a primeira delas é a aplicação de três camadas de proteção criptográfica na conexão do usuário à internet; a segunda ação é o "roteamento" dos pacotes de dados para três servidores aleatórios e voluntários da rede Tor, dispostos em sequência e localizados em diferentes pontos do globo. Parece um pouco complicado, mas podemos traduzir isso da seguinte forma: em vez de ficar claro qual é a trajetória completa de cada pacote de dados que sai de um dispositivo cliente e é recebido por um dispositivo servidor final, a função do Tor é "embaralhar" essa trajetória de modo que ela *não seja clara*. Precisamos lembrar que o objetivo é justamente esse: camuflar essa informação para se obter sigilo. Esse "embaralhamento" acontece porque o Tor não permite que se saiba a trajetória completa, mas apenas partes da trajetória em momentos diferentes. E a mensagem, que trafega por esta trajetória, é criptografada! Mesmo que, suponhamos, consigam "capturar" os pacotes de dados, o conteúdo não será compreendido.

Para melhor entendimento, vamos imaginar duas situações. A primeira situação envolve o modo como um pacote de dados "viaja" pela internet e chega ao servidor final. A segunda situação envolve como esse mesmo pacote de dados "viaja" pela rede Tor, que se utiliza da internet, e chega ao servidor final. No primeiro caso, o pacote de dados sabe que A é o nódulo, ou ponto, inicial. E sabe também que ele parte deste ponto. Ele compreende que B é o nódulo seguinte e final, ou seja, o ponto B é o servidor final. O objetivo desse pacote de dados é sair de A e chegar a B; se ele fizer isso, ele será bem-sucedido e a conexão será mantida entre o dispositivo cliente e o dispositivo servidor. A rota completa do pacote de dados é conhecida.

Agora vamos à segunda situação. Esse mesmo pacote de dados deve sair do ponto A, ou nódulo inicial, e chegar ao ponto B, que é o nódulo final. No entanto, diferentemente da primeira situação, o pacote de dados não sabe dessa informação. As camadas de proteção fazem com que cada ponto dessa trajetória só conheça a si mesmo e os pontos imediatamente anteriores e posteriores. Essas camadas de proteção são criptografadas e impedem que qualquer "espião" saiba da trajetória completa, do início ao fim.

Nessa segunda situação, o pacote de dados sabe que seu ponto de partida é o nódulo A, e que seu próximo passo é chegar ao nódulo seguinte, suponhamos, nódulo Y. Neste momento, isto é tudo que se sabe. Quando este pacote chega ao nódulo Y, ele recebe novas instruções: deve se direcionar ao nódulo W. Isto é tudo que ele sabe. Seu próximo passo é chegar em W e é exatamente isso que ele faz. Quando ele chega em W, duas coisas acontecem: ele recebe instruções para seu próximo nódulo, e "esquece" o nódulo de partida — aquele no qual ele iniciou sua trajetória, o ponto A. Em outras palavras, o pacote de dados conhece *somente* o nódulo imediatamente *posterior* e *anterior*, isto em qualquer momento da trajetória. Portanto, ao seguir as instruções, ele pode passar por 3, 10, 50 nódulos, por exemplo, que se localizam entre o nódulo A (partida) e o nódulo (B), e é incapaz de identificar a trajetória completa. Essa incapacidade, na prática, faz com que não seja possível rastrear *de onde* veio o pacote. O objetivo, com isso, é tornar a conexão difícil de ser rastreada e, portanto, difícil de localizar de volta ao usuário — o que permite a navegação anônima e segura. Algumas informações sobre o usuário, como, por exemplo, a localização geográfica, o navegador que ele utiliza para surfar na web, o sistema operacional de seu dispositivo, seu histórico de navegação, e demais informações, *não estão disponíveis* ao conhecimento de terceiros quando você utiliza a rede Tor. Quem desejar saber essas informações terá de perguntar ao próprio usuário.

Percebeu? A rede Tor opera de forma segura, porque roteia o tráfego de informações utilizando-se de alguns servidores voluntários (eles fazem parte da rede!) que fazem o papel desses nódulos intermediários — além de isolar a mensagem com três camadas de criptografia!

Segundo consta no próprio website do projeto, o programa ainda tem uma característica adicional: ele torna seus usuários muito parecidos uns com os outros propositalmente — o que é capaz de confundir bisbilhoteiros. É como se você fosse um indivíduo procurado por uma empresa de marketing. Como toda empresa de marketing, eles querem saber um pouco sobre você e sobre suas preferências, gostos e demais informações que eles possam utilizar para, posteriormente, o explorar como um cliente em potencial. Suponhamos que você não tenha interesse e não deseja ser incomodado por essa empresa — você simplesmente não quer dividir suas informações e opiniões, não deseja ser encontrado. Se você se coloca como parte de uma multidão — digamos, se escondendo no meio de um público de um determinado show —, com alguma dificuldade pode ser que eles o encontrem. Afinal, por mais lotado que esteja esse concerto, você é único! Seu cabelo, tom dos olhos, formato do rosto e demais características, quando somadas, formam você. A não ser que você seja gêmeo idêntico de alguém (ainda assim, com um pouco de conversa, logo ficará claro quem você é. Seu irmão pode ter semelhanças físicas com você, mas você é, certamente, um indivíduo autêntico), se filtrarmos todos que estão presentes neste concerto, uma hora é possível que te encontrem!

Agora, se existe algum mecanismo que faça com que todas as pessoas presentes neste concerto se pareçam com você, então a tarefa de o identificar se torna muito mais difícil. Você e os demais se parecem e não é possível os distinguir! E a identificação tende a se tornar ainda mais complicada à medida que mais pessoas, semelhantes a você, vão chegando e lotando o show. Seu anonimato se torna possível simplesmente porque não há como o identificar em um oceano de pessoas que se parecem com você!

De uma forma simples, o funcionamento do Tor se baseia na analogia do concerto descrita acima. Seu objetivo, juntamente com as outras redes apresentadas anteriormente, é preservar o anonimato e dar segurança às comunicações entre os usuários. Vale lembrar que esta é a essência da web escura: o desejo de não ser encontrado, rastreado ou identificado. Muitos usuários, especialmente em países autoritários, também utilizam redes anônimas para "burlar" restrições políticas e tecnológicas quanto ao uso da internet — conseguindo, muitas vezes, acesso a sites bloqueados. Eis um bom exemplo de desafio à autoridade estatal. O conjunto das redes anônimas, das quais as três mencionadas neste capítulo fazem parte, compõe a Dark Web.

CONCLUSÃO

A maioria de nós desconhece elementos técnicos e fundamentações básicas que permitem a compreensão satisfatória do que vem a ser a internet. Termos como "web", "internet", "*World Wide Web*" se confundem e são, frequentemente, utilizados como sinônimos. Nós também não observamos a tecnologia que permite a internet funcionar ser abordada nos jornais, revistas e meios de comunicação tradicionais. É como se esta área fosse apenas do interesse de quem a compõe, seja por cientistas da computação, entusiastas de tecnologia ou outros especialistas. A linguagem também acaba se tornando um grande obstáculo para os usuários comuns, como eu e você. Entendê-la exige um pouco de estudo. Esse ponto e muitos outros explicam parcialmente o desinteresse de muitos usuários de tecnologia sobre a própria tecnologia. E isso é surpreendente uma vez que, cada vez mais, nossas sociedades urbanas dependem de ciência e tecnologia.

Este livro foi dividido em duas grandes partes: a primeira parte sujeitou-se a tratar de alguns casos que utilizaram a Dark Web como vetor principal de suas ações. Foram casos que abordaram agentes como a organização *WikiLeaks*, o mercado negro *Silk Road*, a moeda digital criptográfica *Bitcoin*, o grupo *Anonymous* e o *terrorismo* na sua vertente digital. A segunda parte buscou explicar, de modo sucinto, o funcionamento básico das estruturas e elementos que fazem parte do revolucionário sistema de comunicação conhecido como *internet*. Assim, caso você busque compreender porque a web que utilizamos no dia a dia não é um ambiente sigiloso, terá meios para compreender. A segunda parte deste livro pode servir a você como uma introdução a um estudo mais profundo sobre os mecanismos que regem a tecnologia da internet atualmente.

Muitos casos que são conhecidos, ou "mais famosos", da Dark Web não foram tratados aqui. Em parte, há muitos mitos sobre o assunto e os estudos ainda são limitados. O objetivo básico foi estabelecer uma conexão entre os casos mencionados e a Dark Web. Muitos dos temas abordados foram discutidos pela mídia tradicional de forma que é bem provável que você, leitor, tenha escutado falar sobre eles em algum momento. O "adicional" foi compreender de que forma a tecnologia por trás da Dark Web proporcionou que essas atividades fossem realizadas. É o "pano de fundo" por trás de todos estes casos.

Outro ponto importante abordado por esta obra foi a desmistificação entre *Deep Web* e *Dark Web*. Daqueles indivíduos que já escutaram falar sobre essas duas regiões, ou, pelo menos, uma delas, uma boa parte ainda confunde essas duas webs. Muitas vezes são tratadas como se fossem sinônimos, o que não é verdade. Dark Web e Deep Web são termos diferentes que representam regiões com características distintas.

A Dark Web é o conjunto das redes propositalmente anônimas. Elas podem servir a um variado número de objetivos que podem ir desde o auxílio a redes de jornalistas — buscando a segurança de suas informações, proteção de suas fontes e combate a censura — até operações criminosas como a venda de narcóticos e substâncias ilegais. A Dark Web não é, necessariamente, uma rede "suja" ou "violenta" como muitos propagam por aí. Tampouco é uma rede formada apenas por agentes e serviços lícitos e solidários.

Em realidade, pela sua característica intrínseca de proteção ao anonimato dos usuários, ela é o que os seus usuários fazem dela.

Com as revelações sobre vigilância em massa de Edward Snowden em 2013, a Dark Web ganhou um considerável peso nos meios de comunicação. Essa atenção recebida pela rede está causando impacto. Muitas organizações e empresas, assim como governos ao redor do mundo, observam essa lenta, mas progressiva migração de usuários da Surface Web para a Dark Web em busca de privacidade. O gigante Facebook, atualmente, inaugurou as suas portas na rede Tor. A organização sem fins lucrativos Repórteres sem Fronteiras também utiliza a rede cebola. Jornalistas chineses acreditam que o Tor é uma importante ferramenta de combate à censura. Outras redes de ativistas, como o grupo Human Rights Watch e o grupo Global Voices, recomendam o uso da rede Tor em seus relatórios. Mas nem só dos "grandes" vive a Dark Web. Ela se tornou uma poderosa ferramenta no combate à falta de privacidade. Formada por uma comunidade de usuários e ativistas que também trabalham ativamente na construção de novas técnicas capazes de oferecer camadas de sigilo, as redes escuras estão recebendo milhares de novos usuários que buscam proteção ao controle e vigilâncias massivas.

Desde que se descobriu sobre a vigilância global, acendeu-se um sinal de luz em um grande número de indivíduos que se preocupam com a privacidade. Não estamos falando de grandes personalidades do crime, mas de pessoas comuns que enxergam a falta de privacidade como a ruína de um direito que foi sempre protegido. Se, nos grandes centros urbanos, podemos dizer que nossas vidas estão migrando quase que em sua totalidade para o mundo digital, como podemos nos proteger da vigilância não autorizada? A resposta é que há meios. Os mecanismos estão por aí e podem ser acessados por qualquer um com uma conexão. O grande problema, ainda, parece ser a grande mistificação em torno da Dark Web: sempre vista como um calabouço de ações criminais e mentes perigosas. "Pintar" essa região da web com as cores da maldade, do crime e da ilegalidade pode, até certo ponto, manter muitos indivíduos longe de sua esfera. No entanto, acredito que, cedo ou tarde, a disseminação do conhecimento sobre o que vem a ser as redes anônimas possibilitará uma migração massiva de pessoas para essa região da web. E isto tem seu lado positivo e negativo: quanto mais pessoas aderirem, maior o número de indivíduos com algum grau de proteção à privacidade. Proporcionalmente, também será maior o número de indivíduos engajados em ações ilícitas. Toda moeda tem dois lados.

Compreensivelmente, não sabemos como será o futuro. Pode ser que dentro de algumas décadas surja uma nova tecnologia capaz de substituir a internet como a conhecemos hoje. Mas se pudesse apostar as minhas fichas, acredito que isso seja improvável. Seria mais natural que a internet se desenvolve-se progressivamente. Independentemente da tecnologia empregada, nós apenas teremos a chance de uma escolha consciente se conhecermos do que ela trata, como funciona e o que está em jogo. Isto reduz a nossa chance de sermos "reféns da tecnologia" e, consequentemente, de navegar nas informações que nos são submetidas — ao invés de buscadas por nós mesmos.

A revolução digital começa aqui.

REFERÊNCIAS BIBLIOGRÁFICAS

ALDEIAS, M. **Cookies**: uma ameaça à privacidade. 2012. Disponível em: <http://web.fe.up.pt/~jmcruz/seginf/seginf.1112/trabs-als/final/G1-T6.cookies.final.pdf.> Acesso em: 1 set. 2016.

ASSANGE, J. **Cypherpunks**: Freedom and the Future of the Internet. New York: OR Books, 2012.

BERGMAN, M. K. White Paper: The Deep Web: Surfacing Hidden Value. **The Journal of Electronic Publishing**, v. 7, Issue 1, ago. 2001. Disponível em: <http://dx.doi.org/10.3998/3336451.0007.104>. Acesso em: 1 set. 2016.

CASTELLS, M. **A Galáxia da Internet**: reflexões sobre a Internet, os negócios e a sociedade. Rio de Janeiro: Zahar, 2003.

CERUZZI, P. **A History of Modern Computing**. Cambridge: MIT Press, 2003.

CERUZZI, P. An Unforeseen Revolution: Computers and Expectations. In: CORN, Joseph J. **Imagining Tomorrow**: History, Technology and the American Future. Cambridge: Mit Press, 1986. Cap. 9, pp. 188–201.

CHERTOFF, M.; SIMON, T. The Impact of the Dark Web on Internet Governance and Cyber Security. **Global Comission On Internet Governance**, Waterloo, n. 6, pp. 1–8, fev. 2015.

CHRISTIN, N. **Traveling the Silk Road**: A Measurement Analysis of a Large Anonymous Online Marketplace. 2013. Disponível em: <https://www.andrew.cmu.edu/user/nicolasc/publications/Christin-WWW13.pdf>. Acesso em: 6 set. 2016.

CIANCAGLINI, V. et al. **A Trend Micro Research Paper**: Deep Web and cybercrime: it's not all about TOR. Cupertino: Trend Micro. 2013.

CLARKE, I. et al. Freenet: a distributed anonymous information storage and retrieval system. In: INTERNATIONAL WORKSHOP ON DESIGNING PRIVACY ENHANCING TECHNOLOGIES: DESIGN ISSUES IN ANONYMITY AND UNOBSERVABILITY, 1, 2000, Berkley. **Proceedings...** Berlin: Hannes Federrath, 2001. pp. 46–66.

COHEN-ALMAGOR, R. In Internet's Way: radical, terrorist islamists on the Free Highway. **International Journal Of Cyber Warfare And Terrorism**, Hershey, v. 2, n. 3, pp. 39–58, set. 2012. Disponível em: <http://www.hull.ac.uk/rca/docs/articles/Terrorism on the Free Highway-Final.pdf>. Acesso em: 19 set. 2016.

COLEMAN, G. Anonymous in Context: The Politics and Power behind the Mask. **Internet Governance Papers**, Waterloo, v. 1, n. 3, pp. 1–20, set. 2013.

DAVIS, P. **Deterrence, Influence, Cyber Attack, and Cyber War**, 2015. Disponível em: <http://nyujilp.org/wpcontent/uploads/2015/11/NYI203.pdf>. Acesso em: 6 jul. 2016.

DZIEKANIAK, G. V. Análise dos sistemas de busca na web. **BIBLOS – Revista do Instituto de Ciências Humanas e da Informação**, v. 14, pp. 171–184, 2002. Disponível em: <http://www.brapci.ufpr.br/brapci/v/a/42>. Acesso em: 1 set. 2016.

EAGER, B. **Usando a Internet**: O guia amigável. Rio de Janeiro: Campus, 1995.

FBI. **Bitcoin virtual currency**: unique features present distinct challenges for deterring illicit activity. Estados Unidos: Federal Bureau Of Investigations, 2012. Disponível em: <http://www.wired.com/images_blogs/threatlevel/2012/05/Bitcoin-FBI.pdf>. Acesso em: 19 set. 2016.

FILHO, G. L. M. Hackers e Crackers na internet: as duas faces da moeda. **Revista Eletrônica Temática**. Ano VI, n. 01, jan. 2010, Disponível em: <http://www.insite.pro.br/2010/Janeiro/hackers_ crackers_internet.pdf>. Acesso em: 5 ago. 2016.

FINKLEA, K. Dark Web. **Congressional Research Service**, 7 jul. 2015. Disponível em: <https://www.fas.org/sgp/crs/misc/R44101.pdf>. Acesso em: 5 set. 2016.

FONSECA FILHO, C. **A História da Computação**: O Caminho do Pensamento e da Tecnologia. Porto Alegre: EDIPUCRS, 2007.

GARTZKE, E. The Myth of Cyberwar. **International Security**, vol. 38, No. 2, 2013. Disponível em: <http://repository.essex.ac.uk/8629/1/ISEC_a_00136.pdf>. Acesso em: 4 jul. 2016.

HOBSBAWN, E. **Era dos extremos**: O breve século XX. São Paulo: Companhia das Letras, 1995.

KARRENBERG, D. DNS Root Name Servers Explained for Non-Experts. **Internet Society**, jan. 2006. Disponível em: <https://www.isoc.org/briefings/019_vl/>. Acesso em: 1 set. 2016.

KUROSE, J. F.; ROSS, K. W. **Redes de computadores e a Internet**: Uma abordagem top-down. 3ª ed. São Paulo: Pearson Addison Wesley, 2006.

LEVINE, J. R; BAROUDI, C. **Internet Para Leigos**. Rio de Janeiro: Alta Books, 2013.

LIBICKI, M. Cyberdeterrence and Cyberwar. **Rand Corporation**, Santa Monica, 2009. Disponível em: <http://www.rand.org/content/dam/rand/pubs/monographs/2009/RAND_MG877.pdf>. Acesso em: 4 jul. 2016.

MACHIAVELO, A.; REIS, R. Turing e a Enigma. **Boletim da Spm**, Lisboa, v. 1, n. 67, pp. 1–25, out. 2012. Disponível em: <http://www.dcc.fc.up.pt/~rvr/resources/Textos/EnigmaTuring.pdf>. Acesso em: 17 set. 2016.

MARTINS, S. S.; MADUREIRA, G. Google AdWords: publicidade, vigilância e controle. In: **XVII Congresso de Ciências da Comunicação na Região Sudeste**, Ouro Preto, 28 a 30 jun. 2012. Intercom — Sociedade Brasileira de Estudos Interdisciplinares da Comunicação, 2012. Disponível em: <http://www.intercom.org.br/papers/regionais/sudeste2012/resumos/R33-2345-1.pdf>. Acesso em: 1 set. 2016.

PACHECO, L. Wikileaks e Internet: O que poderá mudar no jornalismo a partir daqui. Estudos em Comunicação. **Portugal**, nº 9, pp. 31–43, 2011. Disponível em: <http://www.ec.ubi.pt/ec/09/pdf/EC09-2011Mai-02.pdf >. Acesso em: 17 set. 2016.

PONTES, A. Do *Homo sapiens* ao *Homo cibernéticus*: Uma reflexão sobre a relação homem–tecnologia. **Rev. Online Bibl. Prof. Joel Martins**, Campinas, v. 2, n. 2, pp. 80–82, fev. 2001.

PRICE, G.; SHERMAN, C. **The Invisible Web**: Uncovering Information Sources Search Engines Can't See. Medford: Information Today, Inc, 2001.

RID, T. Cyberwar and Peace. **Oxford University Press**, 2013. Disponível em: <https://ridt.co/d/rid-foreign-affairscyberwar.pdf>. Acesso em: 6 jul. 2016.

SAGAN, C. **O Mundo Assombrado pelos Demônios:** A Ciência Vista como uma Vela no Escuro. São Paulo: Companhia das Letras, 2006.

SCHIMMER, L.; ZZZ. Peer Profiling and Selection in the I2P Anonymous Network. In: PET-CON 2009.1, 1., 2009, Dresden. **Proceedings...** Dresden: Pet-con 2009.1, 2009. pp. 59–70. Disponível em: <https://geti2p.net/_static/pdf/I2P-PET-CON-2009.1.pdf>. Acesso em: 16 set. 2016.

SINGER, W.; FRIEDMAN, A. Cybersecurity and Cyberwar, What Everyone Needs to Know. **Oxford University Press**, 2014. Disponível em: <https://news.asis.io/sites/default/files/Cybersecurity_and_Cyberwar.pdf>. Acesso em: 4 jul. 2016.

TEIXEIRA JR, J. H.; TEIXEIRA, S. Q. R. Disponibilização de Nomes e Diretórios Distribuídos através do DNS. In: **II Workshop de Administração e Integração de Sistemas**, 1996, Fortaleza. 14°. Simpósio Brasileiro de Redes de Computadores, 1996. Disponível em: <http://www.lasca.ic.unicamp.br/paulo/wais96/papers-tech/helvecio-dns-rev.pdf>. Acesso em: 1 set. 2016.

THOMSON REUTERS. **Technology in the fight against money laundering in the new digital currency age**. 2013. Disponível em: <http://accelus.thomsonreuters.com/sites/default/files/GRC00403_0.pdf>. Acesso em: 19 set. 2016.

ÍNDICE

SÍMBOLOS

A

B

C

L

M

N

O

P

R

S

CONHEÇA OUTROS LIVROS DA ALTA BOOKS

Negócios - Nacionais - Comunicação - Guias de Viagem - Interesse Geral - Informática - Idiomas

Todas as imagens são meramente ilustrativas.

SEJA AUTOR DA ALTA BOOKS!

Envie a sua proposta para: autoria@altabooks.com.br

Visite também nosso site e nossas redes sociais para conhecer lançamentos e futuras publicações!
www.altabooks.com.br

/altabooks • /altabooks • /alta_books

ALTA BOOKS
EDITORA

ROTAPLAN
GRÁFICA E EDITORA LTDA
Rua Álvaro Seixas, 165
Engenho Novo - Rio de Janeiro
Tels.: (21) 2201-2089 / 8898
E-mail: rotaplanrio@gmail.com